YOUTH, FAMILY, AND CITIZENSHIP

GILL JONES, CLAIRE WALLACE

第2版

若者はなぜ大人になれないのか

家族・国家・シティズンシップ

G・ジョーンズ　C・ウォーレス

宮本みち子 監訳

鈴木 宏 訳

新評論

YOUTH, FAMILY AND CITIZENSHIP
Gill Jones and Claire Wallace

This edition is published by arrangement with Open University Press,
Buckingham through The English Agency (Japan) Ltd.

日本の読者の皆様へ

本書の目的は、近代社会の構造が崩壊し、それが個人主義、選択、責任という理念に、明らかに取って代わられようとしている時代にあって、「大人になる」とはどういうことなのか、その意味をさぐることにあった。今日のように、労働市場や住宅市場の安定性を期待することができなくなり、また大人としてそれらと安定した関係を保つことが困難な時代の中で、若者は成人期に達するプロセスをどのように開始しようとしているのであろうか。人々は今、大人というものが本来持っている通常の枠組みで自分自身を規定することさえあやうい状態に置かれており、政治的経済的事態によっておびやかされている。このような状況の中で、若者はどのようにして自分を大人として定義するのだろうか。

本書では、英国のケースをもとに、若者と家族、若者と市場、若者と国家との関係が、成人期への移行プロセスをどのように規定しているのかを明らかにし、とくに、若者が「依存した子ども」から「自立した市民」になる過程での責任が、家族から国家へと移行していくことについて検討を行っている。さらに本書では、若者の教育訓練期間が長期化し、しかも〔社会保障という〕国家の安全網が取り去られて、その分、若者の経済的福利に対する家族の責任が増えた場合、若者自身のみならず、家族がどのような影響をこうむるのかということについても検討を加えている。

英国の状況は、われわれが本書を書いた後も変わらず続いている。まず、教育・訓練の期間はさらに長くなっており、その結果、資格を得た後に労働市場に参入しようとする若者の数が増えている。その一方で、シティズンシップは若者にとってますます手に入れがたいものになっている。すなわち、社会保障という国家の安全網は、若者を二十歳台半ばになるまで、親に依存した子どもか、あるいは半依存の子どもと見なし続けているのである。また、住宅市場は今なお、離家する若者の要求に応えることができないでいる。しかも、製造業と軍需産業は衰退を続け、その上、技術革新のペースが速いことから、若者の多くは相変わらず労働市場において過剰となっている。

英国では、政治家、マスコミ、一般の人々がヤングアダルトの「下層階級」に対して、ますます関心を示すようになっている。彼らは「失われた世代」とか「X世代」というように、いろいろに表現されている。「下層階級」という概念は主として米国で生まれた。この概念は、今では英国の政治分野全般でも広く用いられており、社会科学者の重要な討議主題となっている。この概念は、若者、中でも今日「社会」から期待されるどのような役割にも統合されることのない失業した若者と、単身の若い母親を分類する手段として用いられているように思われる。左翼の評論家は、彼らをシティズンシップから排除された者と見なしている。しかし保守派の評論家は負のステレオタイプが生まれてきているとしている。彼らによれば、この「下層階級」の失業した若者は、反社会的文化を生み出し、社会保障給付に依存し、犯罪や物乞いに訴え、また選挙人名簿に登録することもなく、「制度」への反対を表明している存在である。その解決策としては二つの論があり、両者の間で議論は繰り広げられている。一方の論は、

「下層階級」の若者を社会に融合するよう支援する国家の介入を求めており、もう一方の論は、これらの状況を作り出したのは若者自身であり、彼らは処罰されるべきであると考えている。下層階級という概念は、後者の意見を持つ評論家によって用いられる。それは、納税者、つまり選挙民に対して、失業やホームレスは自らが好んで選択したものであるから、国家が彼らのために雇用を創出したり住宅を建てる必要のないことを説得する手段として用いられているのである。このように、われわれが本書で焦点を当てた「エージェンシー〔自分の行動に責任を持たなければならない主体であること〕対構造の論争」は今なお続いており、個人（またはその家族）の責任と国家の責任の間には相変わらず緊張が存在しているのである。

われわれは本書の出版後も青年研究を続け、その枠組みを発展させ続けている。ジルは、英国の青年に焦点を合わせ、主として若者がどのようにして独立家庭へと移行するのか、また若者が家庭を作る時、家族や国家からどの程度の支援を受けているのか、あるいは若者の中にホームレスになるリスクがどのくらいあるのかについて研究してきた。一方、クレアは英国、ドイツおよび中・東ヨーロッパにおける、青年期の国際比較へとその分析を拡大した。この研究を通じてわれわれは、青年期から成人期への移行を理解するために、その理論的枠組み作りの展開を意図するとともに、こうしたわれわれの分析を他国の研究者にも活用していただければと思っている。

英国の若者と日本の若者の状況には多くの違いが存在する。しかし、労働市場への移行の性格や、就職と家族形成との関係、あるいは国家責任と家族責任との間の緊張関係や経済的な依存から自立への移行の性格など、本書で論じている問題はすべて、国際間の比較の中で明らかにすることができるものである。本書においてわれわれは、大人であるとはどのような意味を持つのかという基本的疑問から出発した。そしてその回答は、自立したシティズンシップを持った状態であると定義した。英国の青年期と成人期についてのわれわれの分析が日本にどの程度あてはめることができるのかという点については、日本の読者の検討や研究にゆだねたいと思う。

一九九六年七月

ジル・ジョーンズ、クレア・ウォーレス

若者はなぜ大人になれないのか／目次

図表一覧

第2版 若者はなぜ大人になれないのか

――家族・国家・シティズンシップ

まえがき

本書はわれわれの長年の学問的・個人的な親交の中から生まれたものである。クレアは主として民族誌学の研究者であり、ジルは主に標本調査研究に係わってきた研究者である。したがって研究方法は異なるのだが、それにもかかわらず取り組んでいた研究課題には多くの共通点があり、また取り組む方法に多くの類似点があった。二人にとって、若者の生活を研究するに際して縦断的アプローチをとることが重要であったし、また、青年期に対する〝全体論的な（holistic）〟アプローチの必要性に二人とも関心を持ってきたからである。そのようなことから、共同執筆する話がまとまったのである。といってもわれわれは地理的にはかなり離れていた。クレアはプリマス、ランカスターとプラハの間を移動しており、ジルはロンドンとエジンバラの間を移動していたため、コミュニケーションは必ずしも容易ではなかったが、少ない回数で集中した議論をかわして二人の考えを発展させ、ようやく本書を完成させることができた。執筆の過程で、われわれの研究の焦点は、若者の家族生活と国家の関与に関する研究から、シティズンシップへと移った。このシティズンシップの概念を用いることによって、私生活におけるライフコース（個人が一生の間にたどる道筋、人生行路）上の移行を、より一般的な公共のプロセスに結合することができた。またその概念は、依存や成人期（adulthood）や解放（emancipation）など、青年社会学でもより頻繁に用いられているその他の概念を明確化するのに役立った。本書はその成果である。

二人は本書の執筆期間中、青年に関わる調査に従事してきた。ジルはエジンバラ大学の教育社会学センターで研究に従事した。ジルのスコットランドの若者調査に関する研究には、青年期における経済的自立と世帯形成への移行に関する研究が含まれており、種々の段階でスコットランド教育省、スコティッシュ・ホームズ、ジョセフ・ロウントリー財団および経済社会研究機関から資金援助を得た。一方クレアは経済社会研究会議（ESRC）「十六～十九イニシアティブ」の一部として、イングランド南西部の農村地域の青年に関するプロジェクトに従事してきたが、ごく最近では、人生移行における依存と自立について、ドイツ、英国、ポーランドの国際比較研究に着手している。これらの研究は、英国ドイツ財団とESRCの助成を受けている。現在、クレアはプラハの中央ヨーロッパ大学に社会政策コースを作るために、ランカスター大学から派遣されている。一方ジルはジョセフ・ロウントリー財団の資金提供を受けて、二年間のプロジェクトに関わっており、スコットランドにおける若者の住宅市場とホームレス経験を研究している。

二人は本書を執筆するにあたって、実に多くの人々の助力を得た。まず、本書のアイディアはエジンバラ、ランカスター、プリマスの同僚から得た。とりわけ、ジャネット・フィンチ、デービッド・ラフ、アドリアン・シンフィールドには、感謝を申し上げる。これらの方々は、惜しみなく時間をさいて最初の原稿の草案を読み、しかも極めて有益な示唆を与えてくれた。またセミナーやインフォーマルな懇話会を通して助言や援助をして下さったすべての方々、並びにランカスター大学のジョン・スチュワートとジル・スチュワート、およびモイラ・ピーロやエジンバラの女性読書グループの会員の皆様にも感謝の意を表したい。クレアからは、データ収集に協力してくれたランカスター大学の社会政策研究方法論三年次クラス（一九九〇、九一年）のメンバーにお礼を申し上げたい。この著作の最終稿はキャロリン・ニュートンの協力で作られ、ジョーン・ヒューズによって校正された。このご両人にも感謝を申し上げたい。さらに原稿準備にあたっては、教育社会学センターの皆様のご協力に感謝の意を表したい。

しかしながら、何にもましてわれわれは、種々の調査やインタビューに参加してくれた若者に対して、最大の謝辞を申し上げなければならない。というのは、われわれの知見や考えの大部分はそこから生み出されたのであり、その方々の協力がなかったならば、本書の著作は極めて困難であったからである。

第一章　青年期、家族、シティズンシップ

「うちの娘は、自分の生き方をしているのだから干渉はしない」、などという発言をよく耳にする。親が青年期の子どもの話をする時、よく聞かれる話である。また政府の閣僚たちはしばしば、「彼らに選択の権利を与えたい」というような発言をする。これらの発言は、親と政治家の相も変わらぬレトリックである。つまり親も政治家も、青年には自己決定権があると言っているのである。本書の目的は、このような発言が英国における若者の生活にあてはまるのかどうかを検討することにある。

これからわれわれが明らかにすることは、〝依存する子どもから自立した大人への移行（transition）〟が、家族との関係や市場や国家制度によって、どのように形づくられるのかということである。若者は大人になるに際して、さまざまな源泉からくる矛盾した圧力に直面し、さまざまな仕方で行動している。われわれの見解では、これらの矛盾は主として、依存と自立に関するイデオロギーが規範的慣習に相反していることと関係している。成長過程にある若者は、どのようにして、シティズンシップ*の義務や権利を持つ自立した市民（citizen）として認められるようになるのだろうか。またそれは、彼らの経

済環境や依存の程度にどの程度左右されるのだろうか。これが本書で提起する問題である。

> **＊シティズンシップ**〔訳註〕
> 近代国家におけるメンバーとしての個人の地位を表す用語。個人と国家の間の、権利と義務に関する契約を指す。たとえば、個人は投票や納税の義務を負い、国家は必要に応じてケアや福祉事業を供給する。

本書では同時に、青年期の自己決定という概念についての検討を行う。また、若者が今後の人生に影響を及ぼすであろう意思決定をする際に、どの程度の自由が保持されているのかについても検討を加える。若者たちの間には、機会と選択の不平等があることを、本書で明らかにしている。それは、社会階級、ジェンダー〔社会的、文化的性差〕、人種や民族、地域性や経済的地位からもたらされるものである。

本書の構成

本章では、これまでの社会学が若者について、あるいはまた家族と若者との関係について、どのように取り扱ってきたのかを調べることから始める。そして、伝統的な「モダニスト」の見解、およびポストモダニズムや、あるいはまたハイモダニティから生まれた最近の見解が、若者について考える際にどの程度適用可能なのかを考え、シティズンシップの概念に基づく理論的枠組みについて提案する。この枠組みは、青年期と成人期、そして依存と自立を理解するための新しいアプローチになると考えている。

シティズンシップという概念は、現代社会における大人の権利と義務というものについて、他のいかなる概念よりも具体的に表現している。

われわれは、この枠組みを使って〝成人期への移行〟を考える。家族構成、労働市場、福祉国家などの構造変化は個人の移行にどのような影響を及ぼすのか、さらに選択肢をどのように拡大したり制限するのか。これが本書を通して調べる事柄である。次の二つの章では、国家政策が〝成人期への移行〟をどのように構造化しているかという点に焦点を当てる。第二章では、仕事および労働市場への若者の移行がどのように変化し、また国家の介入や市場のニーズによってこれらの移行がどのように構造化されてきたのかを考察する。また第三章では、福祉政策の基盤となっているイデオロギー、とくに社会保障規定に関連するイデオロギーの変化を考察する。このイデオロギーは、国家が長年にわたって青年期や成人期というものを形づくってきた主要な手段である。「家族というもの」、また依存と自立というものについての政府のイデオロギーの基盤は何なのか、さらに、それらが現代の「市場化された」福祉国家政策の中にどのように反映されているのかを検討する。この第二章と第三章では、若者がこれらの構造の意味をどのように理解しているか、また、若者がどのようにしてそれぞれの個人史をたどっているのかという点で知識と理解の相違がみられることに関し、文献の検討を通して論述する。

次の第四・五章では若者の個人史自体を検討する。第四章では、家族との社会的・経済的関係を考察し、若者が大人になる過程で、それらがどのように変化し展開するのかについて明らかにする。とくに、親元にいる間の若者は親に依存しているのだ、という考え方に疑問を投げかける。第五章では、青年期から成人期へ移行する過程の出来事（event）の意味が変化したこと、また中でも家族・世帯形成に関連するさまざまな移行上の出来事の間の関係が、時代とともに変化してきたことを考慮すると、この状況下で成人期という概念には問題あると論述する。この章では、離家する際自立がどういう状況でもたらされるのかを考える。第六章は、消費者としての若者の出現、および若者が住宅市場を含め消費市場の中でどのように移行するのかについて言及する。それとの関係で、貧困とホームレスについての考察もなされる。

最後の第七章ではこれまでの議論をまとめ、その価値を考察する。われわれは青年期についてのよくある定義方法には曖昧性や矛盾があることを考慮に入れているし、依存と自立の構造を作る試行に対して評価を下している。青年期にはどの程度の自己決定が許され、その自己決定と家族などによる社会的コントロールとの間にはどのようなバランスが保たれているのかについて考察する。こうして、英国の若者が市民になっていく過程を検証する。最後に、本書で展開した理論的枠組みが、英国における青年政策の改革のための概念上の基盤として、またヨーロッパレベルでの国際間の比較研究および政策作りのための枠組みとして、どう検討し、どう活用できるかについて手短かに論述する。

本書には、触れることのできなかった問題が数多くある。若者の行動パターンを形成しているのは、健康、性、犯罪、そして家族や国家が介入するその他の領域であると考えられているが、これに関する議論がなされていないのは事実である。これ以外にも触れられなかった点は多くあるが、これは、意図したものというよりも、たとえば、国家政策に対する若者の認識に関する資料がないためである。いずれにせよ、一冊の書物で全部の領域をカバーすることはできない。本書の試みは、若者の生活を形成するさまざまな要素のいくつかの部分をまとめることである。

「青年期」の定義

ライフコース〔個人が一生の間にたどる道筋、人生行路〕のある段階を指して言う「青年期（youth）」という用語は、時代とともに変化し、今では狭い意味に用いられるようになっている。この百年ぐらいの間に、この用語は青春期（adolescence）といわれる、成人期に至るライフコースの時期を指す言葉と結びついた。青春期は法的手続き上からは、思春期（puberty）から成人（majority）という法定年齢（英国では十八歳）までの年齢として定義されるだろうが、理論上は〝依存する子ども期から自立した成人期（adulthood）への移行〟が行われるライフステージ〔子ども期、青年期、中年期、高齢期などライフコース上の段階〕として理解されている。しかしこれらの用語には非常に大きな問題がある。これらの用語には身体的発達によって定義されるものや、社会的・経済的発達によって定義されるもの、さらには法的地位によって定義されるものがある。青年期と青春期の定義は、かなりの程度社会的な解釈によっており、文化によって変わり、時代とともに再解釈されるものである。

本書には年齢の意味（significance）というサブテーマがある。成人期への移行過程に不平等をもたらす要因のひとつとして、年齢はどのように重要なのであろうか。そこで本書では年齢関係、とくに世代間関係、もしくは「若者の世界」と「大人の世界」の関係から年齢を考察し、また、大人としてのシティズンシップの権利への法的アクセスが、年齢とどのようにかかわっているかを検討し、そして大人の地位達成（attainment of adult status）と年齢との関係について考察を加える。しかしここで強調したいのは、「青春期」とか「成人期」というような用語は、ライフコース上の出来事や社会関係に関連するものであり、身体的年齢との結びつきは比較的薄いという点である。青年期という概念は定義と再定義のプロセスであり、若者と家族や、若者と同輩や、さらに若者とより広範な社会制度との間で行われる交渉（negotiation）によって決まるものである。それは、規準による統制（measurement）という問題を生み出す。というのは、政府の政策は本書第二章と第三章が示すように年齢区分に基づいているのであろうが、社会科学者としては、どの年齢で若者が大人になるかは言えないし、また、する必要もないと考えるからである。われわれの関心は、さまざまな若者集団がさまざまな社会状況の中で、どのようにして「大人」として受け入れられるようになるのかを明らかにすることにある。

近年、移行の構造が変化していることから、新しい定義が生まれた。ドイツやフランスの一部の社会学者は、新しい「人生の段階」、すなわち「脱青春期（post-adolescence）」という段階を確認したと述べている。彼らは、十代を越えて延びている親への依存の時期に対して、このようなラベルを付けている（たとえば Zinnekar, 1981；Galland, 1990；Gaiser, 1991）。このようなラベル付けは、英国においても価値を持つかもしれないし、持たないかもしれない。この方法を用いて、ライフコースをいくつかのステージに分割することができるか否か、そして分離可能ならば、ライフステージが年齢によって規定されるべきか、それとも人生の出来事によって規定されるべきなのかを決定するために、社会学研究はこれまで長く定着してきたいくつかの表現の背後にある意味を、もっと深く探求する必要がある。それらの表現は頻繁に使われることはあっても、ほとんど問い正されたことはないのである。

青年期、家族、社会の理論

若者を社会の中に位置付ける際の第一の問題は、個人として位置付けるのか、社会集団として位置付けるのか、それとも家族メンバーとして位置付けるのかである。また、若者を、学生、労働者、パートナー、友人、子どもなどといった社会的役割や関係性が統合化された個人総体とみるということについても問題がある。さらに事態を一層悪くする第三の問題もある。それは、若者は変化しつつある社会の中で、彼ら自身成人期へと移行する過程にあるため、ある年に観察されたことの多くが、成長し、また彼らの社会状況が変化するために翌年にはもう違っている、という事実に、理論的にも方法論的にも直面することである。青年社会学はこれら三つの基本的な問題を数十年にわたり検討してきたが、解決するには至っていない。

若者とその家族に関する社会学文献を検討する場合、両者を関係づける研究が少ないことには驚かざるを得ない。後に示すように、青年社会学はおおかたの若者が成長する家族の状況についてはほとんど触れていない。たとえば、青年期の仲間集団（Hall and Jefferson, 1976; Mungham and Pearson, 1976; Brake, 1980; Frith, 1984 を参照のこと）、青年政策（Davies, 1986）、若者の失業と雇用（Ashton and Maguire, 1982; Raffe, 1988; Bynner, 1990 を参照のこと）、青年訓練と教育（Roberts, 1984; Raffe, 1988; Lee *et al.*, 1990 を参照のこと）を検討したが、父親の社会階級が若者の目標や志向に及ぼす影響（たとえば Carter, 1962, 1966; Ashton and Field, 1976; Willis, 1977）に関するものを除き、家庭環境または家族関係についてはほとんど論及されていないのである。同時に、家族社会学はこれまで、夫妻関係あるいは親と幼い子どもの関係に焦点を当てる傾向にあった（Newson and Newson, 1976; Barrett and McIntosh, 1980; Poster, 1980; Harris, 1983; Morgan, 1985を参照のこと）。青春期の子どもとその親の関係についてはほとんど記述されてこなかったのである。奇妙なことではあるが、それは英国社会において、若者の位置が全般的に曖昧であることの反映なのかもしれない。そのため、政策立案者は何も知らずに実務を行い、若者の行動の諸側面については、憶測でものを言ってきた。なぜなら、研究の主題としては取り上げられてこなかったからである。

英国の若者は一種の社会的バロメーターと見なされる傾向にある。彼らの行動は何十年にもわたって社会悪の指標として描かれてきた。これは青年社会学における不変のテーマであり、最近では「新保守主義」のもとでも新しい活力を与えられているテーマである。「新保守主義」によれば、十代の出産、非行や暴力の増加、十代の飲酒やドラッグの服用は、伝統的家族生活の中で、親の権威によって常に守られていた伝統的価値が、崩壊して生じた道徳的堕落の指標である。この論の「ロジック」は、「伝統的な家族の価値」を弁護し、家族の崩壊を防ぎ、さらに親の権威と家族の義務の維持を意図した政策を生み出している。その結果、若者は社会秩序にとって問題だと強調されてきた。そして、多くの社会学研究はこれを反映している。すなわち、若者の持つ問題に関する研究や、若者は成長過程において社会生活の環境変化への対処をいかに学ぶのかといった研究よりも、若者に問題を起こさせないための政府のイニシアティブへの評価が特徴となっている。青年社会学の研究では、スクーリング、訓練計画、職業サービス、レジャー等の効果を評価する政策関連の研究がその中心を占め、訓練計画のように、フォーマルな、しかも国によって作られた制度の機能に焦点が当てられてきており、家族生活というもっと私的な世界やインフォーマルな関係には注意が払われないのである（たとえば、Davies,1986; Raffe,

1986; Lee *et al.*, 1990; Roberts and Parsell, 1990; 並びに第二章を参照のこと)。若者とその家族の関係に関する研究は、社会学ではなく、主として精神分析学および社会心理学の領域で生まれた(Coleman, 1961; Erikson, 1968 を参照のこと)。これらの研究は、社会的背景を論及することなしに、青春期の発達には規範的プロセスがあると想定している。

青年期に関する社会学理論には、主に二つのアプローチが存在してきた。しかしそのいずれも、青年期というものを家族のコンテクストの中でとらえるという企てをよりむずかしくしてきた。このアプローチの一つは、家族を最小単位と見なすために、家族内部の関係を見逃している理論的アプローチである。マルクスおよびウェーバーから派生したマクロ社会構造に関する研究がそうであり、さらにより新しいところでは、パーソンズやおそらくエリクソンのような構造・機能主義者(structual–functionalists)に明確にみられる研究がそれにあたる。もう一つのアプローチは、これとは対照的に「ポストモダニズム」に関連する新しいアプローチであるが、これは「脱構築主義者(deconstructionist)」の立場を取っている(表1・1を参照のこと)。しかしながら、これら「ポストモダニスト」の思想には、家族関係というミクロのコンテクストを理解するための、そして大人の地位へのさまざまな移行が相互にどのように関係しているかを理解するための、構造的枠組みが欠けている。とくに、ベック(Beck, 1987)の研究によってドイツで知られている「個人化理論(individualization thesis)」を検討するが、そこでは構造的枠組みは「自己反省的に動員された(reflexively mobilized)」個人のレベルにまで分割されつつあると論じられている。青年期に応用する関連研究には、ライフコースのパースペクティブ

表1・1 社会学における青年期の理論

構造主義者の説明	個人主義者の説明
世代理論 機能主義者の理論 社会的再生産理論	ライフコースのパースペクティブ 個人化論 “ハイモダニティ”

の事例を含むものもみられる。これら二極の中間に、「ハイモダニティ」に擁護されて発展しつつある理論がある（Giddens, 1991）。

社会構造の中の青年期

青年期についての社会構造主義者（social–structuralist）の説明は、若者がどのようにして社会の中に結び付けられているのかを広く説明している。彼らは長年にわたって、若者が、世代、社会階級、ジェンダー、人種や民族集団によって統合できるかどうかについて考察してきた。そこには、若者は果たして統合されているのか、それとも社会の周辺で生きているのかという問題に対する関心が、一貫してみられる。

マルクス主義理論もウェーバー主義理論も、家族生活というミクロ政策よりも、階級・地位といったマクロ社会構造に関心を示しているため、青年期概念を探求するための手がかりを示してはいない。そしていずれの理論も、家族を労働力再生産のための閉ざされた私的世界として、あるいは消費単位として強調するため、不明瞭な理解しかできなくしてしまう。世代理論、機能主義者のパースペクティブ、社会的再生産理論やさらに最近の研究方法はややもすると、青年期を均質的あるいは静止的に把握し、部分的な記述にとどまる傾向がある。

社会構造の中の若者の位置を理解するためには、時間という概念が持つ固有の複雑さについて明らかにしなければならない。以後の数ページでは、世代、コーホート、個人時間、歴史時間〔ある速さで進み変動している社会構造のスピードの尺度（時間軸）〕を取り上げている。多くの社会学文献では、今なお世代という概念が混乱して使われたままである。まずこれを明らかにする必要がある。世代という概念は二つの全く異なった方法で使われている。第一はパーソンズの分析にあるように、この概念は、たとえば子ども期から親の時期へ、そして祖父母の時期へと人々がたどる固定化されたライフステージを記述するために、親族関係というコンテクストで使われており、その結果、社会における年長の世代と年少の世代とを概念的に区別するものとなっている。ハリス（Harris, 1983）によれば、家族機能の一つは、異世代から成る親族構造を通して、個人時間と歴史時間を結びつけることである。第二は、世代という概念を人々が生まれた歴史的な状況に関連して用いることである。この概念はマンハイム（Mannheim, 1927）が用いた方法であるが、その後多くの研究者が議論しているように（Kertzer, 1983; Jones,1991b を参照のこと）、「世代」という用語がこのように使用されたことによって、概念上多くの混乱が生まれたのである。歴史時間をともに通過する人々の集団は、社会学的な用語では世代というよりはむしろ「コーホート」*としてより明確に確認されている。本書ではこの第二の意味を表わすには「コーホート」という用語を用い、主として親族関係から来た年齢区分にのみ「世代」という用語を用いることとする。

＊コーホート〔訳註〕
共通の出来事を同時代に経験した人々の集団。一番よく用いられるのは、同時期に生まれた人の集団で、出生コーホートという。その他に卒業コーホート、結婚コーホートなどがある。

世代理論

青年期概念は、十九世紀末のヨーロッパにおける愛国熱やナショナリズムの高揚に伴って生まれた。

そしてそれは、より良い未来への希望を具体化するものとして採用されたのである。ところがこの概念のロマン的なイメージは、たちまちのうちにさまざまな懸念によって覆い隠されてしまい、青年期なるものは、社会にとって問題あるものとして描かれた。青春期（adolescence）について言及した最初の社会科学者は、米国人のG・スタンリー・ホールである。彼は青春期を「すばらしい新生」（社会にとっての意味）、疾風怒濤の時期、そして「最も不道徳な経歴が始まる年齢」と言っている（Hall, 1904: p. 325）。このようにホールは、その後の多くの研究の基礎となる若干漠然とした筋書きを書いている。彼は、青年期を世代的転換の力と見なすと同時に、若者を、社会にとって問題のある存在と見なしたのである。

エヴァンズ＝プリチャード（Evans-Pritchard, 1951）やミード（Mead, 1943）のような人類学者は、西洋の産業社会で確認されたような「疾風怒濤」を、前産業社会の青年期がこうむるかどうかを検討した。その結果、それほど複雑化していない前産業社会の若者はスムースに成人期に移行していることがわかった。彼らの研究は、次のことを明らかにした。若者が社会への適応問題に直面し、自らを「周辺世界」の一時的存在として認識するのは、成人期のための適当な訓練も、社会の中に確実な場所もない産業社会においてだけである（Reuter, 1937）。すなわち、若者が経験する問題は、基本的には社会が作り出すものであり、青年期自体の性質に固有のものではなかった。

この時期の多くの文献の中で、若者が大人になるコンテクストとして現れるのは、家族というよりは世代である（すなわちMannheim, 1927）。そして世代関係は、家族や親族内部というよりも、社会全体を横断するものと見られている。したがって、青年期研究の焦点が「世代間戦争」の考察へと移ると、青年期研究は、家族内部の関係の崩壊に言及するよりも、年少世代に対する大人の一種のパラノイア

(偏執症)を扱ったのである。コールマン(Coleman, 1961: p. 3)は、若者が大人社会との人間関係を犠牲にして、自分たちの間に社会を、言い換えれば仲間集団*あるいは世代集団としての社会を形成する状況は、学校制度によって作られたと述べている。ウィルソン(Wilson, 1970)、マスグローブ(Musgrove, 1974)、フリーデンバーグ(Friedenberg, 1973)からレックス(Rex, 1972)に至る研究者は、一九六〇年代の「豊かな社会」では世代間戦争の方が階級闘争よりも多かったと述べている。若者の生活に及ぼす家族の影響は明らかに低下し、学校や仲間集団の影響がこれに取って代わったのである。

*仲間集団〔訳註〕
インフォーマル・グループの一種。個人的属性や特性が似かよっているために特別な親しさで個々人が結びついた小集団。

これらの研究は、マンハイム(Mannheim, 1927)の初期の分析の中の本質的な議論、すなわちコーホート(マンハイムの用語では「世代」)のメンバーは、同一の歴史時間に位置してはいるものの、地理的な場所と社会構造内の位置によって、「世代単位」に区分されるという議論を考慮してはいなかった。社会的空間的な位置が異なれば、歴史上の出来事は異なって経験される。同様に、より広い社会に及ぼす若者の影響は、彼らが社会のどこに位置しているかによっても異なる。ユースカルチャーについての研究が発展するにつれ、新しい社会的再生産理論が、初期の「世代的」アプローチの多くを論破し、後に示すように、若者の中の社会的分裂を再発見したのである。

機能主義者の理論

機能主義者の理論の焦点は、将来的に大人として生活できるよう子どもたちを教育し、とくに子どもたちが労働市場や家庭において、労働者として自分自身の定められた社会的役割を十分に果たせるようにする上での家族メンバーの役割、とりわけ母親と父親の役割に関するものが多かった。「第一次社会化」の理論は、「人間の個性を作り出す『工場』」としての家族の重要性を強調するものであった(Parsons, 1956: p. 16)。この理論に従って、家族は子どもに対して、社会規範に順応し、また文化的に定められた社会的家族的役割を学ぶよう教えたのである。このプロセスがうまくいくためには、子どもはまず親の役割モデルから学ぶために、少なくとも一時的には親への依存が必要であると見なされた。しかしパーソンズは、やがて家族はもう一つの機能を果たさなければならないこと、つまり「子どもを家族への依存から解放する手助けをし」なければならないことを認識していた(Parsons, 1956: p. 19)。

社会が複雑化するにつれ、親の役割の多くは、単に子どもの教育に関するものばかりか、子どもの健康や福祉に関するものまでが、制度というものに取って代わられた。一九八〇～九〇年代の現在と同じように、五〇年代にも家族生活の衰退と家族機能の低下についての懸念はあったが、それはパーソンズ(Parsons, 1956: p. 9)によって論駁された。彼は、社会化の中での家族の役割は以前より特化されてきたにすぎないと論じた。このように家族関係の構造は、教育の拡大や福祉国家の発展以前にまさにそうであったように、資本主義的・家父長制的産業社会のニーズによって形成されたものであった。将来の規範的な核家族のために、女の子は妻や母親になるように、男の子は世帯主や一家の稼ぎ手になるように育てられた。

産業社会においては、家族内での第一次社会化によっては、若者を将来の社会的役割に向けて適切に準備させることができないため、国家によって設立された学校制度のような第二次社会化によって、第一次社会化を補足することが必要であるとアイゼンシュタット（Eisenstadt, 1956）およびロイター（Reuter, 1937）は述べている。より「破壊的な」第二次社会化はまた、同輩集団の機能でもあろう（Coleman, 1961）。学校や同輩集団への所属関係を通して、若者は（Parsons, 1961: p. 446）、より自立した帰属意識を求めて、自分の家族への帰属意識（identification）を越えるとともに、新しいシステムの中でより分化した地位を確認するようになる。

第一次社会化と同様に第二次社会化は、家族からの自立を助長する役割を果たすものとみられたが、その点からみて社会化に関する親の責任の多くは国家制度に取って代わられようとしていた。

一方、家族という社会化制度と国家という社会化制度とが同一歩調では動かない場合もある。パーソンズ（Parsons, 1973: p. 41）は、「同時に耐えることのできない、相反する圧力を受ける」ような環境のもとで、アノミー〔社会規範の動揺や崩壊によって生じる混沌状態、ないしはその結果である社会成員の欲求や行為の無規制状態〕が生じる可能性があると述べている。青年は、大人の世界からは望まれないものとして描かれ、自分たちに期待されているものは何だろうかと当惑するのである。また、社会が若者に押しつけつつある役割は引き受けられないという感情から、途方にくれる様子が、エリクソン（Erikson, 1968: p. 121）によって記述されている。しかしまた、若者にとって将来の役割が極めて不確実であるとすれば、どのような役割に向けて社会化されつつあるのかを彼らが知ることはもはやできないとも論じられてきた（たとえばToffler, 1970を参照のこと）。

青年期についての説明は、時代によって異なる特徴を持つ傾向がある。六〇年代から七〇年代にかけて、機能主義理論は信用を失った。当時、機能主義者は成人期へのスムースな移行が可能であると想定し（たとえばReuter, 1937）、青年期の「周辺化*（marginalization）」がみられることを、社会化のプロセスの失敗という点から説明するに過ぎなかった。この理論は、一時的には適切なものであったが、青年の下位文化の出現、表現の自由に対する若者の要求の増大、女性の平等要求、規範的役割は果たさねばならないという観念に対する挑戦などに伴って、六〇年代後半までに起こった社会変動に直面した時、十分持ちこたえられなくなった。

> ***周辺化**（marginalization）〔訳註〕
> 互いに異なる文化を持つ複数の社会（集団）に属することから、いずれの社会（集団）にも帰属できず、それぞれの社会（集団）の境界に位置するようになること。

八〇年代になると、「成人期への移行」という単純な単一モデルは、もはや正しいと言えないことがますます明瞭になった。産業の衰退と広範な失業を伴う景気後退の中で、さらにはサッチャー政権の政策によって、「成人期への移行」は変化し続けた。青年の失業の増加と青年訓練計画〔本書76～82頁参照〕の拡大は、多くの低学歴者にとって、学校から仕事への単純な移行はもはや存在しないということを意味した。家族形成パターンにも変化があった。同棲が増え、結婚と出産との関連は希薄になった。住宅の私有化に伴って、低家賃の住宅利用はむずかしくなり、独立居住への移行はますます困難になった。それぞれの移行は一層複雑になり、標準化されないものになってきた。

産業が衰退状況にある時、マニュアルワーク〔手仕事、筋肉労働〕に向けて人々を社会化するポイントとは何であろうか。また、子どもを持っていない時に、また子どもを持ったとしてもおそらく母親と賃金労働者という二重の役割を持つことが必要になる若い女性を、母親の役割に向けて社会化するポイントとは何であろうか。さらにまた、労働市場への参入が訓練計画と仕事の不足のために遅れる時、仕事に向けて若者を社会化するポイントとは何であろうか。近代世界において社会化の目的が不確かであることこそが、第一次社会化に関与する家族と、第二次社会化に関与するその他の国家制度の間に、期待と要求の対立をもたらす原因となっているのである。将来の展望がはっきりしない時に、親や教師より若者の方が、何を目指せばよいのか明確にわかるわけがない。だから若者は、援助や指導を仲間集団の方に求める可能性があるのである。変化する世界の中で、古い世代によって設定されたモデルは、往々にしてもはや適切ではなく、若者の中にはますます社会からはじき出されるような者が出てくるし、おそらく彼らの家族もまた同様であろう。パーソンズは、ライフコースよりはライフサイクルというアプローチをとった。言い換えれば、パーソンズはプロセスに焦点を当てはしたが、一つのライフステージから次のライフステージへの動きが、歴史の中でどのような構造的変化を受けるのか、さらに、コーホート内の社会的地理的位置のちがいによって、彼らがどのように異なった経験をするのかについては、考えなかったのである。

社会的再生産の理論

社会学者たちが六〇年代の青年文化を調べ始めて明らかになったのは、青年文化は仲間集団の中に現れているにもかかわらず、それは若者とその親の間で共有された価値に基づいていることが多いこと

(Berger, 1963)、また、若者は基本的には大人の世界への反対者というよりは順応者なのだということであった(Zweig, 1963; Friedenberg, 1963; Parsons, 1973)。七〇年代から八〇年代の青年の下位文化に関するその後の研究(概説については Brake, 1980 を参照のこと)は、青年期研究におけるこれまでの世代分析という手法を乗り越え、社会階級というパースペクティブを導入する必要から生じたものであった。マルクス主義の学者、たとえばアルチュセール(Althusser, 1971)は、英国で発達した社会的文化的再生産の理論に構造的枠組みを与えた。

ポール・ウィリス(Paul Willis, 1977)および現代文化研究センター(CCCS)の研究は、青年文化の社会階級的基盤を明らかにし、下位文化を確認し、若者を階級(さらに後のジェンダーや人種)というパースペクティブから観察している。彼らの研究は、逸脱に関する社会学の新しい論争から発展したものであった。そこでは仲間集団を通した、社会階級的不平等のような権力構造の再生産に力点が置かれた。これらの研究者は、コールマンおよびパーソンズによって主張された機能主義者のパースペクティブに異議を唱えはしたものの、依然としてその一部を反映させていた。ウィリス(Willis, 1977)およびコリガン(Corrigan, 1979)の研究では、たとえば世代から世代へと仕事上の役割が再生産されるにあたって、仲間集団と学校制度が重要な役割を果たしていることが強調された。ウィリスは、仲間集団による学校文化や学校の積極的補強からの隔離、あるいは社会化を通じて、マニュアルワークの再生産が行われていると述べている。労働階級の反学校的下位文化に対する関心は、研究プロジェクトの中で最高潮に達した(Hall and Jefferson, 1976; Mungham and Pearson,1976 を参照のこと)。この理論は、構造主義のパースペクティブ内に、多数の機能主義者の考えを統合しようとするさまざまな方法の中にみられる。

しかし、これらの研究は、六〇年代の青年文化の研究とは焦点が全く異なっている。若者を「階級そのもの」と見なすのではなく、若者の行動を社会階級構造に根ざしたものと見なすように変わったのである。焦点は男性労働階級の下位文化に当てられたが、こうした枠組みの中で、たとえば男性労働階級の不均質性を調べたリチャード・ジェンキンス（Richard Jenkins, 1983）の重要な研究もその一つとして挙げられよう。しかし、このパースペクティブにも限界があった。なぜなら、青年についての彼の分析は極めて部分的であり、仲間集団の活動、労働階級および若い男性の分析に集中していたからである。そこでは、女性、ミドルクラス、「平凡な」若者は、大部分見逃されていた。

一連の研究の中で、家族生活が際立って現れることはなかったが、それは驚くには当らない。というのは、それらの研究は、若い男性の私生活外の生活に焦点を当てたものだったからである（Hall and Jefferson, 1976; Willis, 1977）。下位文化の研究には若い女性の姿がみられない、という研究がされてはじめて、家庭と家族の機能が認識された（McRobbie and Garber, 1976）。その時でさえ、若者と親との関係を研究しようとしたのではなく、もっと私的な女性仲間集団の活動（「ベッドルームの文化」などの中心として研究されたのであった。クリス・グリフィン（Chris Griffin, 1985）は少し後になってウィリス（Willis, 1977）の研究を模したが、彼女の場合は若い女性に焦点を当て、彼女らを将来の妻、母親または労働者の役割へ社会化する手段として、家族生活と女性仲間集団の役割を研究したのである。家族生活が社会化の中で構造的不平等を再生産するのは、とくにジェンダーのアイデンティティを構築する際である。だから、社会的世界を公共領域と私的領域に概念的に分割するのは、現実にはそぐわず、若者がどのようにして大人になるのかを理解する上で、助けにはならないのである。

一方フェミニストや不利益集団を代表する人々からは、社会的再生産理論というものは、検討されていない盲目的仮定に基づいていること、また階級再生産に基づく理論は、ジェンダー、人種、心身障害（そしてセクシュアリティをこのリストに加えてよいだろう）といったその他の次元の階層を十分に考慮してはいないという批判が生まれた。これらの批判者たちは、七〇年代から、たとえばマルクス主義にフェミニズムを融合する試みを放棄し始め、その代わりに、家父長制（Walby, 1989）、性差別主義（heterosexism）（Rich, 1981）、人種差別主義（Solomos, 1988）、障害者差別主義（Walker, 1982）など、その他の権力構造〔権力によって社会関係を構成する要素が関連付けられて配置されていること〕の再生産に関するその他の理論を作り上げた。そしてそれらの階層構造すべてが、産業資本主義の階級構造と必ずしも同じ軸に沿ったものではないものの、それと共存していると考えられた。しかし、このように社会的不平等構造という概念に、さらに多くの次元がとり込まれれば、やがては社会構造的なマクロ理論はくずれてしまい、最終的には個人に分解していく可能性がある。さらにこのアプローチは、青年期と、そのコンテクストの基になる社会構造の両者に内在する動的本性を見失ってしまう可能性を持っている。

青年期を分解する

近年、社会学において、公的世界と私的世界を再結合する全体論的（holistic）アプローチへのニーズに応える、新しいパースペクティブが生まれてきた。ライフコースアプローチがそれであり、これによって雇用と家族形成との関係といった、移行上の種々の局面同士の関係から、成人期への移行を研究することが可能になった。さらにこのアプローチによって、青年期における依存と自立といった概念にひそむ複雑さを調査することが可能になっている。

ライフコースのパースペクティブ

ライフコースは個人の生活史であり、それは年齢・日付関係の中での、自己と他者との関係から生み出されたものである（Jones, 1991 を参照のこと）。このアプローチについてはハレーブンの記述が最良である。

> ライフコースのパースペクティブは、個人の行動と家族集団の行動が相互に関係し合い、しかも両者が人々の人生を通じて、歴史条件の中で絶えず変化していくとみる視点である。そして、ライフコース・アプローチは、自分の人生の時間と歴史の時間の中をどう動いていくかに関心をはらう。さらに、個人時間と歴史時間を移動する時に、家族の成員同士はどのような関係にあるかということに関心を持つ（Hareven, 1982: p. 6.〔タマラ・K・ハレーブン著・正岡寛司監訳『家族時間と産業時間』早稲田大学出版部、一九九〇年、八～九頁〕）。

ライフコースの研究が出現することによってはじめて、青年期研究の焦点が変わり、若者を理解するためのより全体論的なアプローチが採用された。このアプローチによって、若者と家族、仲間、労働市場等との関係は、生活史的アプローチの中に統合できるのである。ハトソンとジェンキンス（Hutson and Jenkins, 1989）、アラットとヤンドル（Allatt and Yeandle, 1986）、あるいはグリフィン（Griffin, 1985）、ウォーレス（Wallace, 1987a）、ジョーンズ（Jones, 1986; 1990a）および経済社会研究会議（ＥＳＲＣ）〝十六～十九イニシアティブ〟〔英国の十六歳～十九歳調査プログラムのこと。本書で著者は、この調査プログラム中のいくつかの研究に言及している〕（Bynner, 1991）の研究で、世帯や労働市場における若者の生活が調査されてきた。青年期は成人生活への移行の一連のプロセス、すなわち家庭や労働市場などのさまざまな領域で起きるが、相互に密接に関係しているため、一緒に理解すべき、ほぼ同方向のさまざまな縦断的プロセスと見なすことができる。また個人史的アプローチは、若者の生活を統合された全体として見るよう求めている。ハインツ（Heinz, 1988）は、社会制度がライフコースを構造化してゆく効果と、個人がそれらの制度の中をどのように切り抜けているのかを、同時に理解することが可能であると指摘している。このパースペクティブは、ジョーンズ（Jones, 1988）の主張した方法によってプロセスと構造を統合し、個人時間と歴史時間とを結合している。

ライフコースアプローチは、これまでほとんど結合されなかった社会学の二つの領域、すなわち青年社会学と家族社会学を引き合わせることを可能にした。家族のコンテクストが青年研究には欠落する傾向があったのと同様に、これまでの家族生活に関する多くの研究の中には若者が見あたらなかったのである。

家族社会学は、家族という「ブラックボックス」を開いたと公言はしているものの、外部世界との関係において家族を単位と見なす「構造主義者」の理論に強いられ、若者と親との関係や、世帯における若者の経済的役割にはほとんど焦点を当ててこなかった。その代わり、もっぱら夫妻関係、あるいは幼い子どもの養育に焦点を当ててきたのである。とはいうものの、家族社会学の多くの研究は、主として物や世帯収入に対する夫妻間のアクセスの不平等に焦点を当てて世帯内の不平等を調べてきており、政府による夫婦の税制政策作りに役立った（たとえばPahl, 1983; Brannen and Wilson, 1987; Morris, 1990）。しかし年長の子どもが家族経済において演じている役割は、フィンチ（Finch, 1989）が示しているように、研究トピックとしては無視されてきた。子どもは依存者と見なされ、経済的な意味では本質的に重要ではないと見なされているのである。

この家族関係の新しいアプローチによれば、家族メンバーというものは、機能主義者の理論が示唆するような、構造的にあらかじめ規定された家族役割を選んでいくどころか、絶えず関係のありようを家族員と交渉（negotiate）するプロセスの中にいるものである、ということを示している（たとえば、Newson and Newson, 1976. あるいは幼少の子どもたちの親との交渉に関してはProut, 1988を参照のこと）。若者が成長するにつれ親との新しい交渉が生まれ、その結果、親との関係も変わりうることをこのことは示している。言い換えれば、人はただ年をとるのではないのである。人は変化し、その関係も同様に変化する。残念ながら、この領域の研究の中には、今なお成長するというプロセスを考慮していないものがあり、たとえ交渉が観察されても、それが年齢関係の変化によって構造化されたものとは見なされていない。いったん家族内のミクロのプロセスを調べると、それを形づくっているマクロの不平等に注目し続けることはむずかしいかもしれない。同じ理由で、家族関係の詳細を調べる研究は、階級、ジェンダー、人種という、より広い社会的不平等の中に研究自体を置こうとはしないのが一般的である。

こうした理由から新たな危険が生じる。すなわち、人々の生活全般を調べる際には、無限の分解というプロセスによって、社会集団というよりも、個人を観察するだけで済ませている可能性がある。ポストモダン社会学の時代には、パースペクティブはますます、活動主体のいない「断片的自己(fragmented self)」を記述する程度まで「脱構築主義者（deconstructionist)」になっていく（評論としては、Giddens, 1991を参照のこと）。このようにライフコースのパースペクティブの中には、構造的な不平等や社会的再生産が存続していることを見失っているものがある。

個人化理論

ウルリッヒ・ベックは「個人化理論（individualization thesis）」を提出して、ヨーロッパの社会学に影響を及ぼしてきた。この理論はドイツ社会に対する一般理論として導き出されたものではあったが、青年期の研究にしばしば応用されてきた。彼の議論の中で最も重要なのは（Beck, 1986; 1987）、社会の中で確立してきた教育、仕事、家族形態などの再生産構造が解体し、さらに伝統的な制度が崩壊したために、個人の社会的役割がもはや明確ではなくなったという点である。ギデンズも同様の議論をしており、「脱伝統社会」では、個人にも集合体にも無限の行為過程（および付随するリスク）の可能性があると論じている。ベックが「リスク社会*」と呼んでいる社会では、リスクは低位の社会経済レベルの人々だけでなく、すべてのレベルの人々で増加している。ギデンズ（Giddens, 1991: p.28）によればこの「リスク社会」に生きるということは、

個人として、また社会全体として、現代の社会的存在の中で絶えず直面している、肯定的であれ否定的であれ、行為の広大な可能性に対して、打算的な態度で生きること

を意味している。

＊リスク社会〔訳註〕
「危険」と立ち向かうために人間が構成してきた社会が生み出した「ネガティブな結末」としての「危険」、人間の営みの中から生まれてきた「危険」に圧倒されるようになってしまった社

会。（ウルリッヒ・ベック著、東廣監訳、永井清彦解説「危険社会」二期出版、一九八八年）

ベックは次のように述べている。個人はリスクを減らす努力をする中で、これ以上自分には何も与えてくれない従来の階級文化から離れてしまう。そして家族という伝統的なネットワークから支援を得ることもはやできなくなる。そこで人々は、個人的野心を個人化した方法で達成しようと努めなければならない、と。ベックによれば、階級、ジェンダー、人種等による不平等構造はもはや支配的なものではなく、人生は「個人史的事業」となるであろう。こうしてベックは、極めて競争的な世界の中で、自分自身の目的を達成しようとしている個人について一つの絵を描く。家族生活は変化し、その伝統的な形態はもはや存在しない（第四章で議論する問題）。家族というものの中では、メンバーそれぞれが仕事や消費の個人パターンを持っているのである。この見解は、家族を男性の稼ぎ手によって率いられ、したがって規定される、生産あるいは消費の単位と見なすマルクス主義やウェーバー主義の研究者の理論とは対照的である。さらにこの見解は、家族内の協力（cooperation）について論評しているごく最近の研究（たとえばPahl, 1984）とも対照的である。ベックの理論では、家族内の若者はこのように強制的に「解放」されるが、解放はリスクをもたらすのである。

個人化理論によれば、家族構造の変化に加え、家族内の勢力関係にも変化が起こっている。たとえば、子どもの権利運動が出現したことは、子どもがより個人として意識されることによって、親の権力と統制力の幾分かが喪失されたことを意味している（Hartmann, 1987; Hermanns, 1987）。また、労働市場における求職競争は、伝統的な家族や地域との結び付きを破壊しており、そのため若者の労働市場への参入は、若者の家族関係に特別の緊張をもたらしているように思われる。個人化は、選択性と自律性を増加させる一方で（Hartmann, 1987）、下方移動、不確実性、ストレスというリスクも増加させるかもしれない（Heinz *et al.*, 1987）。こうした理論は、旧西ドイツの事例研究のために構築されたものであるが、ヨーロッパの他の地域にも適用されており、英国でも同様の変化が起こりつつあるので、その理論の一部は英国でも正しいといえるかもしれない。

ハイモダニティと生活軌道

ギデンズ（Giddens, 1991）の近代性と自己に関する研究は、ベックの出発点と同じものを多く含んでいるが、彼の場合は異なる理論構造の中にそれらを組み入れ、社会学だけではなく精神分析学や社会心理学の領域の文献を参考にしている。その中でギデンズもリスクと機会の増大について述べてはいるが、ベックとは違って構造的制約を強調し続けている。つまり、ギデンズは新時代は近代的制度の解体（fragmentation）によって特徴づけられるというポストモダニズムに反論して、近代的制度が持つ統一化の特徴は、分散化の特徴と同様に現代における中心的特徴だと述べている（Giddens,1991: p. 27）。たとえば、女性が社会への全面的参加から排除され続けていることについての議論の中で、ギデンズ（Giddens, 1991: p. 106）は次のように述べている。

今日の女性には、名目上はあらゆる種類のチャンスを追求する機会がある。しかし、男性文化の中では事実上、それらへ近づく手段の多くは事実上失われたままである。しかも、現に存在しているあることがらを取り入れるためには、女性は男性よりも、これまでに得た「固定した（fixed）」自己のアイデンティティを徹底的に放棄しなければならないのである。言い換えれば、女性は男性より完全な形で、しかもより矛盾した方法で、後期モダニティの開放性を経験しているのである。

ギデンズはまた、家族関係の変化に関する議論もしているが、ここでもまたベックとは違った解釈をしている。彼は、伝統的な家族パターンの解体や、その経験に付随するリスクを経験している個人が、「制度的再構築という強力なプロセス」の中にあってさえも、新しい形の家族関係を作り出しているというステーシー（Stacey, 1990）の研究を引用している。そこでは、新しい拡大家族（「再結合家族（recombined families）」）が生み出されている。それはもはや、以前に確立されたジェンダー区分で形成される家族ではない。離婚は新しい家族ネットワークを生み出す資源となっている。このプロセスはまた、個人化をもたらすものではなく、新しい形態を作り出すものであり、個人は「外部の社会的世界から身を引くのではなく、むしろそれに大胆に係わっていると思われる」（Giddens, 1991: p. 177）。

ギデンズの議論によれば、生活は「個人史的事業（biographical project）」よりは、むしろ「反省的（reflexive）事業」である。〝青年から大人への移行〟のような人生移行は、個人的変化と社会的変化を結合する反省的プロセスの一部として、変化した自己の探究（exploration）と構築（construction）を要求している（Giddens, 1993: p. 33）。それにもかかわらず女性に関する先の引用が示すように、構造は〔個人のプロセスに〕依然としていくつかの媒介変数（parameters）となっている。

ギデンズは青年期の軌道（trajectories）よりも、むしろ成人期の生活軌道の方に分析の焦点を当ててはいるが、彼の研究は、全体論、プロセス、不平等分析を統合的アプローチによって結びつける青年社会学のために、われわれが初めて明らかにしたことの一助になっている。

青年期を再構築する

これまで青年社会学には二つの見解があった。一つは社会構造的（伝統的な「モダニスト」か）見解であり、それはしばしば、過度に決定論的傾向がみられた。もう一つは個人化の見解で、それは自己決定を過度に強調する傾向にあった。われわれはある程度理論的な折衷主義を認める必要がある。すなわち近代世界に関連する部分をこれまでの理論から引き出すとともに、昨今の見解の寄与を認め、双方の見解を青年期に関する新しい理論のための基本原理として、最大限に活用することが必要である。

青年期の構造的コンテクストと、成人期への移行のプロセスの両方を理解するための理論的な枠み作りがなされてきたが、プロセスを構造と結びつけるのは複雑な過程である。ジョーンズ（Jones, 1986, 1987a, 1988）は、若者が大人としての社会階級の地位に移る際の社会的移動という関係で、若者の成人期への移行を調べたが、現在の職業階級（または父親や母親の職業階級）よりも、むしろ若者自身の階級軌道(trajectories、若者が所属する階級が有するライフコース上の社会移動の道筋）が彼らのライフチャンスの主要な決定因子であるという理論を展開した。ウォーレス（Wallace, 1987a）は、若者研究において、社会集団を区分するために雇用経歴（employment careers〔就職、転職、転勤、休職、失業など、雇用に関する移動の道筋〕）の概念を用いた。ESRC〝十六〜十九イニシアティブ〟の中では(Bynner, 1990を参照のこと)、若者の不平等集団を区分する手段として、経歴軌道（career trajectories〔ライフコースを構成している家族や学校や雇用上の経歴が一本の線となって描く軌道〕）という概念が導入された。それゆえわれわれは、青年期という概念を縦断的時間の流れ（longitudial dimension）の中で把握し、青年期を一つの分化したプロセスとして理解しようとすることが多くなった。

われわれは、英国の青年社会学の中で、新たな理論的枠組みの展開を必要とする段階に立っている。われわれは、青年期が異質で多様であることをより深く認識し、同時に青年期がライフコース上の一つのプロセスであり一部分であることをとらえようとしている。そのためには、青年期を形づくる家庭およびより広い社会のプロセスと、ライフコース上の青年期という段階を構成している移行の理解を助けるために、首尾一貫した理論が必要である。しかしその理論は、国家政策によって青年期のイデオロギーがどのように発達し、またどのように押し付けられているのか理解可能なものでなければならない。このことは、個々のライフコースの移行と同様に、歴史的な変化を理解する必要があることを意味している。さらに、国内の実例を国際比較へと一般化できることがいよいよ必要になってくる。これが本書において設定した検討事項である。

青年期とシティズンシップ

シティズンシップの概念は、青年期の概念を再定義もしくは再構成するための機会を提供するものと思われる。シティズンシップとは、福祉資本主義社会において、ある年齢に達すれば暗黙のうちに与えられる、個人に対するひとまとまりの権利と責任のことである。青年期とは〝シティズンシップへの移行〟、すなわち〝社会へ完全に参加する状態〟へと移行する期間と見なすことができる。しかし、青年期を経た「完成品」とは何なのかということを理解する上で、シティズンシップは成人期概念よりも有益な枠組みを与えてくれる。なぜならこの概念によってわれわれは、プロセスを検討することが可能になるだけではなく、不平等を検討することも可能になるからである。青年期を通じて、シティズンシップのもつ権利は徐々に獲得されるが、社会への完全な参加等、シティズンシップの持つ権利へのアクセスは依然として社会階級、ジェンダー、人種、障害等の社会構造の不平等性によって決定されている。したがって三つの主要な問題がここで関係してくる。最初に、シティズンシップとは何か。二番目に、どのようにして若者はシティズン（市民）になるのか、そして三番目に、すべての人々にとって、シティズンシップはどの程度まで獲得可能なものなのか、という問題である。

マーシャル（Marshall, 1950）の定式化によれば、シティズンシップは英国で長い年月をかけて発達してきた結果、二十世紀の半ばまでには三つの要素（市民的、政治的、社会的要素）を持つようになり、これらはともに〝社会（community）に参加する権利〟を生み出した（Barbalet, 1988 を参照のこと）。個人の自由権、財産権、国家からの保護の権利など、市民的シティズンシップは十八世紀に発達し、法律を通じて獲得されている。政治的権利は十九世紀に展開が始まり、選挙プロセスおよび普通選挙権を通じて与えられた。社会的シティズンシップ、すなわち社会に普及している生活標準を得る権利は、教育、保健、住宅、社会福祉制度を通じて実現されるものであり、主に第二次世界大戦後の福祉国家の建設を通して発達した（Marshall, 1950）。マーシャル（Marshall, 1947: p. 74）は次のように述べている。

> シティズンシップの市民的要素は、個人の自由にとって必要な諸権利（人格の自由、言論・思想および信仰の自由、財産権、そして契約の権利、裁判の権利）から成る……政治的要素とは、政治的権限を与えられた団体のメンバーとして、またこのような団体のメンバーの選挙人として、政治力の行使に参加する権利を意味する。それに相当する機関は国会と地方議会である。社会的要素と

は、わずかな経済的福祉と保護の権利に始まり、社会遺産の十分な分配から、社会に普及した標準に従って文化的な生活を営む権利まで、全範囲にわたるものである。

社会的シティズンシップは、国家から与えられねばならない。しかし、この安全網にもかかわらず、バーバレット（Barbalet, 1988）が指摘しているように、シティズンシップに対するアクセスは普遍的なものではない。というのは、それは法的権利によるだけではなく、自己の資源を動員する個人的能力によっても決定されるからである。したがって、階層化の構造がシティズンシップの発達によってくずれてゆくことはないであろうが、マーシャル（Marshall, 1950）がいうように社会集団間の葛藤はこのようにして作られるのかもしれない。

マーシャルの古典的説明は、戦後の楽観主義によって助長された。彼は、福祉国家の政令（所得政策、社会保健、国家保健サービスの発達、普通教育の拡張、住宅政策）の中に、世界がますます平等化の方向へ動いている事実が反映されているのだと考えた。彼にとって、貧困法から福祉国家への動きは、社会的シティズンシップの発達の最終的行為を意味していたのである（Marshall, 1952）。

シティズンシップと依存

マーシャルは、社会的地位やシティズンシップと社会階級との関係に焦点を当て、ジェンダー、人種、年齢などとの関係には焦点を当てなかった。だがその後、シティズンシップという基本的権利へのアクセスは、人種によってちがいがあるという問題が提起された（Smith, 1989; Harrison, 1991）。シティズンシップの概念を女性に適用しようとする最近の試み（Lister, 1990; Summers, 1991 を参照のこと）からは、次のような疑問が提起された。それは、女性の場合、ともかく結婚して、男性に対し経済的に依存しているかぎりは、市民としての完全な社会参加が達成できるのかどうかという疑問である。マーシャルの理論に対するわれわれの理解は、自分自身の労働の所有を含めて、財産権は他のシティズンシップの権利を決定する上で非常に重要なものであるということである。女性や子どものような扶養家族には、シティズンシップは力のある世帯主を通じて、間接的に与えられるというのが、マーシャルの解釈の中にある暗黙の考え方となっていた。しかしリスターは、女性の場合、完全な経済的自立が与えられるまでは、保護者の役割としての認識を含め、完全なシティズンシップは奪われたままであろうと論じている。

これまで、シティズンシップについての議論は、若者に明確に適用されたことがない。家族内では、女性と若者の状況にいくつかの類似点が存在する（女性と若者とはオーバーラップすることもある）。というのは、彼らは事実上世帯主に経済的に依存している状況にあるか、またはそのように想定される状況にあるからである。リスターは、女性の依存が公的・私的セクターの中で、または家庭内労働分業を通じて、さらに有給雇用の仕組みと国家規定を通して、どのように構造化されるかに注目している（Summers, 1991 も参照のこと）。マーシャル（Marshall, 1952）は、シティズンシップの概念が女性、若者、高齢者集団に適用される場合に論じられるべき問題である、シティズンシップと依存との間の問題のある関係を考慮に入れてはいない（Pascall, 1986）。リスターは、完全なシティズンシップを獲得するには経済的に自立しなければならないと論じている一方で、自立を要求するよりも男女の相互依存を正しいものとし、依存と自立という二分法は誤った論議であるとわれわれは言っている、と論じている（Land, 1989; また若者については Jones, 1992）。

男性と女性の相互依存と分かち合い（sharing）は、両者の平等な関係から生まれる、とリスター（Lister, 1990: pp. 446–7）は述べている。そして次のように続ける。

> 男女間の経済関係や力関係が不平等である限り、また、ケアラーとしての女性の不払い労働の価値が認められない限り、男性と女性が真の意味で相互に依存し分かち合う関係になることは、ありえないであろう。

女性がフルタイムで子どもの世話をし、男性労働力にサービスを提供をすることによって、家族内の成人男性を経済的依存から解放したとしても、女性自身は経済的に自立できず、夫あるいは国家に依存せざるをえないのは、シティズンシップの考えと矛盾する。女性が家庭で不払い労働に従事し、家族内の責任を持っていても、シティズンシップに関する限り、「価値あるものと考えられていない」。サマーズ（Summers, 1991）は、女性がしている子どもの世話（の経済的価値）が考慮されてはじめて、大抵の女性はシティズンシップの平等を得ることができると指摘している。それは、病人や老人の世話をしているのが女性であることを認めるだけでなく、そうした仕事に対して経済的評価を与えることを意味している。しかし、実際はそうした方向にはなっておらず、グレアム（Graham, 1983）が指摘しているように、家族内で起きていることは、社会的な権利や義務の構造の枠外にあると考えられている。

これらの議論は若者にも当てはまる。学校の勉強、家庭での手伝い、パートタイムの有給仕事さえ、現在の英国社会では仕事とは認められないため、これに対してはいかなる権利（たとえば、国民保険制度、労働組合加入、雇用保護）も伴わない。社会への完全な参加（参加の権利とアクセス）は、マーシャル（Marshall, 1950）が述べたように、社会構造の中の個人の資源および地位次第であり、したがってリスター（Lister, 1990）に従えば、また、経済的自立の達成次第なのである。それは青年男女にもあてはまる。若者の社会への完全参加が許されるには、経済的自立が達成されなければならない。若者の場合、経済的解放のプロセスは、女性と同様に、まず初めに生まれた家族の中で始まらなければならない。しかし、後述するように、若者の解放は家族の中で始まるのだということは、外の世界からはわずかしか認められていない。青年期における完全な経済的自立は、労働市場と福祉国家の構造を通じて達成されることになる。

マーシャルは多くの研究者に対して、シティズンシップについての進化論的な説明となるものを示したが、それが若者に適用されるや否や、その概念は「ライフ・コース」とかかわってくる。つまり、マーシャルによれば、シティズンシップは歴史時間の経過に伴って社会というレベルで生まれると記述したのであるが、それは個人のライフ・コースにもあてはまると思われる。シティズンシップの持つ権利や義務を徐々に獲得していくことが、青年期を特徴づけるのである。法律上の権利や責任は、年齢で組み立てられている。〝仕事の権利〟といった権利や、〝法の下の責任〟といった義務は、法的成人年齢に達する前に獲得される。政治的権利は、成人年齢に達するとその大部分が得られる。しかし、社会保障の権利など、社会的シティズンシップの権利は遥かに問題が多く、諸権利へのアクセスは法律によって広い年齢範囲にばらついている。このシティズンシップについてのライフ・コースのパースペクティブは、本書の基礎をなす主なテーマである。ターナー（Turner, 1991）も最近、社会的メンバーシップに及ぼす加齢の影響を強調し、「互恵性—成熟曲線」（reciprocity–maturation curve／財産を所有することや、世帯・家族形成を可能にする教育や雇用や相続による地位の上昇）は、シティズンシップを自分のものとして理解する際重要であると述べている。

本書においてわれわれは、シティズンシップに対して縦断的アプローチをとり、シティズンシップの持つ権利と責任が発生する期間として、青年期を捉えようとしている。さらにまた、他の研究者によって展開された、社会レベルでのシティズンシップに関するもう二つのポイントが、この分析にとってとくに適切であることがわかるだろう。一つは、シティズンシップの持つ権利は、同質の社会的取り決めでもないし、統一された社会的取り決めでもないという点である（Giddens, 1982）。そのために、葛藤と不確かさが個人レベルでどのように生じるものかをみてゆこう。もう一つは、社会における種々の権利の発達は、必ずしも一様でも平行的でもないし、また実際、非可逆的でもないという点である（Turner, 1990）。本書ではこの概念を個人のレベルにも適用することになろう。

青年期におけるシティズンシップの持つ権利の獲得の過程は、複雑でしかも一様でない。投票したり陪審員として法的プロセスに参加する権利を持つ政治的なシティズンシップは十八歳で生じるが、社会的シティズンシップは定義が容易ではなく、達成するのがより困難と思われる。現代の英国では、経済的自立と国民として市民生活の利益を得る権利は、ますますフルタイムの有給雇用によってのみもたらされるものとなってきた。女性と子どもは、少なくとも両親のいる家族では、夫や父親を通して、代理人によってこれらの権利を獲得すると考えられるが、青年と若年成人の場合は、依存と自立の中間の問題をはらんだ状況の下に置かれている。子ども期という依存期間を延長させる法規はすべて、大人という状況に到達するのを遅らせるだけではなく、より広い社会的世界における市民としての地位の達成を遅らせている。若者からフルタイムの有給雇用の機会を取り上げる期間が長くなればなるほど、また若者が参加するものとされる訓練計画が多くなればなるほど、さらには、親に依存したままでいるよう求められる期間が長くなればなるほど、義務と権利を伴うシティズンシップのゴールは、ますます遠のくようにみえる。

シティズンシップの概念は政治的な問題である。それゆえシティズンシップは、その構築のみならず、その定義も政治的変化が条件となる。シティズンシップは、政治のレトリックがさまざまに強調する傾向にある二つの要素を含んでいる。つまりそれは権利と責任である。リスター（Lister, 1990）が述べているように、一方では政治的右派が市民の義務（自立すること、高齢者や病人の世話をすること、浄財を出すこと）を強調している。この種の「能動的シティズンシップ」は、保守党政府のレトリックの一部になる傾向がある。他方民主主義のプロセスに参加するような権利を含め、市民としての権利は政治的中道派および左派政党が強調する傾向にある。

議論はさらにつづく。シティズンシップの持つ権利の概念は、今やマーシャルが作り出した枠組みを越えて拡張し、消費者の権利を含むようになっている。ハリソン（Harrison, 1991）は、社会政策と福祉国家の議論は実際、世帯、集団、個人それぞれについての消費のコントロール、消費の維持、消費の管理、消費の組織化に関係することが多いと指摘している。このように福祉の社会的分配は、シティズンシップへのアクセスを統制する上で決定的であり、消費の点からシティズンシップを考察することもまた重要なのである。民営化された社会サービスの供給や市場での「選択」へのアクセスは、要するに現代の英国におけるもう一つの形態のシティズンシップであろうかと、ハリソンは問いかけている。「消費者シティズンシップ」は、ジョン・メージャー首相の「市民憲章」の一つの焦点にもなっているようであり、現在の政治のレトリックは、公共サービスの妥当な水準に対する個人の権利に関するものである。もっともこの概念が個人の権利と関係しているのか、それとも運輸や通信のような民営化された（非国有化された）産業の管理方法にむしろ焦点を当てているのかどうかは、検討されていないが。

本書では青年期とシティズンシップに関する議論を行うが、そこでは次のような多様なテーマを扱うことになろう。

- 市民的シティズンシップ――政治的シティズンシップ――社会的シティズンシップ
- 権利と責任
- アクセスの不平等
- 依存と自立
- 代理人を通したシティズンシップ
- 消費者シティズンシップ

本書では、まずマーシャルによって定式化されたシティズンシップ概念の中の、市民的・政治的・社会的な要素に関連する問題を検討し、権利と責任が青年期にどのようにして獲得されるかについて考察してゆく。また、本書全体を通じて、青年期の不平等を概念化する手法として、これらの権利へのアクセスに関して差があることを検討し、直接的権利と代理人によって得られる権利の問題を考察する。さらに、経済的依存と自立の構築について検討し、それらと統制・解放の概念との関係を考察した上で、最後に消費者シティズンシップという考えを若者にあてはめてその是非を検討する。

ホームレス、青年の失業や訓練計画の影響というような、現在の諸問題を理解するために、今大いに必要とされているのは、依存と自立の概念を検討し、現代社会において若者がどのようにしてシティズンシップを獲得するのかを示す青年期の説明である。それは解放のプロセスについての理解や、公的・私的な種々の生活領域における若者への全体論的アプローチを含んでいる。さらにそれはまた、若者を分断し、彼らのライフチャンスを決定する不平等性（たとえば社会階級、人種、ジェンダー、居住地域から生まれる不平等）が存在することを理解することを含んでいる。それによってはじめて、われわれは政策立案者との議論に加わり、将来の政策について勧告する論拠を持つことになろう。

われわれがこれらの事項を明らかにしようとする際に設定した問題は、困難な問題である。青年期と成人期の定義や、依存と自立というものに関連する混乱が、若者の権利と義務を規定する英国の法律の中にはみられる。それにもかかわらず、このような国家の干渉が青年期の期間を構築している。もっともこれらの干渉は、後段で理解するように、必ずしも成功しているわけではない。というのは、さまざまな政策の基礎となっているイデオロギーが、時には政治的な理由から互いに矛盾しているためであり、また個人とその家族が、強制される変化に対して抵抗することが多いからである。

第二章　変わる教育制度、労働市場と若者

市民的、政治的、社会的シティズンシップの完全な権利へのアクセスは、経済的自立を達成できるか否かによって決まる。したがって、女性の場合、家族内で男性に対して経済的に依存している限りは、完全なシティズンシップを獲得することはないと論じられてきたのである（Lister, 1991; Summers, 1991）。また、リスターやサマーズやその他の研究者たちは、社会を概念的に、公共領域と私的領域とに分離することに対して批判している。そこで、家族生活という私的世界の中で、若者と親の間で交渉される社会的・経済的関係と、公共世界における経済的移行とが、青年期においては極めて密接な関係があることを第四章で検討する。また、リスター（Lister, 1991; Frazer, 1990を引用して）は、私的領域の外部にあるすべてのものを「公共のもの」として取り扱うことは、三つの別個の問題（国家、有給雇用のフォーマル経済、政治的舞台）を、ひとまとめにしてしまうことであると指摘している。〔三つの問題のうち〕国家は、シティズンシップの権利の社会的配分を決定するが、それについては第三章で扱う。本章では、有給雇用というフォーマル経済へのアクセスや、教育、訓練、労働市場という構造を

通じて経済的自立に至る移行のプロセスに焦点を当てる。これらの構造は、常に歴史的に変化しているわけだが、青年期の経済的地位を規定したり、再規定する主要な変化は、とくに戦後期に起こった。

賃金は、青年期の経済的自立を達成する手段として常に重要であり、「シティズンシップへの鍵」と記述されてきた（Pateman, 1989; Lister, 1991 の中で引用）。仕事に就けるかどうかによって、離家や、結婚などの成人期と結びつく出来事が決まる。しかし、教育と訓練の拡大、さらに過去二十年間にわたる失業の増加のために、卒業後直ちに就職する若者の数はますます減少してきた。若者は、労働者になって暮らしの成り立つ賃金を稼ぐのではなく、種々の「移行的経済状態」に身を置き、補助金、手当て、親やその他の援助に依存するようになっている。この章では、移行的経済状態がどのようにして生まれ、それが青年期の移行プロセスの一部としてどのように標準化されてきたのか、さらにこれらの新しい状況の中で、階層という内部形態がどのようにして生み出されるのかについて検討する。そして最後に、青年期における平等と、経済的自立の意味を検討する。われわれは、社会における若者の位置について次のような疑問を呈したい。すなわち、もし彼らが完全な賃金労働者になれないとしたら、彼らはどのようにして、いつ完全な市民になれるのだろうか、と。

学校から労働市場への移行

学校卒業後直ちに職に就くという移行はもはやない。図2・1は、イングランドとウェールズの十六歳の青年の進路が、一九七六年以来どのように変化してきたのかを示す公式統計である。もっとも、移行パターンは、それ以前からの長期的な傾向を反映して変化してきたが。この図は、若者が十六歳を過

図2・1　16歳の進路

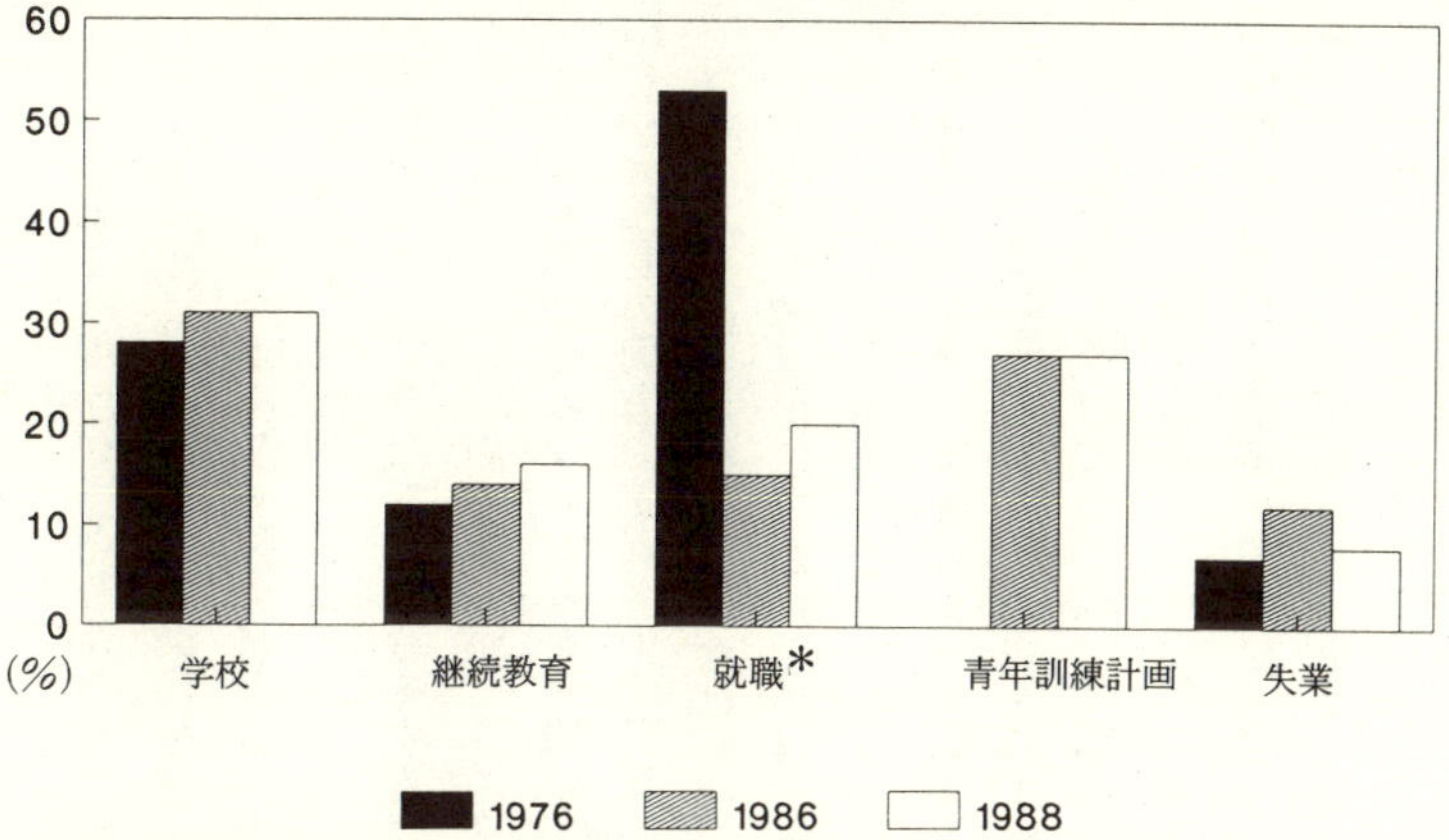

出典：*DES Statistics & Social Trends*, HMSO.
注：＊印は1988年では「その他」の進路を含めていることを示す。

ぎても、フルタイムの教育を受け続ける傾向が強まっていることを示している。最低の卒業年齢で直ちに就職する若者の比率は、一九七六年の五三％から八六年の一五％に激減している。もっとも、「就職」に「その他」のカテゴリーを加えると、八八年には二〇％に上昇している。青年訓練計画というカテゴリーは七六年には存在しなかったものだが、カテゴリーの一つとして登場し、一九八六年までには十六歳の若者の四分の一以上を吸収した。十六歳の若者の失業率は、七六年の七％から八六年の一二％まで上昇したが、最高時にどの位に達したのかは、失業者数の計算方法の変更や、この年齢グループに対する所得維持制度があるために不明である（第三章を参照のこと）。それゆえ、全体的に見て、学校卒業後の移行のパターンの数は増加しており、若者はより長い期間、国家または家族に対し、経済的に依存するようになっている。これらの変化の原因は、失業の増加だけではなく、教育や訓練の意味が変わり、労働市場への移行パターンが変化したことにもよっている。

学校から労働への移行を社会階級の再生産という視点で特徴づけるのが、英国の研究の最も一般的な方法である。安定した階級構造を世代を超えて作り上げるために、教育制度が出身の社会階級をどのように再生産してきたかを、一連の研究は考察してきた（たとえばAshton and Field, 1976; Bowles and Gintis, 1976; Halsey *et al.*, 1980を参照のこと）。移行プロセスが延長し変化していることは、再生産のメカニズムが変化してきたことを意味する。七〇年代から八〇年代への職業構造の変化は、失業と労働市場の規制緩和によるものであるが、この変化は階級ごとに決められた移行についての「普遍的なモデル」は、もはや適切ではないことを意味している。社会階級の一員であることは、世代間の社会移動と、世代内の社会移動の両方の状況の中で、言い換えれば、社会構造変動の中の、個人の階級履歴というような、複雑な力学の中で検討されなければならない（Goldthorpe, 1980; Jones, 1987b）。ジェンダーや人種等のその他の階層化は、これらの従来のモデルの中では、適切に説明されてはこなかったが、最近の研究は、家父長制や人種差別主義（Griffin, 1985; Solomos, 1988; Walby, 1989; Williams, 1989）、さらに地域的な不平等、障害者差別主義やセクシャル・オリエンテーション〔女性差別主義〕などの問題（Ashton and Maguire, 1982; Walker, 1982）を強調している。これらの階層化はすべて、若者の経済的地位や、教育から労働市場への移行構造に影響を及ぼすのである。現在では、訓練・教育制度自体によって、内部的に発生した新しい形態の階層分化も考慮に入れなければならない。さらにまた、消費市場や国内経済における若者の位置は、社会における若者の位置づけをみる上で、もう一つの次元をつけ加えるかもしれない（第四および六章を参照のこと）。労働市場へ移行する間の若者の社会的アイデンティティを理解する上で、以上に述べた不平等のすべての次元が、どのように交錯するのかをみることは重要である。

いくつかの議論によれば、この移行期間の延長という現象は、経歴（career）の経路がますます分化していることに関連がある（Heinz, 1987; Heinz *et al.*, 1987）。訓練と教育の機会の増大に伴い、「選択の機会」が拡大したが、若者はその制度を通じて、自分のルートの選択により一層自覚的になっている。彼らはより「自己反省的に動員され（reflexively mobilized）」、おそらくより「個別化」しなければならないのである。だが、選択の機会が増えるに従って、結果はますます不確かなものになるため、リスクは増大する。たとえば訓練を受けたからといって、必ずしも仕事に就けるとは限らないのである。そこで、英国における教育や訓練や仕事のトレンドからみて、これらの議論がどのくらい有効性を持っているのかを、以下で検討してゆくことにしよう。

こうした若者の選択形態の検討にあたっては、まず何がその選択を構造化し、統制するのかを確定することが重要である。そこで本章では、学校終了後の道筋が、教育や訓練や労働制度の構造によって、どのように変化してきたのかを調べ、続いて、教育や訓練期間の長期化と、出現しつつある階層の形態を検討する。さらには、新しい中間的な状態が出現していることを確認した上で、青年の自立と依存の意味を、彼らの個人史を通して検討してゆくことにする。

労働市場への移行の変化

学校から仕事への移行に関する規範的モデルには、就職は教育終了の後であるという意味が含まれていた。多くの若者の場合、この移行は十代で始まり、その後、賃金を稼ぐことによりそれ以外の移行

（離家、住宅入手、あるいは世帯形成）が可能となった。これらの移行は、二十世紀を通して、社会階級による明確な階層化は存在してはいたものの、主として卒業年齢によって構造化されていた。十九世紀の法律が教育の義務化を定めて以来、卒業（同時に法律的にはフルタイムの雇用の許可）最低年齢は、上昇し続けてきた。つまり、十九世紀末に十一歳から十三歳へ、一九一八年には十三歳から十四歳へ、そして一九四四年教育法（Education Act 1944）の通過によって、十四歳から十五歳へと上昇してきたのである。一九四四年教育法は、戦後期の学校教育の枠組みを確立したものであったが、それは中等教育〔十三歳～十五歳〕へと誰でもアクセスできる制度の基盤を、支払い能力よりも学習能力に基づいて作ろうとしたものであった。卒業年齢は、長年にわたる教育諮問委員会からの要請によって、一九七二年にはさらに十六歳へと引き上げられた。その要因の一つは、七〇年代に起きた失業率の上昇に対する恐れであった。その法令によって、若者は親への依存期間を引き延ばし続け、経済的には成人期への移行を遅らせるという影響を及ぼした。

若者が正規の教育を終えて就職する年齢は、今なお社会階級格差を反映してはいるが、格差は以前ほどはっきりと現れることはない。七〇年代以前には、これらの移行を規定するものとして、階級というものの重要性がもっと明瞭に打ち出されていた。それは、階級を階層化の主要な変数として研究する傾向があったためである。ミドルクラス〔中間層、社会成層の中間部分を占める階層を指す〕の若者は、当時、労働階級出身の若者に比べ、学校に留まり資格を獲得し、労働市場でより長い訓練を受ける傾向があると考えられていた（Ashton and Field,1976）。高等教育への機会も同様、主としてミドルクラスの少数者が得ていたのである。労働階級出身の若者は、卒業すると直ちに就職する傾向があった。もっとも、いくつかの職業では、見習い工は「デイ・リリース〔day release 研修休暇制度。若い労働者の技術修得を優遇した週一、二回の有給休暇制度)」を取って教育を継続することもできた。当時の多くの研究は、学校と就職の形態は社会階級により差が生じることを報告している(Carter, 1962, 1966; Robbins Report 1963; Maizel, 1970; Ashton and Field,1976)。これらの研究によって、次のことが示された。伝統的労働階級文化は教育の成果を低く評価している。したがってもっと多くの労働階級の若者が学校に留まり、多くの資格を取得して前途の見通しを改善するよう精励すべきである、と。若者が階層に分けられるのは、労働市場に参入する以前だけではなく、それ以後も続いていた(Roberts, 1984; Ainley, 1988)。この時代の移行パターンは、社会階級内部の位置によって種々の方法で規定されていた。

その他の次元の階層報告例は最近まで少ないが、その中にジェンダーがある。女性は、妻および母親としての役割を担うよう運命づけられていたため、二十世紀の前半まで、女子教育は少年教育ほど重要視されてこなかった。見習い工は大抵は男性のものであった。たとえば一九五〇年には、男性の三三%が正規の見習い工の身分にあったが、女性のそれはわずか八%であった(Roberts, 1984)。それにもかかわらず、ジェンダーや社会階級には、その他の形態の階層が横断しており、これらの形態は相対的に軽視されてきた。黒人の若者も、労働市場や学校制度の中で不利益に直面しており、彼らの経験は階層に分化されている。たとえば民族性でいえば、白人やパキスタン、バングラデシュ出身の若者よりも高い教育上の資格を持つようなインド出身の若者の例がある。またジェンダーでいえば、アフリカ系カリブ人男性よりも、または白人の男性よりも高い教育資格を持っているアフリカ系カリブ人女性の例がある(*Social Trends* 21, 1991)。だが彼らのように、たとえ高い教育資格を持っていたとしても、民族的少数グループの多くの人々は、労働市場で今なお差別を経験しており、社会的地位の低い仕事で終わるであろう(Brown, 1984)。アラン・ウォーカー(Alan Walker, 1982)の研究も同様に、障害のある若者に対する差別の影響に注目した。差別によって、彼らはしばしば低い資格のまま卒業し、社会的地位の低い仕事に就くよう強いられているのである。以上の研究がさらに明らかにしているのは、ジェンダー、人種、民族および障害はすべて、社会階級と同様に、教育制度から労働市場に至る移行を構造化していることである。

卒業パターンの階層差が、その他の移行パターンの階層差にも影響を与えている。第四章では、若者が職に就いた後、親のもとで経済的移行がどのようにして進むのかについて検討している。これは機会(opportunity)の階層化だけではなく、若者に対する期待が階層によってちがうことにも影響される。労働階級の若者は、最低年齢で卒業し、職に就き、賃金を稼ぎ、世帯に貢献することを期待されてきた(Willis, 1977)。それとは対照的に、ミドルクラスの家族の親は、〔これまでの子育ての〕見返りとして経済的貢献を期待するよりは、長い教育期間を通じて子どもを援助し、補助する場合が多かった。移行パターンにちがいはあるものの、移行間の連結の根拠となる規範的なイデオロギーが存在し、卒業は働き出すことや経済的自立と結合していた(Wallace, 1988 を参照のこと)。だから規範的ではない方式で移行した人々は、「早熟」もしくは「遅い」移行をしたと言われたのである。最近では、ミドルクラスの移行を遅い移行とみるよりはむしろ、労働階級の移行を早熟とみることの方が強調されるようになっている。

後に検討するように、これらの規範的移行パターンは、完全雇用の時代においてしか達成できないものであるが、雇用の変化以外にも、学校から仕事への移行を中断させる変化が起こった。労働市場における変化とともに、教育制度にも変化が起こったのである。

教育制度の拡大

一九七〇年代以降の教育制度の拡大は、新しい移行局面（phases）を創り出し、若者の内部に新しい階層を生み出した。若者が教育を受けるということは、なんらかの依存形態を伴っていた。したがって教育制度が拡大した結果、長期化した「移行」の局面にいる若者の増加に対して、どのように財源を与えるかという新たな問題が生じている。次節ではさまざまな教育領域の拡大を考察し、それが若者の成人期への移行に対してどのような影響を及ぼすかを検討してみたい（表2・1を参照のこと）。

表2・1　教育制度の拡張

高等教育	中等および継続教育
大学供給の増加	卒業年齢の上昇
中級 ― ポリテクニク	継続教育カレッジ
オープン・ユニバーシティ	職業資格の増加
アクセス・コース	

高等教育

高等教育の拡大は、家族、または国家の補助金に対する若者の依存を助長するだけではなく、個人化（individualization）に拍車をかけている。何人かの研究者が論じているように、英国では、長期間でみると若者に対する最も重大な変化は、一九六三年のロビンズ報告の結果生じた。この報告では、高等教育はシティズンシップの基本的権利であると明確に記述されている。いわゆる「ロビンズ原則（Robbins Principle）」は、能力を有するものは誰でも、高等教育を受ける権利を持つべきであり、それは生活補助金（maintenance grants）を平行して支給することにより保障される権利であると述べている。その結果、新たな大学が設立され、

図2・2　戸籍本庁の社会階級別大学寮志願者の受け入れ状況（1986年）

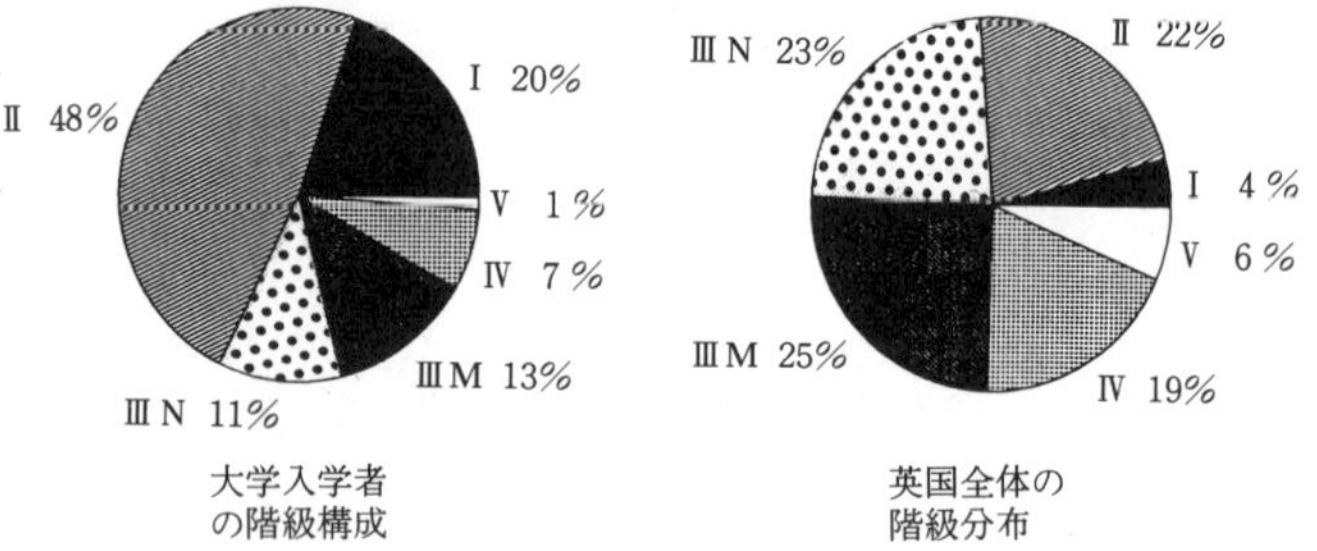

出典：UCCA, cited in Halsey (1988); *1981 Census statistics.*
注：Ⅰ　専門的職業，Ⅱ　管理的・技術的職業，ⅢN　熟練ノンマニュアル職，ⅢM　熟練マニュアル職，Ⅳ　半熟練マニュアル職，Ⅴ　非熟練職.

従来の大学は拡張され、工業専門学校（college of technology）のいくつかは大学へ昇格した。七〇年代に中級高等教育が登場し、技術・職業教育に重点を置くことを意図するポリテクニク〔英国の大学レベルの総合制高等教育機関〕や種々の施設が生まれた。一九七二年にオープンユニバーシティが創設され、パートタイムで学位を取得することが可能となった。オープンユニバーシティは、学生の募集数の点では英国最大の単一高等教育機関となった（Halsey, 1988; *Social Trends* 18, 1988）。すべての社会階級で学生数の増加をみたが、最も利益を得たのは相変わらずミドルクラスであった。大学または高等教育機関は、ミドルクラスの若者の規範的移行パターンにとって欠くことのできない部分になった。図2・2はこれを例示したもので、英国全体の階級分布と対比させて一九八六年の高等教育における学生の階級構成を示している。

一九六〇年代までは、高等教育は最も急成長した国家産業の一つであった（Halsey, 1988）。一九六二〜六三年と一九六七〜六八年とを比べると、学生数は二一万七千から三七万に増加し、一九八〇年には高等教育に五二万四千の学生が在学するに至った（Layard *et al.*, 1969）。大学入学資格者に対する入学者の比率は、一九五五年では二十に対して一であったが、六七年には十に対して一になった（もっともその後この比率はほんの僅かしか増えていない）。さらに第一学位課程〔first-degree course　英国の大学において卒業で得られる最初の学位課程〕の拡大に続き、第二学位課程が拡大された。また高等教育拡大の長期的趨勢を反映して、第二学位課程を取る学生数も、一九七〇年の三万一千から八五年の三万三千六百までに増加した（*Social Trends 18*, 1988）。このようにして専門的・管理的職業階層への移行パターンは拡大した。

同時に、さまざまな学位間に新たな階層分化が現れ、教育機関の間で地位の不平等が生じた。どのような種類の学位が得られるかだけではなく、ポリテクニクに行くのか、それとも大学に行くのか、さらにそれがどのような種類の大学であるのか、が重要になった。増加する高等教育卒業生の間に格差をつけるこれらの新しい方式は、仕事と社会的地位を手に入れる上で重要な役割を果たした。こうして、この新しいシステムはそれ自身の内部に階層を生み出したのである。

一九八〇年代、政府資金援助の削減があったにもかかわらず、高等教育の人気は続いた。一九九一年の政府白書には、大学関係予算を一層はっきりと学生数にリンクさせることで、学生の受け入れを劇的に増加させようとする意図が感じられる。また、高等教育の拡大は、労働市場のニーズに関係なく、高等教育自体の要求を生み出した。拡大の理由の一つは、増え続ける〔中等教育〕卒業生を受け入れなければならないことから生じたと考えられるが、もう一つは従来の卒業生だけではなく、さまざまな年齢集団から広範囲で多種類の学生を受け入れることから生じたと考えられる。学生数の増加過程で、女性が資格を得る機会は増加した。英国で高等教育を受ける女性の比率は、一九七〇年の四一％から八八年には四七％に増加した（*Social Trends 21*, 1991）。また、「非伝統的な」学生（たとえば年長女性、または民族的少数者）が高等教育に進むのを促進する目的で、八〇年代にアクセス・コースが導入され、学生数拡大の努力が行われた。それにもかかわらず、他の多くの集団は、依然、数としては現れなかった。

これらの変化から導かれる一つの結論は、戦後、多くの町や市で、拡大する若者の社会集団、すなわち学生という社会集団が形成されてきたということである。英国の学生にとって、高等教育を受けるということは、少なくとも三年間の義務（commitment）が発生することを意味する。英国の多くの学生は、勉学を続けるためには親元から離れて生活しなければならないので、学生数の増加によって若者の離家のパターン全体が大きな影響を受けた。親元から離れて生活する学生の数は、この二、三十年で非常に増加した。一九七九、八〇年には八一％の学生が親元から離れて生活していたが、一九二〇、二一年にはこの数はわずか四八％にすぎなかった（Halsey, 1988）。この変化は六〇年代の生活補助金の導入と、キャンパスのある大学の設置によって可能となったのである。学生の文化と下位文化が隆盛する施設空間が、このようにして作られた。「学生」という地位は、家族というものの直接的な影響から離れて実験をする時期として、また相対的に個人の自由のある期間として認識された。

近年、エリート集団としての学生の地位は後退している。第三章で議論するように、学生に対する財政的援助が変化したために、離家を含め移行のパターンは変化し、個人の経済的な責任が増加している。一九六四年以降、高等教育への進学は、生活補助金を前提にしていた。それは地方自治体によって払われ、大抵の学位に与えられた。これらの生活補助金は、親の資力調査によって決められた。それでも補助金は七〇年代から八〇年代には削減される一方で、親の負担が次第に増えた。一九九〇年に学生自身が返済しなければならない「補給ローン」（top-up loan）が導入されたが、これは学生金融の新時代の開始を表わすものであった。今では大学生活の費用の半分以上は国の補助金によるのではなく、親、雇用主、または学生自身が負担しなければならなくなっている。

他の多くの西ヨーロッパ諸国では学位を取得するコースが三年以上に延長され、生活補助金の支給範囲が狭くなったため、学生は親元に住み続けることが多くなった。ヨーロッパの一部や北米では、大学生活の一部として学生が大学内の仕事をする、大きなパートタイム労働市場が存在しており、学位コースを完了するのに以前より長い時間がかかっている（Ashtonand Lowe, 1990）。英国でも、学生の補助金は徐々に削減されているので、同じような傾向がみられるようになるであろう。

このようにして二つのプロセスが進行している。一つは、移行期間が長くなり門戸が拡大するのに伴って、移行は年齢との関係が薄れ、また構造化されなくなっていることである。もう一つは、移行は、同時にますます、「学生」という認識可能な（recognizable）地位をめぐって再構築されてきていることである。これらのプロセスは、ミドルクラスの伝統的な形態の社会化と見なすこともできるが、これを新しい形態の階層化と見なす研究者もいる。たとえば、ブルデューとパスロン（Bourdieu and Passeron, 1977）は、大学教育が彼らの言い方でいうと「文化資本」と呼ぶものを、どのように増加させ強化しているのかを記述している。文化資本は、社会的背景から得られるものであるが、それは仕事、威信、地位と交換できる通貨を与えてくれる。それは、特別の社会階層や環境へのアクセスを得るために人々が学ぶ、言語など自分を見せる方法のことである。これらの文化的因子は高等教育における教育学的なスタイルによって強化される。文化資本は経済資本と同意語ではないが、類似のものである。両者の間には通常は何らかの類似性があるが、人々にとっては片方はあっても、もう片方はないということがある。このように高等教育制度の拡大は、ミドルクラスに文化資本への投資機会を与え、個々の学生の文化資本の蓄えを作り出したのである。ブルデューとパスロン（Bourdieu and Passeron, 1977）によれば、高等教育は門戸の拡大というよりはむしろ、ミドルクラスの文化的規約体系を強化し、それをミドルクラス以外に拡張するのに役立っているのだという。高等教育は、或るスタイル、つまり将来にとっての基準点と共通の経験の源泉となる「ハビトゥス〔日常的な態度のシステム。その構造は過去の経験によって条件づけられている。また同時に、その構造は現在の知覚や行動や思考を条件づけている〕」を与える。したがって学位は資格を表わすだけではなく、象徴的資源や、他の卒業生との共通の文化をも表わすのである。このようにして教育は、社会階級と地位集団を再生産しているのである。

しかし、「文化」についてのこの一枚岩的見解は、さまざまな教育セクターやさまざまな学生集団の中で文化がとる形態の多様性を無視している。文化は上から押しつけられるだけではなく、「下から」能動的に支持される場合もある。学生は、スタイルや政治等の彼ら自身の下位文化を発達させることができる。それらは階級に関係あるものもあるし、ないものもある。われわれは第六章でこのプロセスを理解する別の方法を議論するが、若者が、消費市場での独立した役割を作り出すために「文化資本」を動員する方法もその中には含まれている。

高等教育ではない継続教育

その他のレベルの教育制度においても新しいルートが作られ、一九七〇年代と八〇年代に高等教育ではない継続教育セクターが拡大した。継続教育（FE）専門学校は、当初は職業訓練をするために発達したが、デイ・リリースをとる人の数が、見習い場所の数とともに減少するにつれ、継続教育専門学校はその他のコース（教育一般免状AおよびOレベルのコース）をとる機会を提供する方向へと変化した。

それに加え、種々のビジネス・技術教育（BTEC）資格や、その他の職業資格の創設と拡張によって、新しい顧客が生み出された（Gleeson, 1987）。最終的に、継続教育はまた、時には青年訓練計画（Youth Training Scheme）の「職場外」訓練の一部を提供したのである（Dale, 1985）。資格証明書に対する要求が増加していることは、高等教育レベルといった種類ではない学校修了後の資格取得のための市場が拡大していることを意味している。その結果、継続教育の学生数は、一九八一年から八六年までに十七万四千人増加した（*Social Trends 19*, 1989）。これらの学生の一部にとっては、専門学校に行くことは失業者にならない代替策であった。

以上の結果、高等教育の場合と同様に、継続教育レベルにおいてもコースの種類が増加し、さまざまなレベルでコース間の分化と学生内部の階層の増加がみられた。教育と訓練が、より広範なグループまで拡大していることは、家族や国家に対しより長期間依存し続ける若者が増えていることを意味している。奨学金を獲得できる継続教育の学生もいるが、多数の学生にとっては、このような方法で教育を受け続けるためには授業料を自分で支払い、家族や雇用主からの金銭的援助に依存するかパートタイム仕事をして自分で金を工面する必要がある。

このように、高等教育および継続教育セクターの拡大は、学生の地位がより普遍的に認知されるようになったことを意味している。学生数が増えるにつれて、学生の種類、コースの種類、学生が国家から受ける財政的援助の程度の点で、内部分化が大きくなった。権利としての中間的状況である「学生という身分」の拡大によって、一部の学生にアイデンティティの「未確立」期間と個人的実験の期間が与えられた。これは、新しい社会運動である動物の権利、グリーン政策、女性運動等が隆盛できる状況を作り出した。労働市場の伝統的な制約から解放されたこの移行的地位は、明確な形で階級には基づかない政治的・個人的なアイデンティティを助長しているのである。

変化する労働市場

教育制度の変化に伴って、産業と雇用の構造は大きく変化してきた。したがって、教育から労働市場への移行の構造は、二十世紀後半の資本主義のリストラの状況の中で、さらに広く理解する必要がある。学校から労働市場への移行の規範的モデルは、完全雇用と、戦後初期に存在した大規模産業と官僚機構を前提にしたものであった。空間的に一カ所に集った労働人口を有する中央集権化された機構が、それぞれの社会階級ごとに、仕事への移行を作り出した。産業都市は、しばしば大きな国家産業が立地する地域であり、そこでの労働組織形態は都市化と結合することが多かった。同様に、資本主義のこの段階は、労働者の利益を守るために全国レベルで組織化された、コーポラティスト〔協調組合主義〕の労働組合と結合していた（Lash and Urry, 1987）。

これらの特徴は、ケインズ学派による経済への需要管理的介入によってますます助長され補強された。戦後期における福祉国家の拡大は、同じくケインズ学派の国有化・集中化・計画化モデルに基づいて企てられ、人々の生活のあらゆる局面を通じて、人々に支援を行うものと考えられた。こうして、仕事の権利は、シティズンシップの戦後モデルの重要な部分となり、仕事へのアクセスは、計画経済の中で労働市場の拡大によって保証されることになったのである。教育制度は計画経済の決定的な部分となり、卒業生をさまざまな水準の職業階級構造に応じたレベルで階層化するのを助長し、また公式試験の官僚主義的基準で、彼らを社会化した。一九五〇年以降の労働市場におけるサービスセクターの発達は、ホワイトカラーや専門的労働への需要を生み出した結果、上昇的社会移動の機会を、主に資格を有する男性に、やがては女性に対しても作り出した（Halsey *et al.*, 1980; Abott and Wallace, 1990）。仕事と教育の権利は、男性にとってだけではなく女性にとっても、社会的シティズンシップに不可欠なものと理解されるようになった。もっとも自由労働市場で仕事に就く法的権利は、市民的シティズンシップの一つとして認識されてはいるが。一九七〇年代に重要な変化が起き始めた。最初に失業率が急激に上昇し、英国の産業界のリストラが始まった。伝統的な製造業セクターの多くは、多国籍企業がその生産操業を海外に移転するにつれて閉鎖された。生産を管理から分離し、地理的に分離された各部門を遠距離通信ネットワークで結合することができる多国籍企業に、国内企業は次々と置き換えられていった。大規模企業は、小規模企業、「弾力的な専門化」、下請け仕事、「コンサルタント業」に置き換えられ始めた（Bagguley, 1991）。臨時雇用や、出来高払いの契約労働が、正規の終身雇用に取って代わり始めた。その一例をサウス・ウェールスの鉄鋼産業のリストラの中に見ることができる（Fevre, 1987）。人々はフルタイムの雇用への期待に代わって、失業や、パートタイム仕事、内職、臨時雇い仕事を受け入れるようになっていった（Lashand Urry, 1987）。また八〇年代中期までには、大規模な伝統的産業の消滅によって、見習い訓練制度の崩壊がもたらされた（Roberts, 1984）。労働組合は、失業と臨時仕事の増加のために弱体化してしまい、労働者が雇用保護を奪われることに抵抗できなかった。仕事の権利という原則はますます問題とされるようになった。

これらの傾向は、公共支出の削減と労働市場の規制緩和を公約した保守党政府の、一九七九年の選挙結果によって助長された。保守党政府は、社会生活を規制する国家の役割を縮小し、ケインズ学派のコンセンサスによれば当然と考えられてきた「温情主義的な」国家介入の考えを変更すると主張した。住宅、輸送、教育および保健の私的所有を奨励する政策が、公益事業の民営化とともに導入された。コストを削減し、こうした「国家の新分野を、かつての水準まで引き下げる」試みの中で、国家サービスは削減され、民間セクターに下請けさせた。このような状況の下で保守党政府は、シティズンシップとはサービスを選択する権利である、と定義したのである。

このように雇用パターンが弾力化すれば、教育制度に対して新しい要求が生まれるであろう。集団教育の理想は、「フォード主義」の原則にそって組織された労働人口を再生産する必要性から生まれ、また大規模官僚主義構造にそって構築されたものであるが、今度は弾力性と変化というものを教育することが必要となるであろう（Brown and Lauder, 1992）。事実、伝統的な教育はあまりにも伝統的で弾力性に欠けると保守派に批判され、それに代わって「新保守主義」の思考の影響を受けた政府によって、「起業家精神」がイデオロギー的に奨励された。「自営業開設援助手当（Enterprise Allowance）」や「高等教育における起業（Enterprise in High Education）」計画の中では、若い人々が進取の精神を活用することや、独立業者になることさえ奨励されたのである。「若き企業家」についてのマクドナルドとコフィールド（MacDonald and Coffield, 1991）の研究によれば、少なくとも何人かの若者は、この倫理に鼓舞されていたという。

しかし、これらの傾向を誇張すべきではない。大企業の組織構造は、多国籍企業への資本の集中化とともに継承され存続するのである。それは「ネオ・リベラル」政党が与党となっているいくつかの主要な西側諸国の政府が、金融面の規制緩和をしたことによって助長されたものであった。英国においては、むしろ労働市場の非規制的なレッセ・フェール（*laissez-faire*）〔自由放任・自由競争主義、政府は法と秩序の維持以外の経済活動には介入すべきではないという考え方〕モデルへの後戻り、と理解できるかもしれない。

これまでも小規模の事業セクターや農村地域では、常に大きな弾力性、非規制性、不確実性が存在していたからである（Wallace, 1991a）。開始する事業数は増加したが、失敗する事業もそれに見合っておびただしい数になった。マクドナルドとコフィールド（MacDonald and Coffield, 1991）の研究によれば、地方企業が成功するかどうかは常に地域経済の力次第なのである。また、過去に労働市場へ参入した若者の雇用経歴は、継続的で正規雇用であったということも、誇張されている可能性がある。個人レベルではしばしば弾力的であった。若者の間では、少なくとも数年毎に頻繁に仕事を変えるのが共通するパターンであった（Baxter, 1975; Carter, 1975; Cherry, 1976）。結局労働市場における若者の状況の主な変化は、次のように要約できる。

- 賃金委員会の廃止
- 雇用保護の撤廃
- 青年失業者の増加
- 青年賃金の削減
- 見習い制度の消滅
- パートタイム労働と臨時雇い労働の増加
- 訓練計画の導入

構造化された弾力性は、しばしば、女性、若者、障害を持つ労働者や少数民族出身の労働者のような縁辺労働力集団を犠牲にして労働市場に導入された。「弾力性」とは、一時帰休、低賃金、もしくは賃金カットのための短時間労働の導入の可能性を意味している。保証された雇用というものがより一層一般的でなくなるにつれ、雇用主だけではなく若者も、リスクと不確実さを抱えることになる。正規の雇用が、臨時雇いや、自営の、弾力的な労働に置き換えられるにつれ、労働市場のさまざまな展開により移行パターンと仕事経歴の非規則化がもたらされた。そのために、計画的な成人への移行はますます困難になった（Myles, 1991）。

このような環境では、フルタイムの仕事の権利というシティズンシップの基本的権利は、獲得はおろか要求することが一層困難になった。一九八〇年以降の労働市場に対する新しい強調点は、普遍的シティズンシップというマーシャルの概念とは一致しないものになった。労働市場は仕事に対する不平等なアクセスを作り出しており、保証のある雇用を提供できないのである。

若者の賃金と仕事の条件

学卒後直ちに職に就くことができた八〇年代の若者であっても、六〇年代の若者ほど恵まれてはいなかった。八〇年代の新規労働者計画（the New Workers Scheme）に先立って導入された青年労働者計画（the Young Workers Scheme）などの諸計画は、マネタリストの用語では、若者が「仕事にもどれる価格をつける」ことができるように若者の賃金を下げることを意図したものであった。これらの計画は、低賃金を支払う雇用者だけを財政援助するものであった。それと同時に、若者の低賃金労働をカバーしてきた賃金委員会の保護が廃止された。さらには、八〇年代の失業と一連のストライキの敗北による労働組合運動の弱体化（その結果組合員は労働者人口のおよそ半分から三分の一に減少した）の結果、労働組合はもはや、若者の賃金や労働条件を保護したり、高賃金の年長労働者を低賃金の若者に置き換えることに反対する十分な立場にはないことが明らかになった。

一九七〇～九〇年の新所得調査（*New Earnings Surveys*）（図2・3）のデータによると、七〇年代

図２・３　全成人賃金に対する18歳未満の賃金の割合

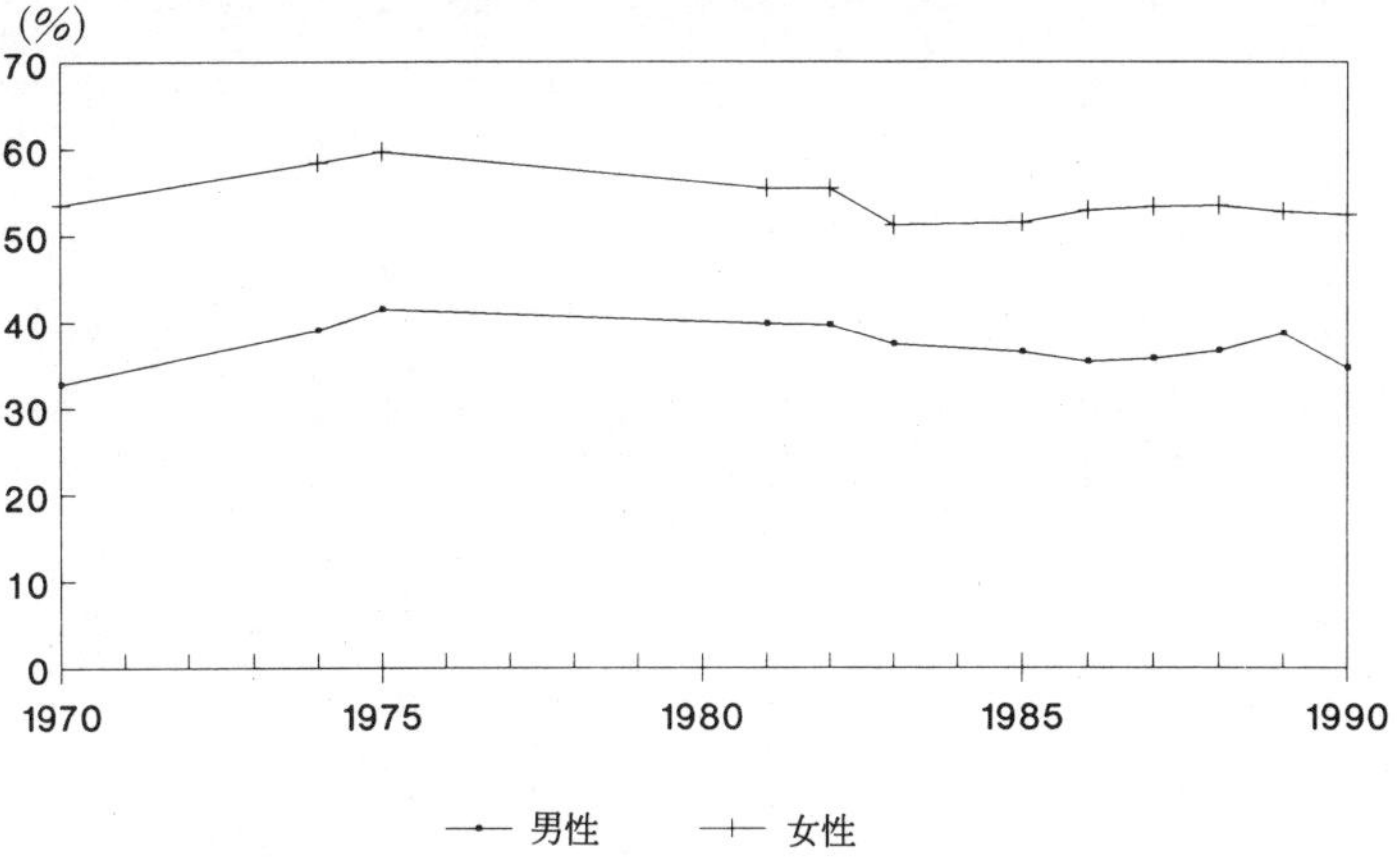

出典：*New Earnings Surveys.*

には若者の賃金は成人の賃金に比例して上昇していたが、八〇年代には再び低下した。少年と成人男子の間の賃金差より、少女と成人女子の間の賃金差の方がはるかに小さいのは、若い男子と若い女子の間の賃金格差はそれほど大きくないのに比べて、成人女子の賃金は成人男子より低い水準にあるというだけのことである。実際、青年の賃金所得者グループに限ってみても、〃十六～十九イニシアティブ〃の結果をみれば、若年の賃金に大きな変動があったことがわかる（Roberts *et al.*, 1991）。仕事に就いている若者が減り、賃金より訓練手当をもらう若者が増えている。仕事に就いている若者の場合、賃上げを交渉する力はほとんどない。若者の労働条件が低下する一つの理由は、彼らが声を結集しないために、利害が簡単に無視されるからである。

失業の増大

一九七〇年代の最も劇的な変化は、失業の増大であった。七〇年代初期の石油危機は、すでに衰退しかけていた英国の産業を不況に陥れ、雇用者のカットと採用の削減をもたらした（Roberts, 1984）。成人の失業率は一九六一年の三％から七六年の六％に上昇し、そして、一般的に失業者の数字を低く抑えるように考案された計算方法を度々改訂したにもかかわらず、一九八八年には一四％になった（Halsey, 1988）。その当時の研究によれば、若者は「振子効果」により、失業の一般水準の上昇からとくに大きな影響を受けた。この振子効果とは、成人に対する失業の影響が若者に対してより増幅して現れることであった（Makeham, 1980; Raffe, 1987）。一九七〇年代には、若者は大恐慌の間でさえ経験したことがないようなやり方で、労働市場で構造的に不利な扱いをされていると論じられることが多くなった。失業の増大は、シティズンシップの基本的な教義である仕事の権利の基盤を危うくした。完全な賃金の権利を持っていないだけではなく、若者は他の集団と比較して、仕事の権利すらわずかしか持っていないと見なされた。

失業はその他の不利益をさらに悪化させた。全体的にみて資格を持たない卒業者は一番失業者になりやすい状況に置かれており（Holland Report, 1977）、また黒人の卒業者は、白人の二倍も失業者になりやすい状況にあった（Cross, 1987; Cross and Smith, 1987; Wrench *et al.*, 1989）。障害のある卒業者も同様に、とくに不利益を被った集団であった（Walker, 1982）。しかし、若い女性は若い男性より、場所によっては仕事を見つけることが容易であった（Wallace, 1987a）。失業した若者は、親の資源を頼るよう追い返された。失業した息子や娘を持つという現象は、今や多数の家族が対処すべき新しい状況であった。しかし、失業した若者をかかえる親というのは、経済的には対処の備えを一番していなかった人達に多かったのである。ジョーン・ペイン（Joan Payne, 1987）の研究によれば、失業した若者が同居する家族には、失業しているその他の家族メンバーがいるという傾向がみられた。さらに、失業した若者は、仕事を持っている若者より貧しい世帯で暮らしている可能性が大きかった（Roll, 1990）。また、失業はすべての地域に同じように分布したわけではなかった。それは産業が衰退しつつあった地域でとくに打撃が大きかった（Massey and Meagan, 1982）。そして学校から仕事への移行パターンは、労働市場によってかなり異なった（Ashton *et al.*, 1987; Roberts *et al.*, 1991）。八〇年代中期に経済は回復し、とくに英国の東南部では、若者の労働市場への参入の機会が拡大した。その後一九九〇年にもう一度リセッションが襲ったが、その打撃は八〇年代に最も拡大した地域でとくに大きかった。なかでもこの不況は、東南部の地域、とりわけサービス産業に影響を及ぼした。

これらの不況の波の結果、若者は卒業後失業することがキャリアの一部として一般的になった。最も厳しい影響を受けたのは、最も低い資格を持ち、それ以前なら卒業して直ちに単純な仕事に就いた若者集団であった。彼らの出身家庭は、彼らに賃金を家に入れ、家計を助けるよう期待するような家庭であった。しかし彼らはそうした期待に応えられず、失業して社会保障を請求していたのである。第三章で判る通り、彼らの社会保障の資格の多くは取り消され、今や家族の経済的重荷にさえなっているらしい。

社会心理学者の研究によると、失業は抑うつ状態と自信喪失をもたらす。もっとも、失業がこの年齢集団にとって「常態」であるということは、自分自身や時間と資源の使い方を彼らは再定義できることを意味するのではあるが（Kelvin and Jarret, 1985; Wallace, 1987a）。「失業者」についての研究は彼らの均一性を強調してきたが、明らかに、実際には彼らはさまざまな経験を持った、さまざまな種類の失業者から成り立っている。彼らの中には、ある仕事から別の仕事に移る間に、または卒業後、訓練後、専門学校や大学修了後に失業者になる者がいるであろう。これらのさまざまに異なる状況の中では、失業は極めてさまざまな意味を持つであろう。ウォーレス（Wallace, 1987a）は以前の実証研究の中で、雇用か失業かで若者を分類するよりは、彼らの「雇用経歴」を調べ、失業をどのように経験したのか、また卒業後またその後に、どの程度の期間失業していたのかを個別に調べる方がより有益であることを見出した。たまにしか失業しない者がいる一方で、長期間失業している者もいる。さまざまな卒業者集団にとって、失業がどのような意味を持っているかを理解するのに役立つのは、横断的な説明より、個人の失業経験である。失業経験はまた、離家や家族形成のような、他の移行に大きな影響を与えると思われる。このために必要な金を持たない人々や雇用されていない人々は、こうした移行を別の方法で達成しなければならないか、全く移行しないかのいずれかである。

訓練の延長

ホランド（Holland, 1977）らによれば、若者の労働市場における不利な立場は、訓練が欠けていることから生じており、若者は仕事への備えをしていないために失業しているのである。この分析は、さまざまな弾力的な技能を持った労働者が、将来は必要になることを示唆している。さらに、伝統的な産業セクターでは、種々の「男性的技能」に対する需要が減少してきたので、見習い制度の伝統的な訓練はもはや適当ではなくなっている。マイルズ（Myles, 1991）によれば、生涯にただ一つの仕事のために訓練を受けるという「フォード主義者」のライフコースから、雇用条件のもとで絶えず変化しまた弾力性をもつというライフコースへと移行していると見ることができる。したがって、現在必要とされているのは、弾力性を得るための訓練なのであると論じられている。マンパワーサービス委員会（MS

C）は、もともと一九七〇年代初期に設立されたものであるが、こうした労働市場でのミスマッチの解決策として、青年訓練の業務を引き受けるために拡張された。その結果、青年雇用機会計画（the Youth Opportunity Programme, ＹＯＰ）が一九七八年に導入された。この計画は、失業中の若者が労働市場に向けて準備できるように暫定的な六カ月間の訓練を与えるという試みであったが、同時に、若者に対してなにがしかの統制を維持しようとする狙いもあった。

これらの暫定的計画は一九八三年、青年訓練計画（the Young Training Scheme, ＹＴＳ）に置き換えられた。それは、〝学校から仕事への移行〟に対してこれまでになされた最大の介入であった。この計画はすべての卒業生に対して、学校から仕事までを結ぶ一年間の常設の橋渡しとして企画されたものであり、ＹＯＰからの「偉大な前進」であった。ＹＴＳは、ある程度ドイツの「二重システム（dual system）」（Wallace, 1991b を参照）にならって作られたものであったが、普遍的な訓練システムを英国に初めて導入するために意図されたものであった（Finn, 1987; Ainley and Corney, 1990; Wallace and Cross, 1990）。雇用主は長期にわたる訓練には投資したがらないものと仮定し、ＹＴＳには政府の莫大な投資資金が財源として投入された。その結果、八〇年代の中期までには、ＭＳＣ〔マンパワーサービス委員会〕は二十億ポンドの予算を管理し、種々の施設で百万人以上の人々を受け入れた（Ainley and Corney, 1990）。若者は内部的に分化された制度の中で、多数のさまざまなタイプの訓練を受けることができた。ＹＴＳは一九八六年に二年間に延長された。若者の人口統計数の増加が、若者の失業の増加と一致した時期には、ＹＴＳは若者に対して明らかに価値のある活動を提供したという点で、一つの解決策であった。十八歳未満のすべての若者を「労働者」または「失業者」と見なすよりは、彼らに「研修生」または「学生」という普遍的地位を導入することがその意図であった。実際にはＹＴＳは期待されたほど普遍的ではなかったが、仕事への移行に新しい段階を導入するものではあった。

これらの改革の結果、十六歳と十七歳の青年に訓練の権利が導入された。訓練を希望する若者すべてに保証のある場所が与えられ、それによって多くの仕方で彼らの労働の権利が置き代えられた。その後、市場原理が訓練規定に導入され、「訓練クーポン券」が取り入れられて、訓練を行うとそれを現金に替えることができた。これは市場原理の観点からは社会的シティズンシップの権利の再定義と解釈できる。

しかし、八〇年代の末から、人口規模の大きい出生コーホートはすでに〔新卒者〕年齢集団を抜け出しており、九〇年代までには卒業者の供給は低下するであろうと推定された。経済が再度拡大していた東南部のような地域の労働市場では、卒業者に対する需要がまた増加した。少なくとも近年の不況がこの地域に打撃を与えるまでは、スウィンドン〔イングランド南部の小都市〕のような地域の雇用主は、YTSを無視するだけの余裕があり、〔若者が訓練計画に参加して〕付加的な資格を得てからではなく、卒業後直ちに仕事に就ける魅力的なパッケージを卒業者に提供した。しかし、リバプール〔イングランド北部にある英国第二の貿易港。大英帝国の繁栄を支える柱の一つであったが、二十世紀に入ってから衰退、産業の停滞が続いている〕のようなより不況が厳しい地域では、YTSは引き続き重要であった (Roberts and Parsell, 1988, Roberts *et al.*, 1989 を参照のこと)。

YTSは八〇年代に拡大したが、一九九〇年には再編成され、青年訓練 (Young Training, YT) と再度名称を変えた。この時、YTSは成人向けの雇用訓練 (ET) と組織的に結合され、後者の計画に従って、「訓練生」はわずかな手当てを社会保障に上乗せして受給するために働いた。彼らは、もし拒否したら社会保障の資格を剝奪されるのではないかという恐れから、この計画に参加するよう「奨励」された。この時点まで、労働組合はYTSを支持していたが、今やMSCへの支持をやめた。MSCの予算はその時点で削減され、そして最初は訓練委員会（Training Commission）に、その後は訓練局（Training Agency）に置き替えられたが、その責任は地方の雇用主が運営する訓練・企業委員会に移された。訓練委員会は九〇年代初期にさらに分解して、イングランド・ウェールズの雇用省に吸収され、ふたたび訓練・教育・エンタープライズ省（Training, Education and Enterprise Department）と名称を変えた。スコットランドではスコットランド・エンタープライズの一部になった。これらすべての組織改革を通して、失業が減少したことと計画の性質や質的面で地域格差が拡大したことに照らしてみると、訓練に対する政府のコミットメントは低下した（Chandler and Wallace, 1990）。八〇年代初期に目論まれた、規制的で集中化された訓練計画の代わりに、これらの計画は、臨時雇用を促進することにより、分散化し規制緩和された労働パターンの展開に実際に寄与した。

これらの訓練計画が意味しているのは、多くの若者が労働市場と生産に対して間接的な関係にあり、「代用労働市場」の中で「宙ぶらりんにさせられて」いるということである（Lee, 1990 ; Lee *et al.*, 1990）。この「代用労働市場」もその内部はさらにさまざまに分かれている。たとえば、計画の種類（雇用主ベース、仕事場ベース）に、また訓練のタイプ（熟練労働、半熟練労働、非熟練マニュアル労働のための訓練）に分化している。計画は極めてさまざまであった。訓練生が正規労働者に代わる低賃金の代替労働者として使用され、訓練終了時点で解雇される場合もあったが、それとは反対に、これらの計画がしっかりした訓練と新卒者募集の基盤として使われる場合もあった。

ＹＴＳの計画にはジェンダーによる違いがある。ベーツ（Bates, 1989a）の民族誌学的研究によれば、デザイン計画を取った少女たちは、それが魅力的なキャリアをもたらすのではないかと誤った想像をしたために、かえって大いに勉強に興味を持ったと報告されている。「看護」計画を取った少女たちは、年上の人々と仕事をする上での感情的なプレッシャーや、厳しい肉体労働に耐えるのに役立つ職業訓練を受けた。家庭でも訓練でも、彼女らは厳しい家事的労働を期待されたという点では、家庭と訓練環境の間には密接な関係があった（Bates, 1989b）。シェフのコースを取った男子の若者は、訓練計画の指導に熱中し興味を持ったが、非熟練労働むけの訓練を取った若者は、破壊的で反抗的であった（Riseborough, 1991）。このように訓練計画は「代用労働市場」を形成しているのであるが、ジェンダー間およびジェンダー内に階層を生み出しているのである。

いくつかの研究によると、訓練生は多くの計画において「現実の」仕事にむけて社会化はされていないという。「現実」の仕事が、期待させられていたようなものではなかったことを経験して、ショックを受けるか失望する訓練生もいる。それとは対照的に、これらの代用計画は、九〇年代の労働市場に予想される低技能の仕事や低賃金と低い地位に合うように、若者を社会化するものである、と述べる研究もある（Buswell, 1986; White, 1990）。その証拠には、訓練生の約三分の一は、訓練期間が完了した時点でさえ仕事を見つけていないといわれている。さらに、外部労働市場よりも内部労働市場向けに若者の訓練が行われている。すなわち、彼らはどこへ行っても使いものになる技能を得るためというよりはむしろ、特定の企業の特定の仕事のために訓練を受けているのである（Raffe, 1991a）。それが今度は労働市場のすべてのレベルで、ＹＴＳ証明書の取得を助長することになっているらしい。もっとも、雇用主がどれくらいＹＴＳ証明書を評価しているかについては不確かである。最近では、ＹＴＳ証明書は廃止され、これに代って、ＹＴ訓練生はその他の資格を得るために働いている。計画は「訓練による解決」を意図したものであったが、雇用者と訓練生の双方から多くの冷笑を浴びている。ＹＴの特徴の一つは、毎年急激な改編を経験していることであるが、意図的に一時的な制度にされているようにみえる。

以上のように、YTは、若者と労働市場との関係を仲介する役割を果たしている。若者は、仕事と仕事文化に直接入らずに、訓練計画を通じて間接的に仕事を経験している。家庭という環境と仕事という目的はなお成人期への移行過程を作っており、その過程で若者の経験が作られていくが、それらはまた訓練計画の中で起こる事柄の影響にもさらされている。かつてなら、若者はこの年齢である一定の賃金を稼いだかもしれないが、現在では訓練手当が低水準のために、以前より親の援助に依存するようになっている。この手当は、離家したいと思っている若者自身やその生活費を全く考慮に入れていない。YTSは「雇用」としては分類されないため、雇用均等に関する法律や雇用保護の法律の多くの適用から除外されている。訓練生手当は、現在、第一年目で週二九・五〇ポンドであり、第二年目に三五ポンドに増える。しかし、全般的にその額はインフレ率に追いついていないないし、むしろ実質的には、この計画が初めて導入された時よりも低い。

十八歳未満の若者は、訓練の機会が与えられるという理由から、一九八八年に失業手当ての受給資格を喪失した。YTの役割が強化されたのもこの時からである。雇用とYTの結合という事実や、その後の雇用訓練とYTの参加者が訓練計画に従わなかった場合の罰則をみると、「新保守主義」の哲学に対応してシティズンシップの概念がさらに転じていることがわかる。社会の一員であることに基づいて福祉の権利へアクセスするのではなく、働いて貢献する責任を負うことによって、アクセスするようになった。失業手当ての「強壮な」請求者に対して、手当てを受ける代わりには訓練計画に参加しなければならないという責任を課したことは、義務に基づくシティズンシップのモラルの基盤を強化する一つの局面である。それは米国ではミード（Mead, 1986: p. 143）によって、次のように明確に述べられている。「労働の義務が、『死や課税』と同じように避けられないものと考えられた時初めて、働きたくないという気持ちは克服されるであろう」。貧困者は、自分の貧困に対して責任があるのだ〔貧しいのは自分の責任〕という哲学である。

若者の福祉資格が変わることにより（第三章でもっと十分に論じるが）、〔雇用環境は〕絶えず変化するということを熟知し、継続的な雇用経歴を期待しない、すぐ使える〔青年〕労働力が供給されるようになって、労働市場の弾力化の方向は強まったのである。

パートタイム仕事

二十一歳未満の若者にとって、フルタイム仕事の重要性が低下する一方、パートタイム仕事の重要性は増した。雇用慣行が一層弾力化することによって、若者の成人期への移行が影響を受けることを、われわれはあらためて理解することができる。国家の手当てと親への依存が増すにつれ、パートタイム仕事は経済的自立のための機会を多少提供している。それは卒業年齢前後の若者の場合、一連のさまざまな形態をとりうる。それは、土曜日の定期的仕事、夕方か朝の仕事、一回限りの臨時の仕事、休日の仕事、または友人や家族のために「非公式に」行う仕事である。しかも、これらの仕事は、YTSに参加している間や、専門学校や大学に在学している間、さらにはフルタイム仕事を持ちながら、行われることもある（Howieson, 1990; Hutson and Cheung, 1991 を参照のこと）。

アンジェラ・デール（Angela Dale, 1988）による労働力調査の分析によれば、〔職の面でも教育の面でも〕他に何もやっていない十六～十九歳の若者で、主にパートタイムで働いている者は、一九七九年の五％から八四年の六％に上昇してはいるものの、極めて少ない。若者にとってパートタイム仕事は、フルタイム仕事の代用ではなく、それなしではぎりぎりの経済状況に落ちるため、低収入を補う方法として重要なのである。それは、補助金やＹＴＳ手当てを補ったり、在学中に収入を得る一つの方法である。ある研究によれば、青年期のパートタイム就業は、ミドルクラスより労働階級において（Finn, 1987）、また、男性より女性において（Griffin, 1985）一般的である。もっとも、学生への援助が減少するにつれて、より多くの学生がパートタイム仕事に就くようになる。ウォーレス（Wallace, 1987a）は、七〇年代後半および八〇年代初期のシェピー島〔イングランド南東部ケント州北部、メドウェイ河口の島〕についての研究で、労働階級社会のすべての若者が、ある時点では臨時雇い的な仕事に就いていることを見出した。農村地域の若者についてのその後の研究の中でウォーレスは、ＹＴＳ訓練生または学生として仕事をしている間、若者は家業に対して重要で、時には相当な寄与をしていることを明らかにしている（Wallace *et al.*, 1990）。もしそれに、この年齢集団の若者が行うベビーシッターのようなインフォーマル労働を加えると、記録上にはない大きな「経済活動」分野が若者にはあることが判る（第四章でさらに議論する）。これらの経済活動は、正式の雇用に就いていない人々に対して、重要な収入源となっているのであろう。

パートタイム仕事は、学校から労働市場に至る間の移行的地位にある若者の経済環境に、重要な影響を及ぼす可能性がある。ロバーツら（Roberts *et al.*, 1991）によれば、パートタイム仕事を持つ学生は、フルタイムの仕事に就いている労働者よりも経済的には恵まれていることが多い。パートタイム仕事は、休暇手当の資格を剥奪された学生や、手当てが少ない訓練生、あるいはフルタイムだが低賃金の仕事に就いている労働者たちの間で、成長する労働市場分野のように思われる。

一九八〇年代の「青年期論争」

八〇年代の英国の青年社会学において支配的であった議論は、労働市場への移行はどの程度構造化され、選択の自由はどの程度あるのかという問題に限定されていた。それ以来、学校を卒業してからの進路は、社会階級、家族的背景、学業成績（とくに職業科目よりも伝統的な高等教育の科目の成績）、あるいは地元労働市場の機会等によって作られるという一般的な合意がなお存在している。その議論は、労働市場への移行が存在するかどうかではなく、どの程度前もって決まっているのかに関するものであった。ロバーツは多数の移行の道筋を確認している。高等教育ルートや、職業教育ルート、YTから仕事へのルート、そして仕事へ直行する〔学卒後すぐ就職する〕ルートである。しかし、実際にはどのパターンにも適合せず、確認できるようなキャリアを持たない卒業生もいる。そこでロバーツは、その後自分の立場を修正し、二つだけの明確な軌道を定めた。つまり高等教育ルートと熟練マニュアル訓練ルートであり、その他には明確な軌道はないとしたのである（Roberts and Parsell, 1990 を参照のこと）。ラフ（Raffe, 1991b）はこの結論に疑義を唱え、新規労働者の運命は、学校を出てからの軌道よりはむしろ、彼らが身を置く労働市場の状況に依存していると論じている。

この「青年期論争」の一つの論点は、「選択」に関してであった。ロバーツ（Roberts, 1968）は、社会心理学者のギンズバーグら（Ginzberg *et al.*, 1951）とスーパー（Super, 1953）に異議を唱え、若者の運命は労働市場構造によって決定されており、「選択」という考えは幻想にしかすぎないと指摘した。彼はその後も依然としてこの見解をとっている（Roberts and Parsell, 1990 を参照のこと）。一方、ラフは、制約の中で暮らさねばならない若者の場合、地位の低いキャリアを選択することは、彼らにとっては合理的な「選択」でありうると述べている。この問題は個人化の概念を用いて取り扱われてきたが、この理論に従えば、「選択」は自由を表わすものではなく、若者が身を置く構造の変化に強いられた結果なのである。若者は時には限られた選択肢の中から選択し、そのプロセスの中でアイデンティティを作り上げるよう強いられている。以前の論文の中で（Jones and Wallace, 1990 を参照のこと）われわれは、若者は教育、雇用、訓練の構造によって制約されているため、仕事がもっと多くあった過去の二、三十年間よりも選択の幅は少なくなっていると論じた。かつて、制約の中での「選択」は、教育か雇用かの間の選択だけではなく、種々の雇用形態の間にもあった。今やこの選択は見掛上は拡大し、教育、訓練、雇用の間に存在しているが、制約もまた増加したように思われる。雇用の形態の点ではほとんど選択の余地がなく、若者はその中から選択するというよりも、訓練計画の方に向かわされている。しかし、青年期に関しては、これらの側面だけでなく、若者の個人史などその他の側面から全体的に論じられる必要がある。

依存と統制

これらの変化の中で、若者はどの程度まで自由と自立を獲得できるのであろうか。ＹＴＳは一九八一年および八五年（さらに九一年）に、旧市内における警察との暴力的な衝突の結果導入された。失業中の疎外された若者が、社会秩序に脅威を与えているという、マスコミが作り上げた妖怪は、七〇年代から八〇年代初期の強力なイメージであった。社会統制が求められ、法と秩序が政治的に強調された。

「生徒」、「学生」、「訓練生」という地位は、権力者の監視と統制を伴う従属的な地位である。生徒、学生、訓練生は、彼らが所属する組織によって導入された特定の行動モデルに従うよう求められ、その行動は監督者から監督と点検を受ける。もう一つの服従と統制は、訓練生や学生の経済的逼迫という形態である。ＹＴＳについてのいくつかの研究によれば、この計画の狙いの一つは、技能の付与だけではなく、時間厳守、自己表現（self–presentation）、そして命令への服従などの労働規律の訓練を通して、規律正しさ（conformity）を作り出すことであった（Moors, 1983; Buswell, 1986）。

ＹＴＳは規律正しさを生み出すことを意図したものであるとはいえ、実際には若者は、訓練環境の中でそのような圧力に抵抗しある程度の自律を主張することができる。それゆえ、パーソンズ（Parsons, 1991）によれば、ＹＴＳの授業期間中、訓練生は公式のカリキュラムよりはセックスを論じるのを好み、そのようにして、正当な教育を間接的に攻撃しているという。教師たちはある程度の権威を保つために、正当な教育の流儀に従っていたのであるが。低い地位の訓練計画を受けている「若者」についてのライズボロー（Riseborough, 1991）の研究、および「看護」の訓練計画を受けている少女についてのベーツ（Bates, 1989b）の研究では、訓練生はいずれもその計画に抵抗し、その正当性を侵食していると報告されている。しかし、より高い地位の訓練計画を受けている訓練生は、彼等自身のやり方で対処したとはいえ、ＹＴＳのイデオロギーと狙いを理解してはいた。

これらの研究によれば、若者は新しい社会的役割に従属させられていながらも、なお自律と自立を発展させることはできるのである。たしかに、「代用労働市場」は、アイデンティティと選択の自由を実験する新しい機会を提供するかもしれない。前述した通り、雇用がもっと十分あった時代には、若者は転職することによって労働市場でのアイデンティティを実験することができた。ところが、制度の中で労働することを通して自律と自立を達成するというよりも、制度への抵抗を通してのみ自律と自立が達成できるところでは、シティズンシップの義務が果たされているとはいえない。しかし、シティズンシップの権利、この場合にはたぶん労働市場におけるある程度の選択、おそらくは、適切な賃金に対する権利であるが、それが認められない環境の中では、若者に対してシティズンシップの責任を取るように期待するのは現実的ではない。

依存の構造化とシティズンシップ

整然とした（orderly）移行という伝統的な概念は、五〇年代と六〇年代には今よりもっと適用可能であったが、それ以降、移行はますます不規則になった。実際、YTSは、部分的にしか成功していないとはいえ、明らかに不規則で統制のない青年労働市場に、ある整理を強制しようという試みであった。その結果、新しい移行の道程や新しい階層分化の形態が生まれた。学校終了後のキャリアに乗り出すにあたって、不確実性は大きくなっている。オルク（Olk, 1988）はそのことから、ドイツでは青年期の局面は「標準化されなく」なってきていると論じている。彼によれば、かつて青年期と結びついていた訓練や教育といった構造が、現在では成人期まで引き延ばしが可能となっており、実際多くの国々で引き延ばされているという。また、移行についていえば、今や単一の一方通行の道は存在せず、若者はこれら種々の状態を行きつ戻りつすることが可能となっているというのである。彼の立場には、過去の移行の規則正しさを誇張する傾向がある。しかし、八〇年代の広範囲にわたるすべての研究は、今や若者は学校から仕事へまっすぐ入るよりも、おそらく間接的に入っているという見方に同意している。若者は完全な成人労働者になる前に、延長された下位の状態（junior status）に置かれている。学校からまっすぐ仕事に入るのではなく、最初に多くの移行局面を通過するであろう。経済的自立への移行はこのような理由で延期されている。第三章では、青年期がどの程度半依存と半自立の混在する期間になりつつあるのかについてみることにしよう。

教育の延長、若者に対する移行的制度の創設および移行局面の混乱は、若者の間の分化の進行と結びついている。訓練生、学生、失業者はすべて移行状況にあるとはいえ、平等な集団ではなく、長期の軌道は極めて異なっている。学生にとって、青年期の従属と相対的貧困は、社会でより高賃金の仕事や高い地位を得る大人としての時期に先立つものであろう。ところが、訓練生および失業している人々にとっては、このような成人への移行期が、二流シティズンシップを持つ人々の、生涯の中の一時期となるかもしれない。学生にとって、この時期が「文化資本」と関連性を持っていることはすでに簡単に述べた。彼らは、文化資本を蓄え、親からは経済的援助を延長してもらう可能性があり、そして政治の生の舞台へ関わることができ、さらに相対的に恵まれた将来展望があることから、これらすべての条件が、ある程度の力を青年期の彼らに与える可能性がある。ところが、研修生および労働市場にいる若者は、これとは対照的に、雇用の保護、賃金、社会への完全な参入の機会を削減しようとしている政府の政策に直面して、相対的に守勢に回っているのである。

第三章　若者と社会保障制度

青年期の経済的地位は、教育制度と労働市場によって作られ、そこからシティズンシップの権利へのアクセスが構築されるのに対して、経済的自立を雇用という手段を通じて達成することができない人々については、シティズンシップの社会的な割り当ては社会保障制度を通じて決定される。第二章で議論してきた教育と労働市場の変化の多くは、所得の喪失あるいは減少を若者にもたらした。これらの変化によって若者は、家族への一層の依存を余儀なくされ、家族の役割は若者の国家給付への依存との関わりで、再規定された。本章では、国家給付制度がどのように若者の位置を認識し、その認識が時間とともにどのように変化してきたのかをより詳しく検討しよう。また、とくに社会保障、国民保険、学生補助金、住宅給付について言及し、若者が市民として社会に参加しはじめる仕方の近年の変化が、どのような意味を持っているかを検討することにする。

社会保障制度に反映されている社会的シティズンシップは、若者の地位と彼らの家族との関係についての仮定に基づいている。それゆえこれらの仮定は、若者とその家族が生活できる方法と密接な関わりがある。子どもはそのシティズンシップの権利を、親、いわば代理人を通じて得ることができると仮定されている。また、子どもが大人になる時には、自分の権利で市民になれるのだと仮定されている。われわれは多くのレベルで、これらの仮定に疑問を投げかける必要がある。とくに、権利は実際にこのような仕方で親から子どもへ間接的に伝達されるのだろうかという疑問、そして第二に、もしそうではないとしたら、社会的シティズンシップの権利に直接アクセスする資格が与えられる時期を、われわれはどのようにして知り得るのだろうかという疑問である。さらにこれと関係して、福祉給付の支払いは直接若者に対してなされるべきなのか、それとも若者に代わって親になされるべきなのかを問う必要もある。若者に支払われるとしたら、若者は自分の生活費分を親に払うだろうと仮定してよいであろうか。逆に親に支払われるとしたら、その中の一部が若者に分配され、若者はそれを自分の将来に投資し、自立してゆくことができるようになると仮定してよいであろうか。さらに、自分に家庭を与えてくれるか、金銭的援助をしてくれる位置にある家族が、若者にはあると仮定できるであろうか。

給付を支払うか支払わないか、さらに若者に直接支払うのか、あるいは母親、父親か、またはそれに代わる保護者に支払うのかというバランスは、近年、政策が変更されたため変化した。この政策は、親子間の経済上の移転など、世帯内ダイナミックスについての漠然とした仮定に基づいている。どの程度の額の食費を若者は親に支払っているのか（およびどの若者が支払っているのか）、またはどの程度の額の小遣いを、子どもは受けとっているのか（そしてどの子どもがそれを受けとっているのか）というような問題は、政策立案に際して無視されてきた。というのは世帯は内部でシティズンシップを交渉すべき「私的領域」と考えられ、それゆえ依存と自立の概念は問題にされないままなのである（Jones, 1991a）。若者とその親との経済的関係や、家族生活という「私的領域」内で実行される経済的自立への移行については第四章で検討していく。

親と若者の関係は、この一世紀にわたって社会保障制度内で再定義が繰り返されてきたが、離家への移行など、成人期への自立的移行を成し遂げるための資金を若者に与えるということは、過去のどのような時期においても意図されたことはなかった。若者のニーズに対する認識が徐々にしか進まず部分的であったのは、若者が家族内で依存的位置にあるとか、若者を家族内で扶養するコストは親が支払っているという枠組みがあったからである。しかし、親の家を離れ、親からの自立を達成するための手段として、社会保障、住宅給付や学生生活補助金（student maintenance grants）のようなさまざまな給付の組み合わせが若者に実際に利用されるようになったことから、六〇年代から、それらの離家資金の重要性はますます高まった。親に給付を支払うよりは直接若者に支払うことによって、離家の可能性が生まれはじめたが、ここでさらに詳しく述べようとしているのはその変化（およびそれに続く旧来の慣例への揺りもどし）についてである。同時に社会保障規定の歴史からわかるのは、標準化された成人期への移行パターンに基づいて社会保障規定が制定される傾向が増大していることであり、その結果、給付やそれへのアクセスはますます年齢で分類されるようになり、個人的なニーズに対応しないものになっている。このような意味で、社会的シティズンシップの権利はより一層年齢で構造化されるようになり、アクセスはさらに限定されるようになってきたのである。

若者に対する社会保障の歴史

社会保障の歴史は、政策立案の環境変化を反映して、三つの段階に区分されてきた（Harris, 1989）。

・　一九〇〇～四六年　　国民保険の展開
・　一九四六～七九年　　「普遍的」福祉国家
・　一九七九～九一年　　レッセ・フェール《いいいい》（*laissez-faire*）への回帰

一九〇〇～四六年は、国家がますます、しかししぶしぶと救貧法（the Poor Law）との関係で、極めて基本的な給付規定に関わってきた期間として特徴づけられる。一九四六～七九年は、「普遍的」福祉国家が英国において確立し、よりさまざまな理由で給付が広範囲の人々に支払われた時代であった。一九七九年以降は、福祉サービスの意識的削減と選択的目標化の時代であった。後半期の政策は、「新保守主義」の政治哲学といわれてきたものから導かれたものであるが、大抵の場合それは道徳的な改革というよりは、むしろコストを削減するために、若者をその親の責任に還すことを意図したものであった（第四章およびアボットとウォーレス（Abott and Wallace, 1991）を参照のこと）。社会保障の歴史をより一般的に考察すれば、若者の依存と自立に関する仮定の変化を追跡することができ、国家政策が青年期における社会的シティズンシップの権利へのアクセスを、どのように構造化してきたかを理解することができる。

一九〇〇～四六年――国民保険の展開

福祉国家の初期の基礎が作られた時代は、国家がしぶしぶとさらに介入主義へと転じた時代であった。ヴィクトリア女王時代の法律・経済制度の中では、家族は子どもが「隠され」ている「私的空間」と見なされた。十九世紀における救貧法行政と慈善組織協会（Charity Organization Society）の仕事は、「援助に値する」ケースを基準に救済し、それとの引きかえに道徳上の改善があったという証拠を求めるものであった。ドンゼロット（Donzelot, 1979）によれば、これは貧困家庭を「取り締まる」一つの形態を示すものであった。救貧法と国家福祉規定が生まれた当初から、家族に自足と自助を促進するよう絶えず強調された。慈善と教区の救済役割は、家族の役割を衰退に導くことではなく助長することであり、ヴィクトリア女王時代の英国の支配的なレッセ・フェールの経済哲学と軌を一にしていた。子どもという固有の分離した地位は、一八三三年の工場法（the Factory Act）と一八五四年の青少年犯罪者法（the Youthful Offenders Acts）の中でとくに認識されていたにもかかわらず、国家は子どもに対する財政的扶養責任を取らなかった。国家のねらいは、国家ではなく家長に「扶養家族」を扶養させることにあった。

　それにもかかわらず、多くの改革、たとえば十九世紀末における普通教育の導入や、二十世紀初めの訪問保健婦制度（health visiting）の創設によって、家族生活の組み立てや、とくに親子関係は決定的な影響を受けた（Abott and Sapsford, 1990）。それらの改革によって親子関係の再定義と再構築が促された。

貧困者のために地域で与えられる「アウトドア救済（outdoor relief）」やワークハウスを持つ救貧法制度とは別の措置が二十世紀の最初の数十年間に始まった。これらの改革の最初である老齢年金法は一九〇八年に導入され、それに一九一一年の国民保険法が続いた。この法律は十六歳から七〇歳の（すべてではないが）多くの労働者に、失業、老齢および疾病に対する保障をした。扶養家族に対する手当はなく、労働者でない場合には若者は特別認知されるということはなかった。国民保険の受給資格は、十六歳で開始される保険料の支払いに基づくものであった。なお、就労開始年齢はその当時十三歳であった（Ogus, 1982）。したがって十三歳から十六歳までの若年労働者は変則的な位置にあり、保険で保障される労働者としても、また扶養家族としても、十分認知されてはいなかった。

国民保険制度の下で、いくつかの産業に従事していた労働者や、その雇用主と国家は、特定のニーズを持つ者が後日請求できる保険基金に拠出していた。この制度は普遍的なものではなかったので、国民保険に入れない状況にある人々の要求を満たす救貧法およびワークハウスが共存した。給付を受けたのは、国民保険に拠出した者だけであった。扶養家族のためには、自分で備えるよう期待された。この制度は、成人男性の稼ぎ手が典型的な労働者として、正規のフルタイム雇用の状態にあるというモデルに基礎を置いていた。

国民保険は、実際上は大半の若年労働者を保護するものではなかった。なぜなら、彼らの多くが国民保険への拠出を条件としない、臨時雇いなどの労働に従事していたからである。その当時頻繁に起った問題の一つは、十六歳または十八歳という、より高い賃金獲得の資格を得ることで国民保険への拠出の責任が生じる年齢まで、若い男性は低賃金で雇用されるという「袋小路」の雇用問題であった。この年齢に達した時点で、彼らは解雇され、より若い労働者に取って代わられたのである。国民保険の導入は、現実には十六歳を越える若者を雇用しようというインセンティブを低下させた。この状況は第一次世界大戦（この時には卒業年齢は十四歳に引き上げられていた）の後まで、さらに両大戦間の時代まで続いた。その時代には青年の失業が問題とは見なされなかった。というのは三〇年代の大恐慌の中で失業の憂き目に遭う可能性が高かったのは、明らかにより年長の労働者であったからである。若者の失業は増加したのかもしれないが、大抵の若者は職業紹介所では失業者として登録されなかったので、その数は極めて過少評価されていた。それでも、若者の失業は一九三二年にピークに達し、およそ五％で頭打ちになった。しかし、成人の場合にはこの数字は一二％であった（Rees and Rees, 1982）。国民保険計画は、十七歳未満の人々がこれまで支払っていた保険金の給付を請求できないようにし、十七歳に対しても成人の給付金の半額しか支給しなかった。このような状況下では、大抵の若者が失業者として登録すらしなかったのは驚くことではない。

親は若者のために何を請求できたであろうか。第一次世界大戦後、軍人は扶養家族のための一定の金額を含む「失業」手当てを受けていたが、失業労働者（扶養家族）法が「冬期救済（winter relief）」という形態で、扶養家族のために暫定的支給を行ったのは、やっと一九二一年になってからである。これはその後、一九二二年の失業保険法の中で常設となった（Ogus, 1982）。十四歳から十六歳までの子ども一人当り一シリングの扶養家族手当が導入され、三四年には二シリングに増額され、三五年には三シリングとなった（Harris, 1989）。単身者や、年齢が十四から十六歳までの若年者や既婚女性は、明らかに依然として自分自身で権利を請求することを許されなかった。というのは、彼らは男性の稼ぎ手が責任を負うべきものであると考えられたからである。しかし二五年の寡婦・孤児法によって、若い扶養家族を含め主な稼ぎ手を失った人々は、支給を受けるようになった。

両大戦間の時期の経済情勢は、時の政府にとって種々の財政的な危機を生み出し、国民保険基金は、まもなく失業の増大と失業期間が長期化したために食われてしまった。政府の一つの対応は、給付金の削減であった。一九二五年に青年労働者が最初に給付金を失い、その後は成人労働者であった。一九三一年、受給資格基準が厳しくなり、給付請求者が資格を得るためには、その前の二年間に三十週働いていることが要件となった。さらに、十八歳までの若者は、「失業手当て」を無条件には支給されず、給付を受けるには訓練計画や「少年指導センター（Juvenile Instruction Centres）」への参加が義務づけられた。その後、現在のように青年失業者と成人失業者とでは異なる取り扱いをすべきものと考えられるようになった。しかし、初期の曖昧さは存続した。一九三〇年から国民保険計画への加入年齢は十五歳に引き下げられ、卒業年齢はそれに対応して十五歳への引き上げが検討された。実際には一九四四年までそれは実現せず、卒業と受給資格とのギャップは存続した。

国家が執行する種々の給付は徐々に拡張されたが、依然として男性の「稼ぎ手」からなる「家族というもの」は、その構成員を自己の努力によって扶養すべきであると考えられた。三〇年代には、世帯構成員の収入はプールされる（共同計算される）のだという仮定に基づいて、すべての世帯構成員の収入を考慮に入れるやり方で世帯収入は定義された。福祉給付の受給資格は、公的扶助委員会（Public Assistance Committees）やその後、失業扶助庁（the Unemployment Assistance Board）によって執行された「資力調査（household means test）」によって決定された。親元で生活している青年雇用者の賃金は、親の失業給付金から差し引かれた。これは多数の人々に影響を及ぼした。給付金を受給していた世帯の三分の一は、この理由で一九三八年に収入を減らされた。しかし、実際にはおそらく、世帯収入はめったにプールされなかったし、若者は自分のためになにがしかの収入を保持するのを期待していたから、人々は資力調査に憤慨した。親がもっと多くの給付を請求できるようにと、雇用青年の離家が促されたことは、この法律の予想外の結果であった（Finch, 1989）。

一九三四年から国民保険計画への加入年齢はさらに引き下げられ、十四歳になった。しかし、十六歳の年齢になるまで請求はできなかった。それでも、この時期までには、親は本人の失業給付金に扶養家族給付を加算する資格が与えられた。若い女性は、若い男性より給付金が少なかったが、それは若い女性の収入が低いのと、女性は結婚前に労働市場に一時的にいるにすぎないのだという見方の反映であった。このようにして、第二次世界大戦（その時失業は本質的に消滅したのだが）までには、まず、十四歳（卒業年齢）を越える扶養者である若者のいる親は給付を受けるべきことが認められ、次には、多くの制約はあるものの、十六歳を越える若者が、いくつかの国民保険の給付を直接受けることが認められた（Harris, 1989）。

国民保険の原理は重要であった。なぜならそれは、特別の方法で「社会的シティズンシップ」を与えたからである。国民保険は、自分自身の給付コストに対して個人が保険料を払うことを意味しており、制度への利害関係を労働者に与えることによる社会統制の一つの形態と考えられた。これは、慈善救済あるいは、教区の貧民救済の持つスティグマ（烙印）的性質とは極めて異なるものであった。しかしこれが適用されたのは正規労働者だけであった。

一九四六～一九七九年――「普遍的」福祉国家

一九四二年のベヴァリジ報告〔社会保険および関連サービスの検討をし、ナショナル・ミニマムを具体的に構想したもの。英国だけでなく、第二次大戦後の資本主義諸国における社会保障制度の骨格を提示したもの〕に続く時代は、普遍的福祉国家が確立し、エリザベス女王時代から存在していた旧救貧法が置き換えられた時代であった。福祉国家というものは、住宅、健康、教育、雇用および所得補足の権利をすべての市民に与えるべきものとされた。自分で収入を稼ぐことのできない人々、すなわち、保険料の支払いができなくなってしまったり、一度も支払ったことのない失業者、病人、障害者、高齢者は、保険料の支払い記録に基づいてではなく、むしろ、彼らのニーズ評価に基づいた金額を受給した。この制度は、労働者が自分の所得援助に対して拠出する国民保険計画（the National Insurance Scheme）が依然中軸をなしていた。しかしこの制度はなお、男性の稼ぎ手が完全雇用によって妻と扶養家族を扶養することができるという、核家族の家父長制モデルの仮定に基づいていた。若者に関していえば、一九四四年に十五歳まで引き上げられた卒業年齢は、自分の権利として給付を請求する資格に初めて結びついた（Harris, 1989）。国民保険のバックアップとして無拠出の資力調査による給付である国民扶助（National Assistance）が導入された。国民保険の資格のない人々に対する暫定的な対策としてであった。しかし、たいていの人々は国民保険によってカバーされるだろうと考えられていた。若者は国民扶助の資格を持ってはいたが、完全雇用経済が計画されていたから、若者がそれを請求する必要はおそらくないであろうと考えられた。国民扶助制度は貧民救済に取って代わったが、この制度を国民保険と平行して維持するということは、二段階制度の中で、国民扶助を請求する人々が依然としてスティグマの危険な状況にあることを意味した。

ハリス（Harris, 1989）によれば、ベヴァリジ報告は、のちに若者の独立給付（independent benefits）をはずすきっかけを生むことになる、曖昧な地位を若者にもたらした。ベヴァリジのみるところでは、二つの階級の若者が存在した。雇用されており、ある程度は親から自立している若者と、フルタイムで教育を受けており、親に依存していると考えられる若者である。十五歳を越えるすべての若者は、この二つのグループ（労働者、または学生）のどちらかに位置づけられるものと考えられたのである。

雇用されていない若者の場合は、本人に対してではなく親に給付することによって、扶養者の位置にあるものと認識された。十五歳未満の扶養されている子ども、十五歳から十八歳までのまだ教育を受けている子ども、および十五歳を越えて職に就いていないより年長の子どもは、家族手当（一九四五年の家族手当法）と児童税手当（Child Tax Allowance）の給付を受けた。もっともその当時の家族手当は、第一子には支払われなかった。一九五六年以降は見習工を含むよう給付は拡大されたが、それはおそらく彼らの「完全に大人ではない」賃金状態が出身家庭への依存を引き延ばしているという認識があったためであろう。このように、見習工の身分は依存した子どもと経済的に自立した労働者との中間的な状況になった。

経済的地位と年齢区分に基づく、さらにいくつかの自立段階があった。ベヴァリジ報告に従えば、十五歳から十七歳までの失業している若者は、親の部分的扶養者であった。この年齢集団に対しては、より低い賃金とより低額の給付金を支払うという制度が続いたが、それは彼らが親に扶養されていることを想定していたからである。手当ては、年齢によって区分された。給付金は（賃金も）、十六歳から十七歳、十八歳から二十歳、および二十一歳以上で異なった。十八歳未満の者は親元で暮らしていると考えられたため、住宅費に対する手当ては支給されなかったが、十八歳以上の若者はその支払いを受けた。しかし、若者が自分で扶養手当を請求した場合は、親が請求した場合に比べ、一週当りの支払いが一シリング少なかった。それは親が請求するのを促すためであった。ベヴァリジにとってはこのことは、「非常に重要な問題ではなかった。しかし、この年齢の少年少女は年長者と生活しているだろうという事実と、同時に、収入のあるこれらの年長者がある程度少年少女の稼ぎによって支えられている可能性があるということを考えると、おそらく正しいことであろう」（ハリス（Harris, 1985 : p. 55）の中で引用されているパラグラフ401（F））。この法律は、シティズンシップの普遍的なモデルを具体的に表現する一方で、若者の年齢と経済的地位に基づいて、若者の依存状況と世帯関係を仮定したのである。

四〇年代に新たに世帯主と非世帯主とが区別されるようになった。世帯主として自立して生活している者は、非世帯主として家庭にとどまっているか他の家族の中で生活している者に比べ、より多くの金を必要とするものと考えられた。若者をこの法律に含めたために、若者の給付金と成人の給付金の差は実際には拡大した（Harris, 1989）。しかし、世帯主／非世帯主の区分は、自立した世帯を形成する若者もいるということを認識したという点では重要であった。

戦後の法律の下で、若者は労働者として認められたが、十分な保険料を支払った場合のみ国民保険に対する資格を有した。親の家を離れ、自分自身の家庭を形成するに十分な金を稼ぐようになるまでは、若者は家族に対する部分的な依存者であるという、家族と家族移行についての「規範的な」モデルが想定された。法律上の成人年齢と、通常の「部屋の鍵」の年齢〔親から鍵を贈られ、大人と認められる年齢〕はその当時二十一歳であった。世帯および家族の形成費用は、もし必要なら、男子賃金稼得者の国民保険への保険料によってカバーされるだろうと考えられた。仕事がないのに、あるいは十分な保険料を支払っている男子の職に就いているパートナーがいないのに、離家したり結婚したり子どもを持つことは、考えられないことであったから、このような不測の場合については給付が行われなかった。国民扶助は、家族の援助が崩壊したという不幸なケースのためだけのものであった。未婚の母は大きなスティグマを受けるマイノリティであり、特別の施設に入るか、子どもを手放して養子に出すか、ある場合には精神病院に入るものとさえ考えられた。このように国民扶助は世帯および家族の形成を可能にする手段としてではなく、国民保険の資格のない人々に対する安全網と考えられたのである。つまり国家扶助は、青年期を通過するプロセスに基づいて制定されたものではなく、青年期の状態に基づいて制定されたものであった。

六〇年代に社会保障の網が拡張され、ますます多くの人々を包含するようになった。一九六四年の国民保険法（National Insurance Act）は、家族手当を拡張し、フルタイムの学業にある十九歳までの扶養家族をカバーするようになり、また、国民扶助は一九六六年に補足給付（Supplementary Benefit）に置き換えられた。この給付〔補足給付〕の最低資格年齢は十六歳であった。しかし、以前の年齢帯である十六／十七歳と十八歳以上の区分は保持され、これにより十八歳未満の若者の場合はなお、部分的に出身家庭への依存が継続した。一九七二年、卒業年齢は十六歳に引き上げられ、ついに受給資格年齢と一致した。新しい児童給付（Child Benefit）が導入され、児童税手当（Child Tax Allowance）と家族手当（Family Allowance）に取って代わった。十六歳までの第一子を含むすべての子どもに児童給付の資格が与えられたが、子どもがフルタイムで就学している場合には十九歳まで児童給付を受けた。収入は夫妻の間で必ずしも共有されてはいないという認識があったので、家族手当／児童給付は、プールすべき収入として父親に支払われるのではなく、母親に支払われた。

資格基準が拡張され、剝奪されている集団についての認識が深まるにつれ、七〇年代までには補足給付を請求する人々がより一層拡大した。離婚や片親家族の増加のため、国民保険には包含されない多数の人々が、補足給付に依存するという状況が生まれた。失業率の上昇と失業期間の長期化によって、若者を含むより多くの人々が国民保険の資格期間を使い尽くしてしまい、補足給付に頼らざるを得なくなった。増大する学生もまた、七〇年代には休暇期間中、補足給付の資格を得た。最後に社会人口学上の変化から、無拠出の給付に依存する高齢者が増加した。補足給付はいまや国民保険に対する一時的代替ではなく、多数の請求者にとって主要な扶養財源になったのである。

給付の基礎となった世帯と家族の形成の規範的パターンも、六〇年代に変化した。結婚年齢は低下し、花嫁の三分の一が十代であった。青年文化を通じて若者の文化的自治はより目に見えて主張されるようになった。これはレイティ委員会（一九六七年）の審議の中でも注目され、その結果、成人年齢は二十一歳から十八歳に引き下げられた。若者はますます目に見える存在となり、社会の中での、そして家族の中での若者の自立は徐々に公に認められるようになった。そしてそれは、シティズンシップに対する彼らの要求を強めた。

以上の経過からわかるように、福祉に対する資格によって普遍的シティズンシップを実現するという考えは、一九四九年にマーシャルが予想した形では実現されなかった。社会的シティズンシップについてのマーシャルの考えは、男性の稼ぎ手と扶養される妻子のいる「核家族」という規範的なモデルに基づくものであったが、それはもはや有効ではなくなったのである（Summers, 1991）。家族というものについてのこのイデオロギーは、人口学的および社会的変化によって脅かされたのであるが、それについては第四章で明らかにする。多くの例外はあったものの、とくに若者と女性は他者を通じて代理人によってもたらされる権利を持った市民としてではなく、自分自身の権利で市民として認められるという傾向が部分的に現れた。この認識は、ある程度は、必要から生まれたものであった。というのは、家族の他のメンバーに支給された給付によってはカバーされない人々が多くいたからである。しかし、この認識は、若者の権利を現実に変える影響を及ぼしたのである。

このように個人の権利への認識がみられたにもかかわらず、逆に規範的な核家族を強化し、その自己充足とプライバシーを確保しようという試みもあった。補足給付を請求する母親は、「責任ある親族」（自分の子どもの父親）に扶養を要求し、告訴するよう促されたが、それは成功率が極めて低かった。男性パートナーがいるものと信じられた女性は、そのパートナーに依存できるものと期待され、そのため彼らの補足給付は打ち切られた。また、若者の地位は相変わらず曖昧なままであった。若者や拠出制国民保険給付の資格のないその他の人々は、二階層制度の中でよりスティグマの強い社会保障に従った。総じて、二階層制度に対する要求の増大、および特定のニーズまたは特定の集団を満たすために拡大した給付へのニーズの増大が、煩雑で官僚的制度を生んだため、多くの人々は自分の権利やその請求方法がわからなかった。七〇年代後期までにはこの制度は激しい疲労に陥り、改革が必要となった。

一九七九〜九一年――レッセ・フェールへの回帰

一九七九年、保守党政府が「新保守主義」の政治学の影響を受けて政権に就いた。保守党政府は、福祉の出費を削減し、家族というものを強化し、さらに福祉国家の拡張に伴って起こってきたと保守党政府が主張する、いわゆる「依存文化」の根っこを引き抜くと公約した。八〇年代までには、社会保障は政府支出の中で単一の最大項目で、無拠出給付の比率は社会保障予算全体の一定比率を占め上昇していた。社会保障の出費は、一九五〇年の国民総生産の六%から八三年の一三%まで、全般的に上昇した(Halsey, 1988: table 12. 27)。若者はこれらの数字の重要な要因であった。というのは若者はとくに失業者になりやすかったし、請求者の中でも大きな比率を占めていたからである。支出を削減することを公約した後任の保守党政府にとって、社会保障は、単一の最大の政府支出項目として、明確な削減のターゲットであった。

経費を節減する一つの方法は、家父長制的核家族を再度強調し、一家の稼ぎ手にその扶養家族を養うよう強制することであった。「急進右派」の社会政策評論家は、補足給付と国家福祉(とくに無拠出の給付)の利用は、一般的に「乳母国家(nanny state)」によって保護された無責任な行動を助長するものと考えた(Abott and Wallace, 1991)。犯罪と不道徳のライフスタイルを再生産し福祉に依存する失業した片親家族の「下層階級」が拡大することへの、マルサス主義的恐れがこれに結びついた(マレー(Murray, 1990)を参照のこと)。「新保守主義」内で影響力を持つ論者は、シティズンシップとは男子労働者が自分自身とその扶養家族を養う義務を意味するように定義すべきと勧告し、したがって扶養家族と見なされる者の権利をおびやかした（Mead, 1986; Murray, 1986）。

若者の場合は、それを国家の責任ではなく親の責任にすることで、補足給付への支出を削減することが可能であった。若者をその家族の責任とするという哲学は、サッチャー時代のはじめに漏洩した内閣文書の中に明確に述べられている（*The Guardian*, 17 February 1983）。この文書は次のような問いを発している。

> 可能なかぎり広い意味で、国家が引き受けていた責任、たとえば障害者、高齢者、失業中の十六歳の若者に対する責任を家族が再び引き受けるよう奨励するには、さらにどのようなことができるだろうか。

マーガレット・サッチャー首相は演説の中で、親は自分の子どもに貯蓄させ、結婚や親になるための準備訓練をするよう訓戒を与えているが、それらは家族の伝統的価値とみられている。そしてこれから見ていくように、こうした思想の多くはその後実行に移された。

家族というイデオロギーへのこの回帰は、一九二〇年代と三〇年代の福祉制度の中に存在していたものへの回帰であった。社会保障改革は、若者が獲得しはじめた経済的自立を正当化しないばかりか、若者の経済的責任を増大させるものであった。さらにこの介入期には、家族構造の変化に対応して、期待も変化した（第四章で議論する）。離婚して再構成される家族が増大（Burgoyne and Clarke, 1984）したということは、義理の親のような新しい組み合わせの親族への依存を若者が強いられることを意味し、誰が若者に対して責任を持つのかが必ずしも明確ではなかった。一九九〇年の児童法（デービッド（David, 1991）を参照のこと）は、責任と権限の線が不明確な、ますます複雑化する家族状況の中に置かれている子どもの権利を確認した。若者は職を得る前に、同棲していたり、子どもを作っていたり、そして、あるいは結婚しているということもあった。人々がフルタイムの雇用に就く年齢は、第二章で示したようにより一層高くなってきている。このような理由、すなわち家族構造の変化と成人期への移行特性の変化から、国民保険制度が扶養家族を持つ男子のフルタイムの稼得者を基盤とすることは、ますます不適切になってきていることがわかる。

また、親に依存している学生と、自立している労働者、というベヴァリジの区分を続けることはもはやできない。「訓練生」または「失業者」である若者の数も増加している。それにもかかわらず、より多くの若者をもっと親に依存させようとする試みが現れた。社会保障、住宅給付、学生への資金援助や、研修中・失業中の者に対する援助制度の変更はその試みの一部である。

一九八〇年代における給付の変更

一九八〇年代、政府とその顧問たちは、シティズンシップを自動的な権利というよりもむしろ、ひとまとまりの責任と再定義した。すべての人々がサービスのコストを意識するようになるために、福祉サービスが供給された時点でその代金を支払うべきものとされた。親や患者は、税金や地方税という形で教育や医療費を間接的に支払うよりはむしろ、もっと直接的な支払いをすべきであるとされたのである。社会保障をより選択的にし、最も必要性の高い人々を対象にすべきだとされた。これらの政策は、社会保障の見直しののち、八六年と八八年の社会保障法において実行に移された。若者はこの法律で狙い撃ちされ、給付を切りつめられ、いくつかの給付に対する資格は完全に取り上げられた。以下の数頁では、社会保障法令や住宅扶助の変更を調べ、さらに学生のファイナンスに影響を与える最近の変化も検討することにする（表3・1）。

表3・1　1980年代の給付の変化

社会保障〔狭義の所得保障の意味〕
所得補足（Income Support）
失業給付
困窮手当（Severe Hardship payments）
世帯主／非世帯主区分の廃止
住宅扶助と住宅費
まかない付下宿の支払い（Board and lodgings payments）
非世帯主の家賃加算
非扶養家族の差引き（Non-dependant deduction）
人頭税
学生援助
生活補助金（Maintenance grants）
補給ローン（Top-up loans）
所得補足の廃止
住宅給付の廃止

社会保障法令

政権を握った保守党政府によって実行された最初の法律の一つは、一九八〇年の社会保障法の導入であった。それはいくつかの集団に対する社会保障を削減し、最も必要とする人々に「的を当てる」ことが目的であった。若者は的を当てる対象にはならず、まさしく給付を失う運命にある集団の一つであった。それはまず、卒業者が補足給付を請求できるようになるまでに、一〜三カ月の待機期間を導入するという形で実行された。若者が仕事を開始する前の休暇中に雇われて働くことや、休暇期間のために〔補足給付を〕請求した後に学校に戻ることを思い止どまらせるためであった。ただし、親はこの期間に児童手当の延長を請求することはできた。第二に、高等教育ではない継続教育を受けている学生は、給付請求の対象からはずされた。第三に、特別費用手当（Exceptional Needs payments／これは新家庭を作るのに用立てるよう、若者が利用できるものであった）は、厳しく削減された。この手当を利用しようとする若者は、家具付きの借家を探したが見つからなかったことを証明してはじめて、必要家具の支払い費用を請求することが許された。これは、「失業手当を受けながら」家庭を作ることを若者に許さず、そして彼らを親元に引き止めておこうという意図に対する一つの方法であった。

一九八〇年代を通じて、若者の給付資格は徐々に損なわれていったが、八五年の社会保障についてのフォウラーの見直し（the Fowler Review of Social Security）に基づき、八八年に発効した社会保障法令では重要な改革が行われた。この法令は、ベヴァリジ以降の社会保障原則の大きな改革を意図したものだが、それに従って、十六および十七歳は訓練計画の中に位置づけられるという前提に立って、補足給付（所得補足と改称）に対する資格は取り上げられる（Roll, 1990）。それは九万人の若者から給付の請求権利を奪ったと推定された（Stewart and Stewart, 1988）。子どもがフルタイムの学業にある場合には、親は子どもが十九歳になるまでは児童手当の請求ができ、子どもが仕事に就いているが低収入の場合には、親は世帯主（通常は父親）に対して支払われる「家族クレジット」を子どもに代って請求できた。言い換えれば、請求するのは子どもではなく、ふたたび、親になったのである。しかし、資力調査に基づく家族クレジットの受け取り額は少ないために、より貧しい家族にとっては、若者が自分自身の手当を請求していた時に比べ、収入の損失を意味するものとなった。

一九八八年以降、給付はより明確に訓練手当と結びつくようになった。若者が訓練開始を待っている間は、週十五ポンドの「つなぎ手当」（最長八週間）が与えられた。子どもがいたり、身障者であるために就労に不適格であったり、もしくは自分の親と同居できないことを証明できる場合など、例外的な状況にあれば、十六歳と十七歳の若者は所得補足を請求することができた。これらの規則に対する批判が増したことや、またこれらの規則によってもたらされた生活難を考慮し、政府は十六歳と十七歳の若者に対して「困窮（Severe Hardship）手当」を導入した。多くの若者はこれらの手当があることを知らないし、また資力調査に基づく多くの手当と同様、請求することは困難であったが、それにもかかわらず、一九九〇年には二万七千の申請があった（MORI, 1991）。資格を与えるか否かは大臣の自由裁量にまかされ、自治体の担当者間でも請求に対する対応に大きな差があった。カークとその共同研究者（Kirk *et al.*,1991）が指摘しているように、これらの給付さえインフレーションによって侵蝕されるにまかせている。

一九四〇年代に導入された世帯主と非世帯主の区分は、一九八八年に廃止され、年齢に基づく区分に代わった。若者の場合はこの年齢まで親元に暮らしているだろうという想定に基づいて、成人の給付率で支払いが行われる年齢は二十五歳と定められた。この区分は現実の離家パターンを反映するものとはほど遠い（第五章に記述した）恣意的な区分であった。二十五歳未満のカップルは二十五歳以上のカップルより受けとる金額が少なかった。ただし、子どものいる若者の場合二十五歳未満か二十五歳以上かで格差があったが、これは英国国教会、社会保障諮問委員会、その他のロビイストからの抗議があって、取り除かれた（Harris, 1989; Roll, 1990）。

こうした変更の目的は、若者が援助を求めて親元に戻ることを促進し、また若い女性が住宅を得る戦略として妊娠するのを阻止することであった。もっとも後者の議論を支える根拠はない（第五章を参照のこと）。この議論では、これらの変更に際して、親は子どもを扶養するためにこそいるのだと仮定されていた。このことは、給付を若者に直接支給するのではなく、子どもに代わって親に支給する方向へとますます進んでいったことを示している。

住宅扶助

若者が独立世帯を築くための権利は、それまでは社会保障省（ＤＳＳ）の補足給付額に追加費用への手当がつくことで認められていた。すなわち、ＤＳＳは失業者に家賃とまかない付下宿費を支給し、また地方自治体は資力調査に基づいて家賃に対する住宅給付を支給したのである。

上述した八〇年代の改訂と平行して、親元から離れて生活する人々に対する扶助の変更もあった。しかし、それもまた、経済的に困難な状況にある若者に対して、親元に戻るよう促すのを意図したものであった。若者にとって、適当な住宅が不足していたことと住宅市場の構造のために、離家の余地はすでに限定されている（第六章を参照）。受給資格の再定義によって、今や若者にとって住宅を手に入れる手段も制限されている。より高い「世帯主」給付レート（自立して生活している若者は以前は請求できた）は、一九八七年、二十六歳未満の若者に対しては適用することが廃止された。第二章で指摘したように、青年訓練手当には住宅費の要素は含まれていないので、訓練期間中の若者も離家するのがより困難である。一九八三年、十六歳と十七歳の青年から、非世帯主給付（非世帯主家賃加算）に含まれていた「まかない費（board)」に対する寄与（contribution）が取り上げられ、八四年には十八歳～二十歳、さらに八六年には二十一歳～二十四歳の若者から同様に取り上げられた。〔従来の〕家賃加算は、まかない費が子どもから親に支払われているという事実を反映するものではなかったとはいえ（Jones, 1991a)、〔新しい〕給付では、もはや親元での生活費は認められないものになった。親元で暮らす場合には、扶養費は全面的に親が支払うべきものと考えられた。それはとくに、家計に対する子どもの寄与分に頼ってきたと考えられる貧困家庭に影響を及ぼした。

低収入もしくは失業中のため住宅給付を請求している親で、職に就いている子どもが一緒に暮らしている場合には、子どもが家賃に貢献しているだろうという想定に基づいて給付が減額された。これは「非扶養家族差し引き（non-dependant deduction）」として知られている。このような状況の下で、青年労働者は自分の家族の住宅費に貢献しているものと想定されたが、訓練手当あるいは所得補足の中にはこの認識は全くなかった。さらに年齢区分が政策の基盤をなしているため、親の給付からの差し引き額は働いている子どもの年齢によって異なった。

一九三〇年代の家族資力調査が、世帯内の収入は家族メンバー間に再分配されるものと仮定したと同じように、この法律でも、収入は世帯内で再分配されるものと仮定されている。この法律ではある種の「合理的モデル」に従って、世帯内で金銭に関する交渉が行われ、金銭は分配されるものと考えられている（Carning, 1991）。それゆえ、親に子どもの扶養費が与えられれば、親はそれを子どものために使うものと、この法律は想定している。また、働いている子どもは、親が失業者であればその親の住宅費に貢献するであろうと仮定されている。しかし、世帯と世帯収入に関する合理的交渉があるというこのモデルは、むろん抽象的な仮定である。それは調査されたこともないし、証明されたこともない。また終始一貫しているものでもない。住宅給付と所得補足規則の中には、二つの異なる依存モデルが存在しているのである（Jones, 1991a）。

まかない付き下宿規則の改定は、離家している若者が困難に遭遇した時には、給付を請求するよりはむしろ親元に戻るよう強いるためのもう一つの試みであった。さらに、年齢が受給の基準として導入され、二十六歳未満の若者は受給資格の点でとりわけ厳しい処遇を受けている。まかない付き下宿規則の改定は、失業中の若者たちが夏の間、「コスタデルドール」の海辺の町で、飲めや歌えで楽しくやっているという、サン新聞によって伝えられた噂から始まった。実際には、このような言い分には何の証拠もなかった。しかし、それとは別の憂慮すべき事態が生まれた。第一に、社会保障省（DSS）が請求書を受けとるだろうことを知って、家主が法外な下宿料を請求しようとする危険があったからである。さらにまた、大抵の若者の賃金水準はおそらくこのような家賃をまかない切れないいため、労働意欲をくじく可能性があるという懸念があった。そこで一九八〇年に家賃の上限が定められ、それ以上に対してはDSSは支払わないことにし、八三年、三段階の支払い制度がさまざまな住宅と請求者の状況に対して導入された。それにもかかわらず、まかない付き下宿規則の下で支払い請求は劇的に上昇し、年齢平均では二五％上昇したのに二十五歳未満の者からの請求は六〇％上昇した（Harris, 1989）。それに対する政府の反応は、二～四週間後には所得補足を非世帯主のレートで支払うよう減額するというものであった。若者には住むところをどこかに見つけるための猶予期間が与えられた。それは二十六歳未満のすべての請求者に適用された。

この規則に対して、一九八六年には種々の上訴が裁判所に提出された。規則は非合法であり、政府は少なくとも一万七千人の請求者に対して支払い義務のある給付を再支払すべきであるという内容であった。しかし、政府はすでに法律改定をしてしまった後であり、上訴は成功したにもかかわらず、若者に関するまかない付き下宿規則はすでに八五年に導入されていたため、若者は四～六週間後に引っ越すよう追い立てられた（Harris, 1989）。

一九八九年からは、家賃はDSSではなく完全に地方自治体住宅給付局によって支払われることになった。それにより、家主は若者に貸す意欲を減退させた。というのは、家主は家賃を前払いで欲しいのに、若者の家賃支払いは遅れたからである。一九八八年の社会保障法の下で、支給すべき住宅給付額も減額された。最高額で家賃の三五%まで、地方税の八〇%までに相当する新しい税（後にコミュニティ・チャージ（community charge）または「人頭税」。十八歳を越える個人に対する徴税であったためにそう呼ばれた）が徐々に導入された。人頭税が導入されたことは、親元に暮らす若者が初めて地方サービスのコストに対して支払わねばならなくなったことを意味し、それは職に就いていない時でも適用された。旧制度の下では、地方税は世帯主に課せられていたから、若者の場合は離家している者だけが支払うことを期待されていたものであった。

今や改訂された人頭税は、かつて保守党政権の旗艦だったものであり、シティズンシップの新しい定義を具体化したものであった（Miller, 1989）。人頭税は、一九八八年の地方自治体財政法の下で導入され、この法の中でシティズンシップはサービスに対して支払う責任など、権利だけでなく責任の点から定義された。市民としての義務が政治的権利と結合された。人頭税の支払い年齢は成人の選挙権獲得年齢でもあったので、地方自治体はその地方の若い市民に対して以前より責任を負うことになった。しかしその点で、市民的・政治的シティズンシップが与えられる年齢は、所得補足のような社会的シティズンシップの権利が与えられる年齢とは異なっていることにわれわれは注目すべきである。

人頭税はその後修正が行われたが、それはこのモデルが放棄されたということではなく、むしろ同じ原理を用いながら地方税を集め、しかも人気を維持するための、より耳障りの少ない、もっと実際的な試みが採用されたことの表われなのである。

学生援助

学生は種々の源泉から収入を得ることが可能であった。親から、自分自身の仕事から、地方自治体の生活助成金（maintenance grants／これは資力調査に基づくもので、学生の主な財源である）から、また住宅給付（一九九〇年まで）から、さらに社会保障（ある場合に）からの収入である。戦後期、最低卒業年齢を過ぎても学校にとどまる若者が増加し、より多くの若者が高等教育へと進学した。ここに、第二章で議論したように、誰が若者の学資を出そうとしているのかという問題が存在する。高等教育への権利は助成金制度（grant system）によって支援されるべきだという「ロビンズ原則」は、徐々にくずれてきた。高等教育の権利は維持されたが、国家の援助に対する自動的な権利はもはや存在しなくなり、この状況の中で社会的シティズンシップへのアクセスはますます限定されるようになった。親からの援助、自助、国家による援助の間の線引きは変化した。授業料は学生の出身家族の地方自治体によって支払われている。一九六四年以降、高等教育機関に受け入れられた学生は、法定生活助成金（Maintenance Grants）を支給されている。この助成金は、必要があって親元を離れても学生の生活を支える上で十分の額である。また、二十五歳を越える者は、彼らの「成人の」地位を反映したより高いレートの助成金を受けとることができる。さらに、もし彼らが二十五歳以下で以前かなりの期間仕事に就いていた場合にも、あるいは親元から遠く離れて生活しており、「独立している」と見なされる場合にも、同様である。結婚または同棲している者は、パートナーの資力調査が行われる。

残りのほとんどの学生は、少なくとも部分的には親に依存している。助成金は親の収入を調査してから支払われており、七〇年代以降、インフレーションに伴って助成金の価値は低下を続けているので、「財政上の輪止め」のプロセスの中で、負担を要求される親の範囲はますます拡大している。生活助成金の初期の時代には、学生は休暇の間補足給付を請求することによって自分の収入を補填することができた。しかしその額は限定されていたし、一九八六〜七年には、短期休暇に対する受給資格はなくなり、九一年からは長期休暇でも取り上げられた。生活助成金はこの給付の損失を補うために三十六ポンドだけ増額され、長期休暇期間の請求を審査する際には、旅行と書籍の費用は助成金の一部とは見なされなかった。学生は、長期休暇中は仕事で自活するか、親に扶養されるべきものと考えられている。その主旨は明確である。つまり、学生は国家からではなく親からもっと援助を得るようになるべきだというのである。しかし、親の三人に一人は子どもの生活助成金へ補塡をしていなかった。また、学生への助成金が始まって以降、その実質の価値は二〇％低下したが、それは、高等教育歴の多くを、学生は銀行の個人向け当座貸越しに頼ることが多かったことを意味している。ある研究によれば、クリスマス期間の終りまでには、学生の六四％が借金をしていた（Harris, 1989）。それを未然に防ぐ目的で、一九九〇年に一人当り最高四二〇ポンドまでの「補給ローン（top-up loans）」が導入された。その他の援助もまた取り外された。一九八八年から、学生は住宅給付を他の人々と同じレートで請求することをもはや許されなくなった。以前にはそれは、彼らが通う大学が所在する地域の地方自治体によって支払われていたものであった。二十五歳未満の場合には、家賃の三五％だけしか請求できなかった。しかも彼らは、少なくとも二〇％の新コミュニティ・チャージも支払わねばならなかった。このようにして学生に対する全面的援助は削減され、費用負担は最初は国家から親へ、そして次には親から個々の学生へと移った。学生個人が、長期的には高等教育から恩恵を享受するのであれば、個人としてその費用を持つべきであるというのがその論拠である。それは、「福祉はそれを享受する者によって支払われるべきである」という政府見解の総体を反映している（Barr, 1989）。

高等教育費の支払に関するもう一つのモデルは、オーストラリアで導入されたものであった。一九八八年に導入された「大学卒業者税（graduate tax）」は、支払いの負担をローンと当座貸越しによってまかなうのではなく、「大学卒業者税」としてその後の所得から差し引くことによって、責任を明白に個人に転嫁しようとしたのである。これはバー（Barr, 1989）によって、より公平な方法として推奨された制度である。責任の個人への全面的な転嫁という、オーストラリアで実行されているこの制度は、だれに対してでもうまく説明がつき、家族内部での交渉と取引によって成功するかどうかが決まるというものではないのである。

十八歳未満で教育生活助成金（Educational Maintenance Grants）の受給資格を持つ学生もいるが、これは地方自治体によって大きく異なっており、ハリス（Harris, 1989）は、高等教育以外では十人に一人しかこの補助金を受けてはいないと推定している。「二十一時間規則（21-hour rule）」〔補足給付の資格で、パートタイム就業生に適用される規則。フルタイム課程の学生は、就業できないので受給資格がないとされるが、義務教育終了者（通常は十六歳以上）で、失業期間中一定の課程で勉強する学生は、授業時間が週二十一時間以内であれば、フルタイムの課程の学生とは見なされず、受給の資格が認められる〕の下で、補足給付を請求しながらパートタイムで学ぶことができる学生がおり、それは若者のための圧力団体であるユースエイドのキャンペーンによって精励されている。また、いくつかの専門学校は学生の給付資格コースを企画することによって対応したとはいえ、高等教育ではない継続教育に対する「二十一時間規則」もまたいっそう門戸が厳しくなった。このような改訂の結果、教育のあらゆるセクターにおいて、学生はより一層パートタイム労働によって自活するようになっている（第二章参照）。

あらゆる社会的な背景を持つ若者は、つまりミドルクラスの学生だけではなく労働階級の卒業者も、若者に対する責任の再定義の変化により打撃を被った。学生のために学資を出す責任は家族と保証人に転嫁され、国家から切り離されて私化された（privatized）だけでなく、個人化（individualized）された。

若者は自分の高等教育および継続教育の費用を支払うよう要求されている。それは個人的利益をもたらす個人的責任と考えられている。しかし、その場合には親の富と豊かさが依然として重要な要素である。国家の支給はその点、平等化の効果を持つ可能性があるのに対して、新しい制度は、親がその富を活用できる場合にはエリート主義を導き、子どもに与える富が家族にない場合には、貧困または負債をもたらすことになると思われる。学生援助の改定が高等教育への参入に対してどのような影響を持つかは、時間が経たないと判らない。

代理人によるシティズンシップか

終戦直後の期間、国民保険および他の所得補足戦略は、人々（とくに男性）がフルタイムの常雇の経歴を持ち、女性と子どもが世帯主に扶養される伝統的な核家族の中で生活しているという仮定に基づいていた。これらの戦略では、雇用と家族は規則正しい移行セットの中で、互いに補い合っているものと仮定された。このようにして雇用されている男性世帯主がその扶養者を養い、資源は世帯内で分配された。女性と子どもの社会的シティズンシップの権利は、このようにして世帯主を通して間接的に得られたのである。本書を通じてわかることだが、以下の数章で指摘するように、家族が規範的な核家族構造に合致しない現在、また家族内の取引や交渉が複雑で問題が多い現在、さらに若者の雇用および独立居住への移行が、家庭外の条件の変化によって再構築されている現在では、これらの仮定を保持することは難しい。リスター（Lister, 1990, 1991）は、女性が市民として社会に十分参加できるように、労働市場における女性の貢献とならんで世帯内における女性の貢献の実績をもっと十分に認識すべきであると力説している。シティズンシップについての現下の議論の中では、このような要求が若者によって、あるいは若者に代って、なされたことはない。若者は、家庭内での貢献と責任が認められないだけではなく、訓練生期間には労働市場との関係を持っていることも認められていない。つまり、彼らは訓練を受けている間、経済的な面からはほとんど認められず、また訓練終了時にも国民保険の資格を与えられない地位にいるということも見過ごされてきた。逆説的にいえば、訓練と教育の権利は延長されてきたが、その一方で教育・訓練を受けている若者に対する援助は低下してきたのである。

現在の状況では、若者は、社会保障に対する権利は縮小され、より多くを要求する力をほとんど持たない特別のカテゴリーの人間にされている。こうした状況が生じたのは、給付の歴史をたどってわかったように、若者の資格は親とは別であるということがこれまで十分に認識されたことがないからである。さらに、若者は拠出制国民保険に対して自分の権利として十分な資格を有していないので、国民扶助や、補足給付、所得補助に依存せざるを得なかったのである。これらの非拠出給付の下での社会的シティズンシップの権利へアクセスしようとすると、おそらく問題があるとされるであろう。社会保障の最近の改定をみると、親は若者を扶養できるし、またそうするであろうという仮定のもとに、若者を無理やり親元に返すよう目論まれている。しかし、若者を扶養できる家族がある一方で、できない家族もある。その結果、多くの若者とその親の貧困の拡大、親への依存の増加、および負債問題が発生している。これについては以下の章で見ていくことになろう。

長期的な流れをたどると、社会保障制度に対する若者の位置は、脆弱であると同時に「個人化」の方向で動いてきた。彼らはより一層、個人として認識されてきたのである。それゆえ、八〇年代に生まれた変化は、青年期の依存期間を延長させることによって、個人化から退歩していることを意味している。

それらはまた、教育、訓練、労働市場に対する国家の介入と一致している。その結果、貧困家族はとくに困窮に陥った。さらに、いかなる福祉制度も、個人のニーズを十分考慮に入れた適格性の尺度（criteria）をこなしきれるかどうかは疑わしい。青年期の「福祉上の移行」を、代理人を通して給付を受けるのではなく、自分の権利として直接に給付を受ける方向へと、法律を制定することは事実上困難であろうと、本章の冒頭で述べた。困窮手当はその一つの例である。年齢が依存の基準にはなっていない状況や、規定された年齢分類に基づく資格付与のシステムがうまく働かない状況があることを認めるべきである。十六歳と十七歳の若者は種々の理由から、親に頼れないかもしれないし、親を通じて社会的シティズンシップの権利を引き出すこともできないかもしれない。このコンテクストにおける社会的シティズンシップの資格年齢は十八歳であるが、その年齢に至る前に社会的シティズンシップへの直接的なアクセスが必要とされる状況があることを認識しなければならない。社会保障基準のニーズ面における「見落としている要素」とは、変化する家庭環境についてのあらゆる認識、言い換えれば、家内領域における若者の権利と責任が変化していることについての認識である。

社会保障制度の中では、適格性を構築する二組の尺度が存在してきた。第一の基準は経済的地位である。われわれは、今の福祉制度が、どのようにしてその適用範囲を縮小し、若年労働者、学生を排除し、さらに、訓練生の地位を導入することで、ともすれば失業するかもしれないほとんどの人々を排除してきたかを見てきた。そこで明らかになったことは、福祉制度は、若い母親を別として、十六歳から十八歳までの若者に対する責任を、実際には持っていないということである。第二の尺度は、年齢と関係したものである。本章では、給付がますます年齢分類に基づくものになってきたいきさつを見てきた。これは社会保障が、ニーズ尺度というよりも、地位や責任を年齢で測っていることを意味する。若者の適格性を評定する時、政策はプロセスを考慮すべきであるが、その際、年齢は必ずしも最適な指標とはいえない。若者の経済的自立への移行の土台となるプロセスと、彼らの経済的ニーズを理解するためには、家族生活という「私的世界」に立ち入らねばならない。

第四章　若者と家族——家族への依存と家族からの自立

公的制度は、若者が大人になる際に通過する諸構造を作っている。そして、もし若者が完全な市民になろうとしたら、完全な市民という認知は、その諸構造の中で、最終的に生まれるにちがいない。他方、家族内のインフォーマルな関係は、若者にとって直接的コンテクストになり、その中で成人期への移行が形づくられる。本書では、若者が大人になる過程で彼らの生活を形づくる種々の、しばしば対立する圧力、つまり家庭生活という私的世界と、国家政策や市場の力という公共世界からくる圧力について考察している。これまでわれわれは、「公共領域」、依存と自立を公的に規定する構造変化、そして選択と制約、順応と抵抗という問題に焦点を当ててきた。本章では公的制度の歴史というよりは個人史と、多少は家族史にも焦点を当て、公共政策と制度がどのように「私的領域」に影響を及ぼすのかを考察する。依存する子どもが、親と同居中に経済的自立にむけて移行のプロセスをどのように開始するのかを調べるわけだが、これは通常社会政策の中では認められていない。若者とその親との社会的経済的関係、およびこれらの関係が時間の経過とともに、またとくにライフコースの初期にどのように変化するのかに焦点を当てる。

初めに、家族・世帯の構造が、歴史の中でどのように変化してきたのかを調べ、若者が成長してゆく家族のタイプを、その構成や外的・内的な経済関係の点からみていく。さらに、家族に衣食を供給する者としての親の役割と、受益者としての子どもの役割を含め、親子関係の社会的経済的要素を考える。さらに、これらの「役割」がどのように変化するかを調べ、これまで見てきたように、機能主義者の家族生活についてのパースペクティブと、若者と家族に影響を及ぼす社会政策の土台をなす、依存と自立という極端に単純化した概念を批判する。また、家族の機能、および家族構成員の機能に影響を及ぼす家族内の勢力構造について検討する。そして最後に、最近の社会政策が変えようとしている親子関係の側面に焦点を当てる。

一九八七年、マーガレット・サッチャーは「社会などというものはないのだ。男と女がいるだけであり、そして家族があるのだ」〔傍点は訳者〕、という見解を打ち出した。〔それぞれの家族内で〕社会階級、経済的地位、人種や地域の不平等が、家族の機能の仕方と家族メンバーの間の相互期待の変化を絶えず形づくっている。したがって、本章で家族内の関係に焦点を当てる時、社会構造的な不平等さを見失ってはならない。家族内でさえジェンダー、年齢、世代の構造的不平等さは、なお依然として存在する。結婚の場合には、同類的結婚がよくみられる。つまり人々は自分と同じ社会階級や教育レベルのパートナーと結婚する傾向にあるため（Jones, 1990b）、家族内には、社会階級上の明確な不平等というものはほとんどみられない（McRae, 1986）。しかし、世帯におけるジェンダー関係と労働の性別分業の結果として、夫妻の間には不平等が存在する。親子関係には、年齢と世代にまつわる不平等が存在するが、その側面は子どもが成長するにつれて次第に是正されてくる（Harris, 1983: p. 247）。

産業社会における家族の位置をより十分に理解するためには、私的領域と公共領域の関係のパターンを調べ、世帯を結接地点とみなす、新世代の研究が生まれることが必要である。

過去十年間にわたって公共領域と私的領域の関係を検討してきた研究は、夫妻関係に焦点を当ててきた。われわれはこの分析を、親と青年または成人の子どもとの関係に適用したい。

しかし、その前に、重要な点を強調しておかなければならない。子どもの生活にとっては、親子関係が最も重要な、あるいは最も意味のある関係とはいえないかもしれない。兄弟姉妹または祖父母など、世帯内外の他の家族メンバー（Cunningham–Burley, 1985; Finch, 1989）は、親子関係を媒介または代理する重要な役割を持つかもしれない。友人や隣人、あるいは職業上若者と関係する教師やソーシャルワーカーや雇用主等の、血縁関係以外の人々もそうである。これらの多くの関係の意味は、若者が成長するにつれ変化するであろう。友人関係は配偶者関係に置き換わる（あるいは配偶者関係になる）かもしれないし、自分自身の新しい家族を形成すると、出身家族は見捨てられるかもしれない。言い換えれば、青年期は多くの関係が変化し、多くの新しい関係が展開する期間である。親子関係に焦点を当てる際に、その関係が生み出される広い社会的コンテクストを見失ってはならない。

人口統計上、歴史上の変化

最初に、家族構造の変化、家族とより広い社会との関係（とくに経済関係）の変化、さらにこれまでに起こった家族関係の変化を考察する必要がある。これら三つの側面は相互に関係する。

前産業社会と産業社会

家族構造と家族関係は、より広い社会の物質的・文化的基盤の変化とともに変わる（Allan, 1985）。それゆえ、産業革命に続く都市化の時代に、家族構造に多くの変化が起こったものと考えられる。地理的移動を伴う都市化、そして生産の集中化と有給労働の形成を伴う産業化、という一対のプロセスはともに、家族から共同的生産の役割をも奪ってしまい、その結果家族ユニットと社会との相互関係は、より一層消費を通じて（Weber, 1961）、社会的再生産を通じて、または男の世帯主と「一家の稼ぎ手」の生産的役割を通じて（Parsons and Bales, 1956; Goode, 1970）媒介されるようになったと論じられてきた。ウェーバーによれば、産業革命は家族ユニットと生産の間の結合を切断して公共世界と私的世界の間に分裂を作り出した。一九五〇年代と一九六〇年代の機能主義者の文献に一般的に認められるのは、前産業社会の家族は、拡大家族のメンバーを含む大世帯であったというイメージである。それは典型的には、一家の支配的な稼ぎ手である夫、従属する妻、彼らに依存する子どもから構成される「近代」核家族とは対照的である（Parsons and Bale, 1956; Goode, 1970）。

近年、人口統計的および歴史的研究は、前産業社会における家族生活のイメージも、産業社会における家族生活のイメージも、事実より神話に基づいたものであることを示してきた。前産業社会の家族は、現在の家族より大きいものではなかった。混乱は、「家族（family）」と「世帯（household）」の用語を、交換可能なものとして用いることから生じた。というのは、多くの前産業社会の世帯、とくに裕福な世帯には、世帯メンバーとして生活していても必ずしも親族ではない使用人が含まれていたからである

Flandrin, 1979；第五章も参照のこと)。産業革命直前の世帯の大半は、平均五人で構成されており、両親と子どもから成り立っていた。このような理由から、「核家族」は産業化の結果ではなかったと、ラスレット (Laslett, 1972) はいう。

拡大家族が、現在では重要でなくなりつつあるとも言えない。ベル (Bell, 1968) は、ミドルクラスの拡大家族の重要性を示し、支援ネットワークとしての拡大家族は労働階級のパターンであるという神話、および産業化と拡大家族とは共存できないという見解を、ともにしりぞけた。ウェーバーは、経済的なものから社会的なものを分離すること、さらに世帯から地主の身分を分離することは、合理的資本主義制度の展開の中心にあると論じた。マクファーレン (MacFarlane, 1978) は、家族が経済システムから分離されてきたという議論全体に異論を唱えた。レイ・ポール (Ray Pahl, 1984) は、家族がインフォーマル労働市場の中で、産業化以前のパターンの継続と思われるような仕方で、協力者としてどの程度行動していたのかを明らかにしている (夫と妻の類似した役割についての議論は、オーエン (Owen, 1987) も参照のこと)。世界を、公共領域と私的領域に分離するのは誤りであり、それが近代家族の生産機能を見えなくしてしまうのである。しかしポールによれば、メンバーが種々の労働形態の雇用に就いている家族と、被雇用者がいないか、いるとしてもインフォーマル労働市場で仕事をしている者がいる家族の間には二極分化が認められたという。このように共同体 (collective) として行動する能力は階層化されたが、「いったん世帯が良好な螺旋を上ることになると、その共同体としての努力によって、その世帯はそこに居続ける」(Pahl, 1984: p. 334)。

少なくとも、結婚は経済的パートナーシップであり、次の指摘を反映している (Leonard, 1980: p.4)。

家族を、「個々人」の関係を持つ「消費単位」、しかも精神的支援単位と見るのではなく、家族内での、またより広い社会の中での、生産と再生産を強調する方向への動き……

親子関係の物質的・経済的側面に焦点を当てて、この見地から親子関係を考察することによって、そのプロセスはより一層理解できるのである。夫に対する妻の依存についての議論の多くは、出身家族の中の若者の地位にも応用できる。たとえば、家庭で起こるジェンダーの不平等性は、夫妻それぞれが生産過程に対して異なる関係を持っていることに起因するのと同じように（Harris, 1983）、家庭内での年齢による不平等は、「外部世界」における経済的役割に関係すると思われる。

この二十〜三十年間に、家族生活には実際多くの変化があった。ウェーバーが示したようには公共世界と私的世界との間に分離はなかったものの、とくに労働階級の中で、家族生活の私生活主義が進んだ（Goldthorpe *et al.*, 1969, Pahl and Wallace, 1988）。つまり人々は家庭生活の中により多くのプライバシーを求めつつあることが示されたのであるが、アランとクロー（Allan and Crow, 1988）が論じたように、起こった変化はもっと複雑であった。第二章で議論した教育と労働市場の変化、ならびに第三章で議論した給付制度の変化がすべて、家族生活に影響を及ぼし、時には家族に対して、経済的苦難やストレスの増加をもたらした。さらに、六〇年代の高層ビルのような新しい形態の住宅設計や、テレビのような屋内活動を含む新しい形態の消費も家族生活を変えた。家族関係のストレスは高まった（Komarovsky, 1967: p. 340; Cohen, 1972: p. 17）。家族はより傷付きやすいものになった。家族内の「一次的」関係（夫妻関係、あるいは親子関係、Harris, 1983 を参照のこと）は、最もストレスを受けやすかった。その結果、離婚率の増加、両親との関係崩壊（Fogelman, 1976）、時にはどちらか一方の親との関係を失うという経験をする子どもが増加した。

「脱産業化」社会

われわれは現在、産業社会の構造の多くが変革され、消失さえしつつある脱産業化の時代に置かれ、家族構造はその結果一層変化したといわれている。それでは若者は、今日どのような種類の家族の中に暮らしているのであろうか。規範的な核家族は、危機にさらされていると思われる。核家族は減少した。一九八一年の国勢調査の分析によると、核家族の厳密な定義に合致したのは世帯のおよそ十分の一にすぎなかった（Barnardes, 1986）。

この二十～三十年の最も重大な変化は、おそらく女性の労働力参入の増加であったと思われる。世話の必要な子どものいる既婚女性が仕事に就いているため、彼女らは主婦、家庭内労働者およびケアラーの役割の他に、いくつかの役割を持っていると考えられる。それは、「唯一の一家の稼ぎ手」としての男子の世帯主を通じて、家族は広い社会と接合しているのだと考えることが、明らかに不適切になっていることを意味している。数々の理由から、こうした男子世帯主は存在しない可能性が高くなっている。

婚姻外の出生数の増加、未婚パートナーの同棲の増加、単独世帯の増加、離婚や（義理の親だけでなく義理の兄弟姉妹から構成される）義理の家族の増加に伴って、家族研究は家族生活の多様性が増していることを強調してきた（Kiernan and Wicks, 1990）。拡大家族の増加や親族ネットワークの拡大は、多様化の一つの結果である（Wicks, 1991）。どの親族関係を認め、深めていくかについての個人の選択性が拡大した結果、親族関係は規範性がより弱まっているといえるかもしれない。これらの新しい形態は、以前のパターンとは対照的と思われる。しかし、変化についての解釈はさまざまである。伝統的なパターンの崩壊を強調する研究者がいる一方で、ギデンズ（Giddens, 1991）のように、家族は再構築されつつあると論じる研究者もいる。「オルタナティブな」居住形態が社会的にそれほど推賞されなくなるにつれて、古い家族形態が変化したというよりは、明確に再定義されつつある事例もある。子ども、女性、ゲイやレスビアンの権利を求める運動が世論を動かし、非嫡出、同棲、独身や同性愛のスティグマを除く上で、何らかの影響を及ぼしてきたのがその例である。

これらの変化が意味しているのは、これまで大抵の若者は、自分たちの生活のある段階においては、規範的な家族構造（両親と子どもの二世代家族）を経験してきたのであるが、家族崩壊とその結果として非核家族を経験する者が増加しているということである。キーヤナンとウィックス（Kiernan and Wicks, 1990）によれば、今の傾向が続くならば、現在の子どもの二〇％は、十六歳までには両親の離婚を経験するであろう。依存する子どものいる全家族の一四％は片親、主として離婚した母親が筆頭者であると彼らは報告している。義理の親と義理の兄弟姉妹、さらに義理の拡大家族を持っていることが一般化している。あるいはこれらの経験や新しい関係に関連した問題が種々あるために、祖父母や他の親族の家に移り住むか、場合によっては地方自治体の保護を受けることが、さらに一般化している。

今日では、厳密な意味で伝統的な核家族の構造を持つ世帯は少数であるが、それでも家族というものは存在している。しかし、家族は「時間とともに変化する関係のシステムとして理解するのが一番良い」、とウィルソンとポール（Wilson and Pahl, 1988）は論じている。さらに、フィンチ（Finch, 1989）が指摘しているように、世帯構造は変化したが、家族関係の道徳的結合は今日も依然として強い。産みの親との関係でないとしても、ほとんどの人々がある程度親子関係を経験していることは疑いない。しかし、現在の家族生活についての人々の経験が、この規範的な考え方に一致しているかのように「家族というもの」に言及することに、われわれ社会科学者は慎重でなければならないことがますます明らかになっている。

国家の介入

過去一世紀における家族生活の変化の多くは、直接的にも間接的にも、国家の介入の結果起こったものであり、その多くが福祉国家の導入以前のものである。モーガン（Morgan, 1985）は、「和解不可能な夫妻の崩壊」、「崩壊した家庭」および「家族ユニット」についての法律上の定義によって、また家族賃金、税金および社会保障政策のコンセプトへのアプローチによって、法令と公的イデオロギーがどのように家族関係を構築してきたかを論じている。第三章でわれわれは、福祉国家の構造が、「家族というもの」に関する機能主義者の見解に基づいて作られたことを述べた。

過去百年以上にわたって、乳幼児の世話を監視するための巡回保健員の導入や、親の虐待から子どもを保護することを任務とする福祉機関の設置などにより、親子関係と、「良い子育て」イデオロギーの展開に国家は介入してきた。育児についての専門的技術は家族外で発達した。またかつては、本能的で自然なもの、と考えられていた親としてのスキルは、専門化されてきた（Mayall, 1990）。その結果、教師、ソーシャルワーカー、ヘルスワーカーのような国家機関の代表者と親との間には、しばしばぎくしゃくした関係が生まれた。そのような状況下で、親はスキルを失い権限を奪われたと感じてきたのである。

児童保護法令によれば、親は自分の子どもの身体的、情緒的、知的、社会的、道徳的な発達に対して責任がある。親には子どもを援助し監督をするという役割が要求されている。そして失敗しないかどうかを監視されている。ハリス（Harris, 1983: p. 241）は、子どもの養育に関する支配的なイデオロギーと、その結果生じる親の地位について論評している。

もし、親は自分の子どもの性格に対して社会的責任があると見なされるならば、また子どもの行動が親の道徳的・個人的価値の尺度と見なされる場合には、子どもは巨大な力を持つようになる。子どもはその行動によって、重要な他者（significant others）から親に与えられる尊敬と、親自身のセルフイメージを決定することができる。しかしもし、そのような大きな力を子どもが持てば、その結果子どもは、親の監督の範囲を縮めるように、その力を有効に使うことができるのである。その子どもに対する他者の影響いかんや、子どもの養育に関する支配的なイデオロギーの内容はさておき、子どもの養育についての近代の仮説（すなわち親は自分たちの子どもの人格に責任がある）それ自体が、親がその責任を果たさねばならない時に、親にとって必要な子どもへの支配的地位を、実際には親から奪っている。

これは、本章で議論していく論点であるが、親の監督能力は、その子どもの依存状況と密接に関連しており、家族への若者の依存も、国家の介入によって構造化されている。国家の介入の範囲は、児童労働の制限とそれに関する規則から始まって教育法にまでわたっている。教育法は、国家の教育についての法的規定（第二章を参照）を、社会保障と国家扶助の構造の基礎となっている規則とイデオロギー（第三章を参照）にまで拡張したものである。過去一世紀にわたって児童期の制度化と教育の拡張は、とくに若者の経済的依存期間を延長してきた。

フィンチ（Finch, 1989: p. 72）によれば、子どもの雇用を管理し、さらに義務教育を確立・延長するための十九世紀の国家介入の増大は、親と子どもの間の義務のバランスと、その結果としての家族の経済的機能を変えるという影響を与えたという。子どもたちが、自分たちの稼ぎから家計に金を出すことがますます困難になるにつれ、児童期および青年期は、一方的な経済的依存期間として確立されるようになった（Anderson: 1980 を参照のこと）。とはいえ状況は明確ではなかった。就学しながらも金を稼いでいた子どもは、その稼ぎを世帯収入の一部として差し出すことが期待された（Jamieson, 1986, これは Finch, 1989 に引用）。また若者には、子どもの世話をすることや家の仕事を手伝うことを通じて、金銭ではない仕方で、家計に貢献する場合もあった。このように若者の経済的依存は、必ずしも全面的なものではなかったのである。

「伝統的家族の価値」

「家族というもの」が、現在政治的なスポットライトを浴びている。「社会の建築用ブロック」としての「伝統的家族」の役割が盲目的に是認され、良いもののひな型と見なされている。歴史の中の、あるいは現代の家族生活の特質についての実証的な証拠に基づくのではなく、家父長制核家族と伝統的なジェンダー役割のモデル（たとえば Scruton, 1986 を参照）に基づいて、「伝統的価値」が強調されている。

家父長制核家族のイデオロギーは、一九八〇年代には政府の政策を先導する位置にあった。このイデオロギーの「新保守主義」版によれば、若者に対して国家権力が強まり、また、家族権力は弱まった結果、少年犯罪と異常行動が増加したのであった。マースランド（Marsland, 1986）によると、それに対する答えは、国家給付を取り上げ、若者をその親に経済的に依存させ、そうすることによって家族生活の伝統的な価値を強化することであった。そして、国家政策は、子どもを経済的に援助するように、親に対する圧力を強めた（Marsland, 1986: p. 94）。

若者には家族の援助が必要であり、もし家族が若者に対する責任を放棄すれば、制度としての家族は非常に弱体化する。しかし、若者を世話するためのコストの一部が、国家から家族に移し換えられない場合には、若者に対する家族の真の責任はみせかけにすぎないものである。

この思考には、親の管理からの解放のプロセスと、経済的自立への移行はどのように起こるのか、あるいは若者が成長するために、親の責任はどのように縮小していけばよいのかという考慮がまるでない。それればかりでなくこの思考は、青年期が長くなっていく時に多くの家族で生じる問題も考慮してはいない。「新保守主義」は、国家の統制を若者の生活から取り除くことを主張する一方で、実際には、家族関係に対する国家統制を強めており、そして当然、親を通じて間接的にではあるが、若者の生活に対して権力を維持し続けている。親に対する圧力は増加して、支えられないほどになっている。家計がまるで底なしの落とし穴であるかのように、親はさらに長い期間にわたって、これ以上の責任を取り続けることができるのであろうか。それにもかかわらず、社会保障規則に影響を及ぼす最近の政策は、すでに各章でみてきたように、この見解を取っているようにみえる。

このように、経済的に自立し、親の統制から自分を解放しようとするための若者の努力と、このような動きをくじいてしまう国家政策との間の対立を、われわれはしばしば目撃するのである。

親子関係

ここでわれわれは、親と青年期の子どもとの関係のいくつかの要素を調べ、家庭の中での統制と経済的依存（さらにその対になるものとしての解放と経済的自立）の問題に焦点を当てよう。まず親の助言、小遣いやギフトの役割の研究を通じて、親子関係の変化、および親はどの程度若者を自立した大人にすることができるのかを検討する。また、若者が食費や生活費の支払と、家庭内での労働の形で世帯経済に対して果たしている役割について考察する（表4・1）。さらに、依存した子どもから自立した大人への移行のプロセスを、親子間の経済関係と勢力関係の上から考察する。そして、親子間で行われる多くの交渉にまつわる緊張やアンビバレンス（二重傾向）について議論する。最後に、国家の役割を再度検討し、若者は家族と暮らしている間にも、大人の地位に向かって大きく移動しているにもかかわらず、そのような彼らの歩みが国の公の制度によって必ずしも認められていないことを示す。自立は必要であると公に言っておきながら、国家政策は実際には家族の役割に対する静止的な見方に基づいている。この見方は、プロセスを全く考慮していないし、また青年期の解放と自立も奨励していないのである。

表4・1　親子の経済上の交換

親から子どもへ	子どもから親へ
こづかい	まかない費
仕事への支払い	家賃としての支払い
贈　与	家業の手伝い
助　言	家庭内の仕事
卒業と仕事について	家事と子どもの世話
離家と住宅について	庭仕事とペンキ塗り

われわれは、若者が成長する状況の多様性を認識しているが、ここでは、同じ屋根の下で暮らしている家族の中の親子関係に焦点を当てている。それは、ほとんどの人が少なくとも子どもの時代のある期

間に経験する状況である。親子関係は、それぞれの性で異なることを認識しておくことも重要である(Mayall, 1990)。ここでは、これらの区別を可能な所では保つように努め、親子関係を、親子間のさまざまでしかも変化しつつある年齢、世代、ジェンダー関係と定義する。それゆえ「親というもの」は一種類の親役割を持つ一種類の人間ではない。親はその子どもと同様、年齢、性、階級、人種、雇用状況によって、また彼らの社会的役割に内包された多くの変数によって変化する。ところが、「家族というもの」と国家の間に責任の境界線を引こうとする際、「親の責任」について言及する政策立案者、マスコミ等からは、このような事柄は問題にされないのである。

家族内での成長

親子関係は多くの面で経済的基盤を持っており、子どもは親に依存している、というとらえ方は問題をはらんでいる。それにもかかわらずリスター(Lister, 1990)が言うように、女性を依存者と見なす場合と同様に、そのとらえ方は公的/私的二分法によって正当化されている。現在では、家族というものの「ブラックボックス」は大きく開かれ、とくに夫妻の財務編成(financial arrangements)に関する研究の中では妻の地位への関心が高まっており(たとえばPahl, 1989による)、その知見は既婚女性を既婚男性と同様に取り扱うという課税政策の最近の改正に反映されている。しかし、若者の場合、少なくとも「家族というもの」についての、政府の支配的なイデオロギーの点からみると、ブラックボックスは堅く閉じられたままのように思われる。このイデオロギーによれば、親の家に暮らしている若者は、親に経済的に依存していることになる。このイデオロギーは、現実を覆い隠しているのであるが、それにもかかわらず、現在の政府の政策の土台となっている。

重要なことは、若者の生活の家族・家庭コンテクストを調べることである。それは彼らが成長する基盤であるからである。それは、若者自身の独立した大人としての生活のモデルになるものであるが、若者がこれに従うとは限らない。それは、発射台および離家する人（しきたりと象徴の場所）の両方を作り出す。社会的・経済的移行のプロセスは、出身家族の中で始まり、若者が大人としての地位を得つつあることを最初に認識するのは、家族メンバーであるように思われる。しかし若者が、家族メンバーに見えるところだけで大人になるのでは不十分である。なぜなら、大人としての地位は家族コンテクスト外のさまざまな環境の中で、諸制度によって公に確認されることも必要だからである。言いかえれば、若者は労働市場、国家の給付制度、住宅市場、消費市場の諸制度に受け入れられることによって初めて、大人であることが社会的に確認されるのである。

このような理由から、親子の勢力関係と経済関係の変化を含め、若者とその親の関係が、年齢とともにどのように変化するのかを調べる必要がある。これらの家族関係の二つの側面は、大人としての自立への移行に関わる家族状況を理解するのに重要である、とわれわれは見なしている。それらは交渉を伴い緊張を引きおこし、そして曖昧さに包まれている。

親の助言

子どもが若者になるに際して、親が果たすべき主要な機能の一つは、子どもが自立するように援助を与えることである（Parsons, 1956）。それは親にとって、極めてアンビバレントになりがちな役割である。それでも親は自分の子どもに、成人期への移行に関係する動きについて助言を与えることが多い。それは家計に密接に関係する場合がある。若者は、学校にそのままとどまるべきか、仕事を辞めるか、仕事に就くか、家で生活を続けるべきか、それともっと良い仕事や教育の機会を求めて今いるところを離れるべきかどうか、等の助言を求めて、時には親のもとに戻ってくる。二つの世界大戦間に成長した人々についてのジェイミソン（Jamieson, 1987）の歴史研究によれば、学校を中退した若者の中には、彼らが中退を選択したからではなく、彼らの家族が賃金を必要としたからであったというケースがあった。ウォーレス（Wallace, 1987a）とグリフィン（Griffin, 1985）によれば、それは現在にもあてはまるようである。

親が適切な援助を与えられるかどうかは、主として親自身の経験によるであろう。最低卒業年齢を越えて学校に通う子どもの親は、子どもと同じ経験を持っているのがふつうである（Halsey *et al.*, 1980）。また、親の職業やその業種と、その子どもの職業との間には、ふつう何らかのつながりがある。といっても、それは父親と息子の間に言えることである。というのは、女性の労働市場への参入の性質は、変化するからである。その結果、職業階級上の地位は、世代間で安定している（Jones, 1987a）。しかし、同じメカニズムの結果、失業もまた親子双方がこうむる可能性がある（Payne, 1987）。

従業員の縁故で新規労働者を募集する現在のシステムは、雇用主が従順な労働力を確保できる手段であると、多くの書物に書かれてきた（Jenkins *et al.*, 1983 を参照のこと）。しかし、アラットとヤンドル（Allatt and Yeandle, 1986）によれば、親の縁故で子どもを採用するシステムは、親に対する若者の義務感を強めることになるので、家族内の勢力関係に影響を及ぼすという。職業サービス、青年訓練計画（ＹＴＳ）、学校の職業進路指導教師などが、若者に対する仕事の助言と情報の供給源として特別に設けられているにもかかわらず、卒業者は依然として、仕事についてはかなりの程度インフォーマルな情報源に頼っている。全国児童発達調査（ＮＣＤＳ）〔the National Child Development Study の略。一九五八年三月三日から九日までの一週間に英国で生まれた者全員（一七、七三三名）を対象に、五歳、七歳、十一歳、十六歳、二十三歳時に追跡調査を実施したもので、データが蓄積されている。世界的に著名な縦断追跡調査の一つ〕によれば、男性の三分の一、女性の四分の一以上にとって、最初の仕事の情報源は親類または友人であった（Jones, 1986）。広範囲に失業が広がると、最初は仕事の情報を得るために親族に多くを頼るが、労働市場が縮小し親自身が失業するにつれ、このシステムは崩壊する（Morris, 1987）。アラットとヤンドル（Allattand Yeandle, 1986）は、経済不況と職不足の時に、人々が行き来のなかった親族関係を復活させ、資源として使おうとしながら、もう一方で、仕事の情報を与えなければならないという自分自身の家族への義務のために、拡大家族を助けようという気持がどのように変わるかを示している。実際、失業はこのように、家族内に同時に重なって現れることがよくあるが、その原因の一つは、失業というものが、地方の労働市場全体にわたって現れるからである。

このように、親が適切な援助を子どもに与えることができない状況がある。その中には、成人となった子どもに助言を与える立場にない親もいる。なぜなら、失業していたり、衰退しつつある産業で雇用されている場合、あるいは雇用機会が地域に基盤を持っていない場合、あるいは、新しいたくさんの教育や訓練規定の多くの場合のように、職業の選択肢が新たに作られ、親自身の経験との関連がない場合には、親は適切な情報を持ち合わせていないからである。この最後のケースの場合、労働市場または社会保障制度の変化が、親の経験からして新しいだけではなく理解できないほどの速いペースで起こっている時には、とくに「技能を奪われて」しまう。とくにこのような場合には若者は、国家により与えられる公的な情報源からの援助に頼らなければならず、その結果家族関係は弱体化するのであろう。

小遣いとギフト

依存する子ども期には、大抵の親は自分の子どもに、情緒的な援助、準拠枠、アイデンティティだけではなく、家、食べ物、衣服などの物を与えている。若者はパートタイム仕事を始めたり、自分の衣服を購入したり、料理を覚えたり、家の回りの家事やその他の仕事をしたり、また自分の世話や一人暮らしの技能を学んでゆくにつれ、全般的な世話や保護は親から受けながらも、次第に親から物を与えられることが少なくなる。

親は一般に、自分の子どもに小遣いという形で何らかの経済的な援助をしているが、若者が成長し、土曜日の仕事やその他のパートタイム仕事で稼ぐようになるにつれ、小遣いは徐々に取り上げられる(Jamieson and Corr, 1990)。土曜日の仕事や他のパートタイム仕事は英国では法律上十三歳から許される。全国児童発達調査(NCDS)で対象となった同時出生集団のおよそ半数は十六歳で(Jones, 1986)、またもっと最近、ESRC「十六〜十九イニシアティブ」の調査でインタビューされた若者の三分の一は(Jamieson and Corr, 1990)、有給のパートタイム仕事を持っていた。多くのミドルクラスの子どもは、独立独歩(self-reliant)は良いことだという理由で、親から土曜の仕事を持つことを勧められているが、労働階級の家族の子どもにとっては、パートタイム仕事はもっと物質的な意味を持っているだろうといわれている(Jamieson and Corr, 1990; Hutson and Cheung, 1991)。貧しい家庭の若者の場合、パートタイム仕事による収入があれば、家計への依存は少なくなるであろう(MacLennan *et al.*, 1985)。

若者が教育を終了し、フォーマルな労働市場に参入すると、親からの経済的援助はさらに減少する。スコットランド若者調査(SYPS)の縦断的データの分析(以下を参照)によれば、十七歳であった一九八七年時点では、およそ三分の二の若者は親から金をもらっていたが、この数値は年齢が上がるにつれて減少し、十九歳の時点では親から経済的援助を受けている者はわずかしかいなかった。援助を受けていたのは主に、フルタイムの教育を受けている若者と、ミドルクラス家族出身の青年であった（Jones, 1992）。したがって、ミドルクラスの中では、親への経済的依存はさらに延長される傾向にある。（実際、ベル（Bell, 1968）によれば、ミドルクラスの若い成人の場合、親の家を出た後もそれは続いている。）しかし、大半の若者にとっては、十代の終わりまで、親に経済的依存を続けるのは例外的である。

親は子どもに、金銭以外に、衣服などの極めて実用的な物を与えることがよくある。ウォーレス（Wallace, 1985b）によれば、若者は成長するにつれ、親から小遣いをもらうことが次第に少なくなり、食事、衣服、または煙草といった形で、間接的な援助を得ることが多くなる。農村地帯に住む若者は、時には自分の車を購入する時に親から援助を受けており、仕事やレジャーに行きやすくなっている（Wallace *et al.*, 1991a）。ジェイミソンとコア（Jamieson and Corr, 1990）によれば、親はこのためにローンを利用している。コリガン（Corrigan, 1989）によれば、母親と娘との関係の場合には、逆のプロセスもあるという。つまり娘が成長し、もっと個性的なスタイルを主張するようになるにつれ、衣服を与える代わりに金銭を与えるようになるようである。またベル（Bell, 1968）が指摘しているように、父親と息子の関係にも、ある特定の経済的交換があるように思われる。

これらの交換の現実の形態は複雑であろう。状況のちがいに関係する複雑さがある。アラットとヤンドル（Allatt and Yeandle, 1986）によれば、親にとって失業中の息子または娘を金銭援助によって保護するか、金銭を与えずに仕事に追い立てるかで、渡らねばならない「危ない橋」がある。状況変化にかかわる複雑さもある。ジェイミソンとコア(Jamieson and Corr, 1990)は、小遣いをもらっていたある少女はパートタイムの仕事に就いたら小遣いをもらえなくなった、というケースを報告している。その少女は、パートタイムの仕事を辞めてからは、親から再び小遣いをもらうようにはならなかったが、家まわりでする仕事に対しては報酬をもらった。この少女は、一つの地位の出発点を通過してしまっているため、元に戻ることができなかったと思われる。このケースは、経済的自立のプロセスが重要であることを強調している。

食費

米国の若者は、親の家にいる間、親の経済状況が絶望的になる時以外は親に金を支払うということなど滅多にない(Coleman, 1986, Morris, 1990 に引用)。一方英国では、子どもが自分の食費を払うことは例外ではなく、習慣である。親に食費を支払っているという慣行(practice)によって、青年期は依存の時期であるという仮説がまず問題になる。

親の家にいる子どもが食費を支払うことは、長い間広く行きわたった慣行であって、それがなくなるという徴候はない。しかし、ミルワード(Millward, 1968)と最近の研究(Hutson and Jenkins, 1987; Wallace, 1987c; Jamieson and Corr, 1990)によれば、この二十~三十年の間に、手順に変化が起こっている。以前は、働く若者は自分の給料袋全部を親に渡し、その代わりに小遣いをもらうことが一般的であったが(Carter, 1962)、現在では、若者は一定額を食費として支払い、自分が稼いだ金銭をコントロールするのがより一般的である。これは、青年期の解放性が増大していることと、経済的コントロールの力が増大する傾向があることを示唆している。それは、最近二、三十年間既婚女性が経験している、家計への経済的コントロールの増大とも似ているであろう (Pahl, 1983, 1989)。言い換えれば家計は現在、世帯主である父親によってというより、個々の家族メンバーによって、かなりの程度コントロールされているということである。

食費の形で支払われる金額は毎週十ポンド、十五ポンドまたは二十ポンドというのが最も一般的であり (Jones, 1991a を参照のこと)、その額は親が子どもに与える住居、食事および家事サービスの実際の価値を表わすものではない。このため、食費の支払いを教育的な点から、あるいは責任という道徳的な問題に関連させて考察している研究者もいる (Hutson and Jenkins, 1987)。ヘーズ (Hayes, 1991) は、失業者のいない家族も含めて、親子間の交換が道徳的に重要であることを示している。同様にウォーレス (Wallace,1987b) によれば、親は食費の支払いを期待はするが、それを現実的な金銭としてよりはむしろ、子どもを「正しく」導く一つの手段として考えている。アラットとヤンドル (Allatt and Yeandle, 1986) は、これによって「公平のコンセプト (concept of fairness)」がさまざまな方法で、さまざまな家族に応用されていると報告している。兄弟姉妹は同額の金額を支払うことになっている家族もあるが、収入に応じて累進比率で支払われている家族もある。

図4・1も、SYPS調査 (前出) のデータに基づくものである。この調査は一九八五年に行われ、その時対象者はおよそ十七歳であり、経済的地位と男女別の食費の支払いパターンが示されている。フルタイムの教育が終了すると、若者は親に自分の生活費を支払い始め、後に示すように、親の支配からの解放を始める。この図に明瞭に示されているように、フルタイムの教育を受けている若者と、雇用されていようが訓練計画中であろうが失業中であろうが、労働市場にいる若者との間には、明確な区別がある。

図4・1によると、支払い額はいくつかの要因によって決まる。それは若者自身の経済状況に基づいている。たとえ払っているとはいえ、訓練計画中の若者や失業中の若者は、職に就いている若者より支払う額は少ない。このパターンは、彼らの位置に基づく収入に関連していると思われる。研修生であったり失業しているからといって、フルタイムの教育を受けている場合と違って免除がないことに注目す

図4・1　性別および経済上の地位別17歳時の食費の支払い

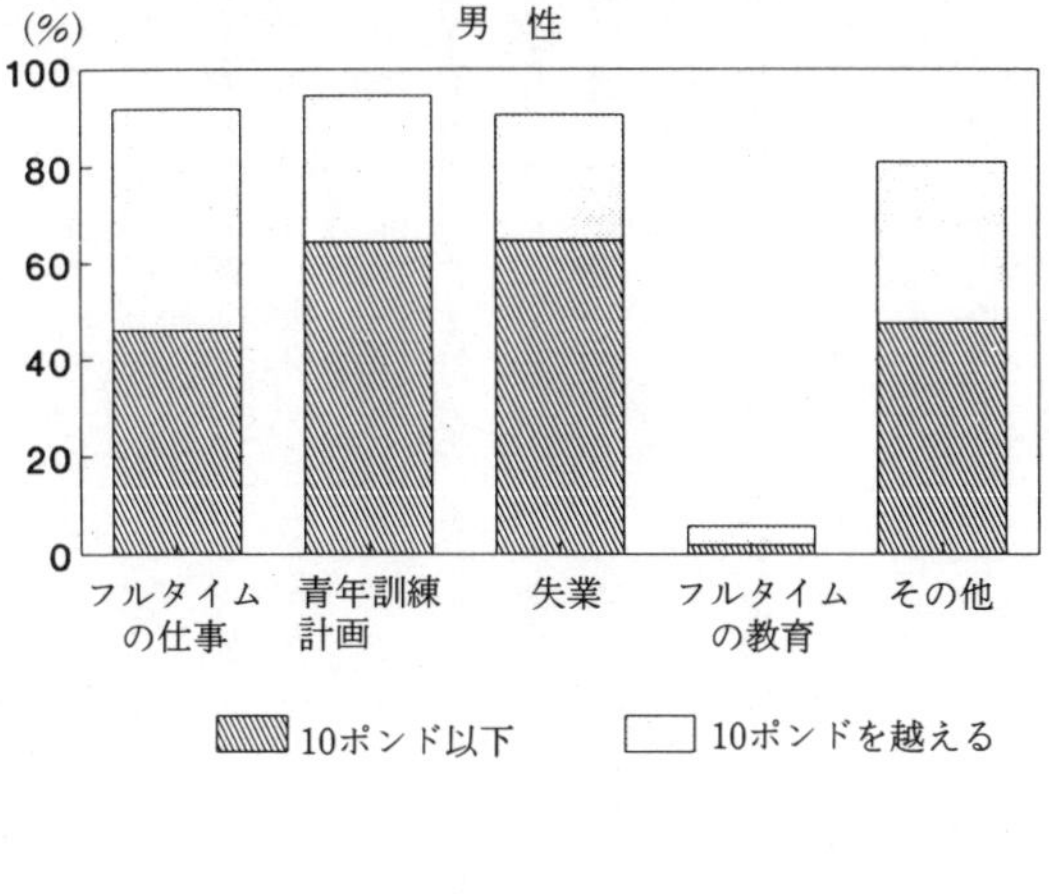

出典：Scottish Young People's Survey, 1985 (Jones, 1992).

べきであるが、調査データはこの問題の複雑さを完全に明らかにしてはいない。サウスウェールズの研究の中でハトソンとジェンキンス（Hutson and Jenkins, 1987）が示したように、失業中の若者の親は、親に食費を支払い、とにかく「自活している」というふりをするよう子どもに強く言っているがその後、辛苦を避けるためにその金を返す別の方法を見つけていた。したがって親子間の経済関係の一つの局面を測定する調査データには限界がある。他方、調査データは実際のところ、システマティクな変化を示している。

ＳＹＰＳ調査によれば、支払われる食費の額はまた、家族の経済状況にかかっていると思われる。父親の雇用上の地位、母親のみの家庭、社会階級の低さ、大家族等によって測定される貧しい家族ほど、若者は自分の食費分より多くを支払い、世帯収入のより多くの部分に貢献している。それを、支払われる絶対額が少ないからという理由で、実際の生活費を表わすものどころか、本人の食事の費用さえほとんど補ってはいないということを根拠にして若者の寄与をかたずけてしまうのはあまりにも安易すぎる。そうかたづけてしまうと、二つの重要な事実が否定されてしまうであろう。つまり第一に、その金額は若者の収入のかなりの部分を占めているかもしれないということ、第二に、その金額は貧しい家族においては、世帯収入の相当量以上にあたるかもしれない、という事実である（Jones, 1991a, 1992）。

賃金法令や最近の社会保障の改定が、若者の経済的貢献を見過ごしてきたのは不思議である。ロバーツと共同研究者（Roberts *et al.*, 1986: p. 29）は次のように指摘している。

親と暮らしている十六～十八歳の若者は、収入の必要性も家庭内での責任も最も小さいから、たとえ賃金が無理やり引き下げられても損害を受けることはないであろう、ということが暗黙のうちに想定されているように思える。

第三章で記述したように、政策が期待するところとは逆に、失業し低収入だからといって、必ずしも若者がもっと家族に依存するようになるというものではない。依存の程度はまた、家族の経済環境に関係しているのである。

家庭における労働

家庭の中で若者が行う仕事も、重要な経済上の意味を持っている。ジェイミソン（Jamieson, 1986）によると、若者は何十年にもわたって、家庭内労働の予備と考えられてきた。家庭内仕事は、報酬の支払い、食費支払いの免除、その他の経済上の報酬をもたらしているといわれている（たとえば、Jamieson and Corr, 1990; Jones, 1991a）。

親の家で若者がしている家庭内仕事は、ジェンダーによって異なり、掃除やベビーシッターのような子どもの世話は、若い女性の方がより多く行い、庭の手入れやペンキ塗りは、若い男の方がより多く（といってもわずかに多くだが）行っている（Griffin, 1985; Wallace, 1987a; Jones, 1992）。ウォーレス（Wallace, 1987b）によれば、娘は息子より食費として支払う金は少ないが、家事という現物で不足額を補っている。ジョーンズ（Jones, 1992）によるSYPS調査についての研究は、もっと複雑な構図を述べている。それによれば、家事の手伝いを、現物による食費の支払いと見なし得るのはミドルクラスの娘だけであり、労働階級の娘は、家庭内仕事と食費支払いという二つの重荷を背負っている。

家庭におけるジェンダーに基づいた社会化は、家内仕事のジェンダーによる割り当てを通して行われ

図４・２　親と同居し労働市場にある子どもと親との金銭交換

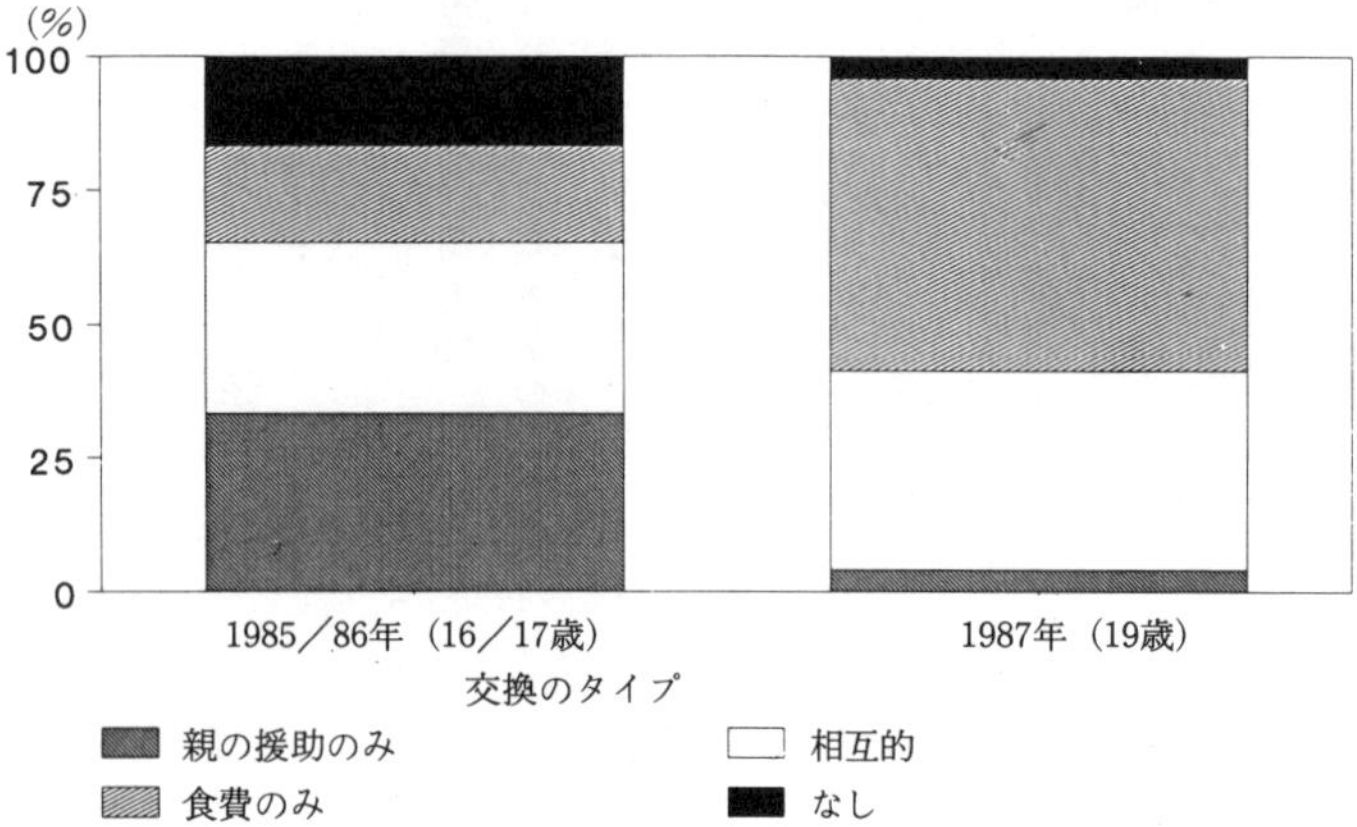

出典：Scottish Young People's Survey, 1985/6/7 (Jones, 1992)

るが、その一つの結果は、若い女性は親と暮らす間に、身の回りの世話（料理、掃除、洗濯、その他）を学ぶので、最終的に離家する時には、自立した生活の準備が十分整っているということである。それは、第五章で示すように、若い女性が移っていく家庭のタイプの中に反映されている。息子は自分の親、主として自分のために料理と洗濯をしてくれる母親に、より長い期間依存し続ける傾向がある。

経済関係と勢力関係の変化

これまでの議論に従えば、家族というものを一つの経済単位と考える際には、すべてのメンバーの役割が変化していることを考慮に入れなければならないことがわかる。図４・２は、これもＳＹＰＳ調査に基づくものであるが、小遣いという形で収入を親に依存する子どもの状況から、仕事や国家の手当てからの収入によって、「子ども」が親から経済的により自立するようになる状況までの間、若者とその親の経済関係が、純粋に経済的な意味で、どのように変化するのかを示している。もっとも一九八八年の社会保障規則の改定〔詳細は第三章に記述されている〕以来、国家の手当てに対する適格性が問題となっているが。この青年期から成人期への経済上の移行のプロセスは、若者が親と暮らしている間に始まる。十七歳の時点では、現金の一般的な流れは、親から子どもへという方向だけである。十九歳までには、少なくとも親元で暮らしているが、フルタイムの教育を受けていない若者の中では、食費という形で金銭の流れは子どもから親へと逆になる。この知見は、親子関係の中にある程度の相互依存（勢力の不均衡の中ではあるが）と「短期的互酬（short-term reciprocity）」というものがあること（Jones,1992）を示すものであるが、通常、青年期にこのような関係があるとは見なされていない。ハトソンとジェンキンス（Hutson and Jenkins, 1987）も同様に、若者とその親との間には、双方向の経済上の移転があるとコメントしている。

家族内で成長するにつれて、また勢力関係の変化が生じる。これらの変化の多くは、経済的基盤を持っている。子どもが自立への道を歩き始め、親の統制（control）から解放されるようになるのは、経済上の役割を担うことによってである。子どもがたとえ土曜日の仕事であろうと報酬を得るようになるや否や、親への依存は減り始め、家族の中での勢力を増していく。アラットとヤンドル（Allatt and Yeandle, 1986: p. 21）が指摘しているように、子どもは金を稼ぐことによって家計に貢献でき、ギフトを買うこともできるようになる。「収入は個人を気前よくする。そして物を与えるということは、与える者に力を与えるということである」。世帯に対して食費という形で貢献できるようになると、それとともに、夜遅くまで外出したり、金をもっと自由に使うことが認められるなどの新しい自由がもたらされることになる。ウィリス（Willis, 1984: p. 19）は、若い男性にとって賃金は、「労働の侵害と搾取、親の家への家父長制的な依存」から身を守る「黄金の鍵」として重要であると記述している。

このようにして青年期は、性格上かなり微妙で複雑な段階であり、とくに義理の親や兄弟姉妹から成る義理の家族においては、親子の間でなんらかの微妙な交渉が行われる。ニューソン（Newson, 1976）による七歳児研究以後、若者とその家族の関係に関する最近の研究（Allatt and Yeandle, 1986; Hutson and Jenkins, 1989）に至るまで、親子関係についての多くの研究は、役割と関係に関する交渉がどれだけ絶えまなく行われ、また変化しているかを強調している。フルタイムの教育が終了するなど、若者が成長した時、また親が失業するなど家族環境が変化する時、他の兄弟姉妹に対する調整が生まれることがこれらの研究からわかる。

パット・アラット（Pat Allatt, 1986: p. 14）が指摘しているように、交渉は単に親とだけではなく、他の家族メンバーとの間にも生じている。

したがって、大半の若者にとっての自立は、まず家庭内で、すでに確立した家族関係パターンの内部で広がる。しかし、自立を達成するためには、これらの家族関係パターンについてうまく対応していかねばならない。子どもが一定年齢に達したり学校を卒業するという事実は、親と子からは、世代間関係の変化の前触れと認識されているにすぎない。ところが働いて収入を得ることは、権利、義務、交換について親や兄弟姉妹と交渉する際に、より大きな勢力を若者に与える。

小遣いと経済的移転は、一つの例を示している。親がどのくらいの小遣いを自分の子どもに与えるべきかについては、客観的で定着したルールはない。アラットとヤンドル（Allatt and Yeandle, 1986）によれば、「公平のコンセプト（concept of fairness）」に従って、しかも若者が徐々に自立を獲得するのを許すために、正しいことを行おうとして、親が直面する困難を示している。そのねらいは、研究者が親子関係の微妙なバランス（Leonard, 1980; Finch, 1989）と描いたものを達成することである。大人になるということには、このような交渉が含まれているのである。それは依存から自立への移行のプロセスの一部であるが、依存と自立の状態の区別は必ずしも明確なものではない（Finch, 1989; Jones, 1992)。若者が離家する時でさえ、親との関係にはこの複雑さとアンビバレンス（二重傾向）の一部が持続している（Finch, 1989: p. 169)。

人々は、自分たちがめざしているものについては、かなりはっきりした考えを持っているにもかかわらず、望ましい関係は依存と自立の極めて微妙な混ざり合いで、それをうまく達成することは大変困難であると考えているらしい。

青年期における親子関係の中には、自分の子どもを依存させたままにしておきたいという親の願望と、自立した大人に成長するのを認めてやりたいという願望との間に、一種の緊張がある。それはダイアナ・レナード（Diana Leonard, 1980）の著作の中にも表われており、このような緊張を調和させる方法として、子どもが離家した後も「甘やかして」依存の要素を維持しておくという親の戦略が記述されている。またハトソンとジェンキンスも、失業中の若者がいる家族の場合には、選択の自由（choice）と分別（conscience）という点で、親には二つの平行するジレンマがあることを明らかにしている。彼ら（Hutson and Jenkins, 1987 : p.23）の次の知見は、アラットとイーンドルの知見とも、またレナードの知見とも同一である。

第一に、子どもを失業という辛苦から保護しようとする気持と、物事を心地よくしすぎて適切な金銭の価値を子どもに教えることを犠牲にしたくはないという気持の間には対立がある。第二に、若者に自立を許すことと、「監視していること」との間にも、矛盾がある。自分の息子や娘の失業は、これらの価値について自分たちが誤った取り扱いをしたためだと考える母親がいるであろうが、このことは驚くことではない。

若者が経済的に自立した大人に近づいていながら、なお親と暮らしている場合に、これらの緊張はピークに達するに違いない。われわれは先に、親子の経済関係が互酬関係に移動することや、若者が世帯にとって重要な稼ぎ手である状況、さらに子どもの成長を認めるにあたっては親のアンビバレンスがあることなどについて述べてきた。また、若者が自分に対しもっと責任をとるようになり、親の権威に依存しなくなるにつれ、勢力関係は段階的に変化することを述べてきた。その上、忘れてはならないのは、若者が成長し、成人期への移行上の諸問題を経験しつつある時期は、親の方は中年に差しかかっていることである。子どもに対する責任から手を引く時、同時に親たちは自分自身の親など高齢世代への責任を果たしつつあるように思われる。家族関係上の推移は、すべての者に多くのストレスを与えるであろう。それゆえ国家政策は微妙なバランスを崩さないように気をつけなければならない。

子どもは依存しているのか

経済上の移行と、権利や責任の取得の間には密接な関係がある。自分自身の収入（independent income）が得られるようになることによって、若者は家庭領域において権利を獲得し、親の統制からさらに解放されるようになる。しかし、そのために自分自身の生計の維持により多くの責任を取らねばならないし、子ども時代や依存状態と結びついていた小遣いをもらう権利を失うことになるであろう。このように大きな代償を払って親からの解放はもたらされるのである。

家族内での責任と権利という点からみると、経済的自立への移行は多くの場合、結婚前の時期だけではなく、若者が親の家から出るまでに十分始まっている。この事実は、親と同居している間は、若者は親に依存しているのだという政策上の仮説とは対照的である。雇用・訓練政策は、若者に成人の賃金をまるまる与えるよりは、「部分的な賃金」（Siltanen, 1986 の用語を使用するが）を与えている。また社会保障政策は、若者が親元で生活する時の経済的責任を全く考慮に入れていない。しかし実際には、親に依存するどころか、反対に親が子どもである自分に依存するほどに、家族経済にとって若者の収入が決定的な重要性を持つ場合もあり得るのである（たとえば Allatt, 1986 を参照）。

この段階で若者は、親の支配からもっと自由になるよう交渉することもできるはずだが、あいにく国家からの支援はほとんど得られない。社会保障法令の中で、社会保障の最低生活水準へアクセスする権利は、この十年間のうちに若者からますます剥奪されてきている（Roll, 1990; 第三章を参照）。すべての社会集団の家族が、これまでわれわれが見てきたミドルクラスの規範に従って行動すること、そして、子どもに対する経済的責任を拡張することをより一層強いられるようになっている。今では十八歳未満の若者は、もし職が見つからない場合には、親を頼るよう強いられている。彼らはたとえ失業中であっても、失業手当ての請求はできない。もし訓練計画の下にある場合には、親からの援助を引き続き得られるものと想定した訓練手当てが与えられている。成人に達した若者でさえ、親への依存を続けることができると期待されている。法律上の成人年齢（および政治的シティズンシップの権利へのアクセス）は英国では十八歳であるが、十八歳から二十五歳までの若い成人は、成人の社会保障あるいは成人賃金と同じレートを得る資格がない場合が多いことからみて、この段階では社会的シティズンシップに達してはいないということになる。

これらはすべて、依存を強制することによる社会的統制の一つの形態を表わすものである。それは社会保障規則によって現在実行されており、子どもの罰金の責任を親に持たせようとする刑事裁判法案によって拡大されようとしている。このようにして政策領域において、親の援助と統制はより強制的に結合されている。マースランド（Marsland, 1986）が論じているように、社会保障コストの削減と、「法と秩序」の強調という一組の政策を実行するためには、子どもをその親に依存させ、その結果親の統制下に置くことが必要である。このような状況では、若者が家族と国家の統制から解放されるか否かは、雇用次第なのである。

しかし、解放という概念を若者に適用する場合には、多くの問題がある。パーソンズ（Parsons, 1956）は、家族がどのようにして子どもを依存から解放する手助けをしなければならないかを指摘した（Parsons, 1956: p. 1）。ベック（Beck, 1987）は、家族内での若者の強制的な解放について述べている。ハリス（Harris, 1983）は、親の統制からの解放は、独立世帯への移行（第五章で掘り下げる論点）によって生まれると述べた。経済的依存は統制と結びついている。逆に経済的自立は、自律（autonomy）と自由をもたらす。

若者の場合、解放と自立は戦って得るべきものなのであろうか、それとも与えられるべきものなのであろうか。ギデンズによれば、解放政策とは、搾取、不平等、抑圧をもたらす不法な支配を克服する試みである（Giddens, 1991: p. 211）。事実これまで児童と若者の搾取の防止を目的とする運動が存在してきた。もっとも、一般的にこの運動は、若者自身によってではなく、若者に代わって大人が行ってきた。今世紀の子どもの権利運動、十九世紀の児童労働および児童虐待に反対する運動はすべてこの種のものである。現在、若者の権利を要求する主要な圧力団体はユースエイド（Youthaid）である。子どもと若者は、大人に依存し、また大人が支配しているために、あるいは均質な集団でないために、自分自身のために敢然として戦うことはできないのである。しかし、大人による支配は必ずしも不法ではないし、また大人への依存というわけでもない。とくに子どもに対する親の世話と統制のためには、支配と依存は必須である。対立が持ち込まれるのは青年期であり、この期間に、依存する子どもが自立した大人になるのである。その際、個人レベルの解放は、家族内で努力し、勝ち取ることができるが、社会レベルでは、若者は社会集団として権利を主張する真の力はない。だから青年期の権利と責任は上から与えられるのである。

しかし、根本的な曖昧さがある。解放とシティズンシップの地位は、経済的自立から生まれるのだが、その経済的自立を達成するためには、若者の解放に対する何らかの認識と、いくつかのシティズンシップの権利へのアクセスが必要である。それが「二重拘束（double-bind）」を作るのである。加齢とともに、多くの若者がそれに従属させられている。

第五章　離家と家族形成

第四章で示したように、自立への移行上の出来事のいくつかは、親と同居している間に始まるわけだが、たいていの若者にとって、自立への最初でたぶん最も象徴的なステップを歩み出すのは、親の家を離れ、自分自身の家庭を持つ時である。われわれはこの章で、離家がどの程度解放と自立を表わすのかを検討する。そしてまた、世帯・家族形成の全過程が、離れつつある親の家や、市場の不平等や、国家政策の圧力によってどのように構築されるのかをみる。

離家は、若者の公共世界と私的世界の結接点で起こる。離家の過程で若者は、家族関係という私的世界を離れ、公共世界と、住宅市場や労働市場その他の成人の制度のフォーマルな関係に出会うことになる。これらの変化は、依存的子どもから自立的大人への移行の中間地点で起こる。それゆえ、離家と世帯形成は、家族形成や卒業後の教育、あるいは労働市場への参入といった移行と結びついている（Bloss, *et al.*, 1990 も参照のこと)。これらの移行は相互依存的に起こるのである。

ここで、世帯形成と家族形成に関係する成人期への移行について考察してみよう。最初に、これらの移行が時代とともにどう変化してきたのかを調べるが、成人期を単純に定義することは難しいということがわかるであろう。本章の第一の目的は、離家の移行段階としての意味を検討することである。第二の目的は、実証研究の知見を用いて、離家と解放との関係をさらに綿密に調べることである。ここでは先に取り上げた青年期のシティズンシップに関係するいくつかのテーマを結合し、青年期における市民的、政治的、社会的権利相互の関係を検討し、またそれらへのアクセスの実態を調べる。そしてさらに、青年の経済的地位とシティズンシップの権利へのアクセスを構造化する政策の土台となっている、依存と自立に関するいくつかの仮説に疑問を呈する。

変わりつつある移行のパターン

就職、離家、結婚、大人の地位獲得という出来事の間の関係は複雑であり、それは時代とともに変化してきたものと考えられる。英国における社会史学者および人口学者の研究は、離家と結婚の絆（marital partnership）の形成の間の関係が、とくに変化してきたと述べている。したがって、重要なのは、大人の地位を得る上でのこれらの出来事の意味を再検討することである。

成人期への移行のそれぞれの道程（pathway）の性質は、時代とともに、そのタイミング（時機）の点からみても特性の点からみても変化してきた。雇用経歴と家族形成との関係、あるいは家族形成と世帯形成との関係など、移行の道程相互の関係も、とくに移行のタイミングやその間隔の点でまた変化してきた。それは主として、個々の移行の道程に影響を及ぼす構造が、変化してきたためである。われわれは、経済的地位と収入へのアクセスに影響を及ぼす教育、雇用、訓練の構造（第二章）、および社会保障制度の構造（第三章）の変化を、また第四章では、家族構造にどのような変化が生じたのかを検討したが、大人になるパターンもその変化の影響を受けており、家族生活についてのわれわれの仮説は再検討を迫られている。このような理由から、すでに述べた通り、構造とプロセスの両方のパースペクティブを青年期の研究に組み込むことが重要なのである。

社会史学者は、成人期への移行上の出来事間の関係と、その出来事のタイミングと間隔は、時代とともに変化していることを示している。就職、離家、結婚、子どもを持つという出来事間の時間関係は、これらの出来事をすべて経験する人々の場合にはとくに変化してきた。実際に、一般的な移行パターンは時代とともに変わってきたのであるが、十九世紀と二十世紀初期には移行上の出来事間の間隙が広く、つぎに、二十世紀中期にはその間隙が狭くなり、実際、出来事間の関連性も最も大きく、やがて至福千年期（millennium）が終末に達するにつれ、今度は再び出来事間の幅が広くなり、関係が小さくなっているという砂時計に似た形態をとっている、とギリス（Gillis, 1985）は記述している（図5・1を参照のこと）。この枠組みの中で、成人期への移行上の出来事の意味は変化してきた。第一章の青年社会学の展開についての議論の中で、理論が時代とともにどのように変化してきたかを示したのであるが、実際、青年期と移行に関する概念は、これ

図5・1　間隔が狭くなったり、広くなったりする移行？

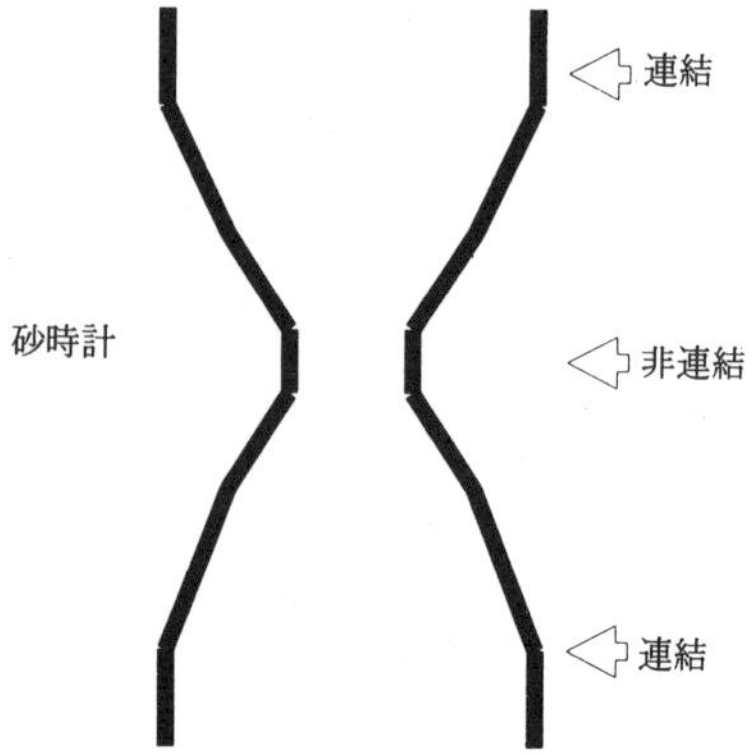

図5・2　世帯形成の移行

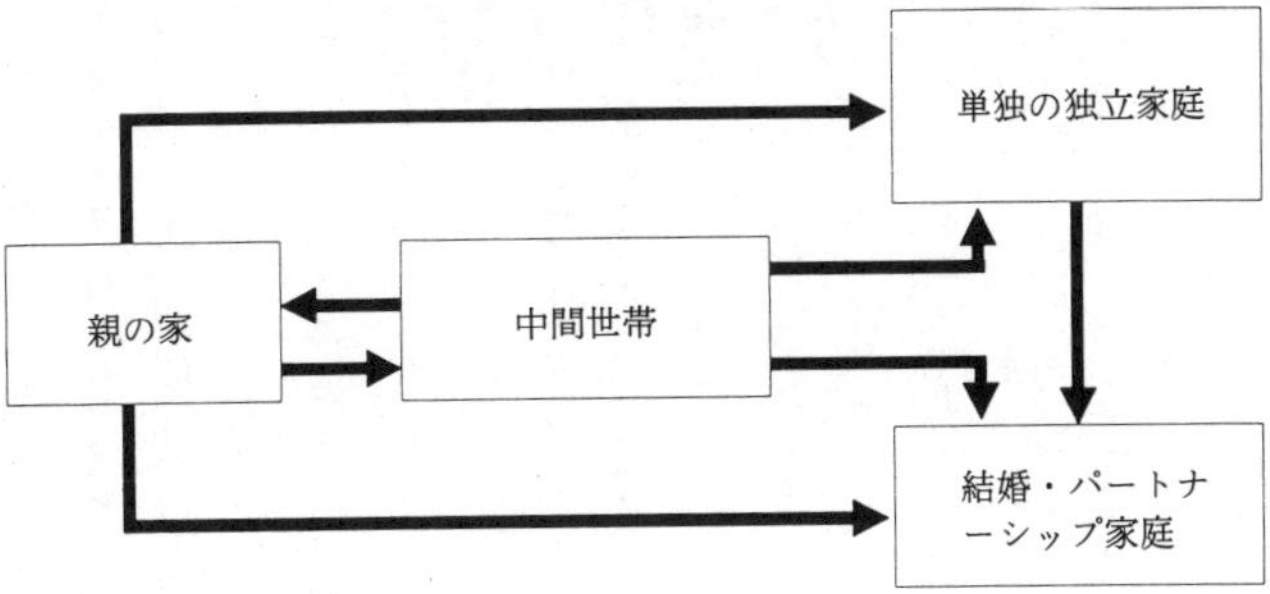

らが形成された歴史上の時代を反映している。移行上の出来事の間隔が最も接近している時には、機能主義者は、単一の移行パターンに基づく社会化の理論を展開した。近年、移行のパターンが多様化し複雑さが増すにつれ、そして移行上の出来事間の関係がゆるむにつれ、青年期についての多くのポストモダン思想が支持を得始めている。

大人の地位の獲得

成人期への移行がより複雑になり、さらに移行相互の連結がゆるくなるにつれて、何をもって大人の地位が達成されたしるしと規定するかが困難になる。図5・2は、離家、世帯形成、家族形成の本質が、時代とともに、どのように変化しているかを考える枠組みを提供している。前産業時代には、子どもは十歳で親の家を離れることが多く、他の世帯の住込み奉公人となった。彼らは結婚して自分の世帯を形成するまで、十五年前後をこの代理世帯で過ごした(Laslett, 1971)。十九世紀中期においても、上流階級の若者は親の家に長く留まっていたが、労働階級の若者は青年のうちに離家し、他の世帯に奉公人あるいは徒弟として住み込むか、地方の村から出て都会の身内に寄宿した(Anderson, 1971, 1983; Wall, 1978)。この時代の多くの若者は、依存する子どもとして親元で暮らす時期と、自立した大人として「結婚家庭」を営む時期の間に、中間的世帯を持つ時期があった。この時期は、おそらく、子ども期と成人期との間の緩衝機能を果たした。それゆえ離家自体が大人の地位を獲得することにはならなかった。大人の地位は、主に、結婚し親になることによって得られたのである。

二十世紀の中頃までには、とくに、離家と結婚の間隔が短くなるなどの、多くの変化が起こった（Anderson,1983）。そして移行上の出来事の間隔が、最も接近する段階（「砂時計」の管が最も狭まった部分）に達した。パーソンズとコールマンのような機能主義社会学者は、主に一九五〇年代と六〇年代に研究を繰り広げ、成人期への移行を規範的で単一のパターンとして描いている。実際彼らの研究は、移行上の出来事の間隔が最も短く圧縮され、接近する歴史上の時代と時を同じくしている。機能主義者の理論は、家族、労働力、社会階級構造のような社会制度の再生産はすべて、社会的再生産の循環過程を形成するものであると仮定していた（Willis, 1977; Aggleton, 1987; Wallace, 1987a）。社会の新規成人メンバーは、適切な訓練を受け、期待を抱いて社会へと「挿入され（inserted）」たのである。このように教育は労働者を作り出した。そして、仕事は特別の家族生活モデルを生み出した。そしてこの家族モデルがまた、特別の消費形態やジェンダー役割と結びついたのである。

戦後の初期には、確かに離家と結婚とはますます結びつくようになった。そのため、社会科学者は結婚年齢を離家年齢の代理変数として用いることができるほどであった（これについては、ヤング（Young, 1984）がオーストラリアで、またキーヤナン（Kiernan, 1985）が英国において指摘している）。それは、いくつかの要因に基づくものであった。最低卒業年齢の上昇、進学者数の増加、結婚年齢の低下（Kiernan, 1983, 1985）、比較的安価な賃貸住宅の入手可能性などがそれらの要因である。したがって、離家は結婚と親になることに一層結びついたことから、大人の地位の達成上、離家はさらに重要な意味を持つようになった。

ところが近年、成人期への移行はさらに長期化し、出来事間の間隔は長くなり、移行プロセスはより複雑になっている。「砂時計」の幅は広がっている。七〇年代の経済不況と製造業の衰退に伴って失業が増大し、雇用されるよりも訓練計画に参加する若い卒業者がますます増加した。さらにまた、六〇年代に「性革命」〔人々の性行動や性意識に急激な変化が生じたこと。その結果、禁欲主義的性道徳が衰退した〕が起こり、また避妊薬の知識が増し、避妊薬が入手しやすくなった結果、家族形成への移行の本質も変化した。また、住宅市場の縮小の影響を受けて世帯への移行は変わった。さらに、高インフレーションにより、「最初の家庭」を始めるためのコストの上昇でそれが困難となった。その結果、「結婚」家庭の本質そのものが変化した。初婚年齢は上昇し、出産を先に延ばすカップルが増えただけでなく、しばしば、結婚への準備行為として同棲する者が増え、さらにまた、同性愛関係を作る者が増えた。われわれは、原因または結果を網羅的にリストにしているわけではなく、パーソンズが描いたような規範的な移行パターンが、弱くなってきたことを示しているのである。成人期への移行プロセスは普遍であるという点に疑問を投げかける研究者もいた。たとえばポール・ウィリス（Paul Willis, 1984）は、青年期の失業は大人になるプロセスを妨げていると警告している。他の研究者は、彼よりは穏当な見解をとっており、青年期の失業のために、移行のパターンが崩壊したのではなく、むしろ変わったのであると述べている（Wallace, 1987a; Hutsonand Jenkins, 1989）。したがって失業の経験を持つ若い女性は、経験を持たない者よりも十代で母親になる可能性が大きい、といわれている（Phoenix, 1991）。それと同様に若者の間では、多産と失業との間には何らかの関係がある。もっとも、その本質的関連性については不明である

(Payne, 1989)。

家族形成

第四章では、家族崩壊から生まれた家族構造の最近のいくつかの変化を議論した。また、キーヤナンとウィックス（Kiernan and Wicks, 1990）が示しているように、近年、家族形成にいくつかの重要な傾向がみられる。若者の同棲はさらに一般的になり、その結果、若者の結婚は減り、結婚年齢は上昇している。十代の女性の結婚比率は、一九八〇年から八七年の間に半減した。初婚年齢の中位値は、七一年の二一・四歳が八〇年には二一・八歳になり、八七年には二三・三歳へと上昇した。今の若い大人の中では、結婚しているカップルよりも、単身女性と同棲カップルの方が多いことを、キーヤナンとウィックスは示しており、「結婚前の同棲は、事実上大多数がとる行動である」（Kiernan and Wicks, 1990: p. 8）。

それにもかかわらず、マンスフィールドとコラード（Mansfield and Collard, 1988: p. 199）が指摘しているように、大抵の人々は依然として、人生のある段階で結婚している。結婚の意味が変化しおそらく消滅したのである。若者の表明した考えは、この二人の研究者に、彼らの著書のタイトル〔『あなたたちの人生の残りの部分の始まり』〕を知らず知らずに提供することになったが、それは少数になる一方かもしれない。

> 結婚は、すべてが始まるところである。もうあなたたちは子どもではない、あなたたちは今独力でのり出していくのだ。それはあなたたちの人生の残りの部分の始まりなのだ（傍線は筆者の強調）。

離婚の比率や結婚の崩壊が増加したことにより、最初の結婚は、人生のもう一つの段階を表わすものになったということなのかもしれない。結婚へのルートは、往々にして全く「偶然の小道」である、とマンスフィールドとコラードが認めているように、結婚から抜け出るルートも同じであろう。

八〇年代の同棲の増加は、結婚と出産の分離が大きくなってきたことを意味するものであった。女性の初出産年齢の中位値は、一九七〇年の二十四歳から、八七年の二六・五歳へと上昇した（Kiernan and Wicks, 1990）。そして、八八年には二十五歳以下の女性の出産の三分の二は、婚姻外で生じたものであった。しかし同時に、婚外子の出生届は、女親だけからではなく両方の親から出される場合が増加しており、さらに出生届けを出した二人の親が同棲しているというケースが増えている（Kiernan and Wicks, 1990）。これは同棲関係の性質が、とくに父親の責任という点からみて、変化しつつあることを示唆している。同棲は社会的に受け入れられるものになっており、しかも結婚による家族生活のイデオロギーの多くを有しているという指摘があるにもかかわらず、政府は親の道徳規範の表面上の崩壊を懸念して、より多くの責任を親にとらせようとしている。

それと同様に、十代の妊娠を「道徳的パニック」とする見方の一部には、若い女性が住宅供給の順番を飛び越え、福祉の恩恵などを得るために妊娠を利用するのではないかという懸念があるように思われる。ウィリス（Willis, 1984: p. 13）さえ、高水準の失業の結果、次のような事態になるかもしれないと述べている。

将来の一家の稼ぎ手という男性の役割の消滅は、両性間の性的でロマンチックな関係を根本的に変えるかもしれない。もしあなたが、若い男性の稼ぐ力では親の家から脱出できないとすれば、それに代わって「自分の場所を得る」には、単に妊娠して住宅と扶養を国に頼りさえすればよいのだ。

しかし、妊娠は住宅戦略を表わすという考え（Greve and Currie, 1990）を支持する証拠は見あたらない。もっとも早期の妊娠とホームレスが、他の因子に影響されて、同時に現れることはあるかもしれないが。さらにその他の研究によれば、十代の母親は年長の母親より「悪い」親になると見なす理由は見あたらないことがわかる。しかし、証拠はないにもかかわらず、道徳的パニックが多数存在し（Phoenix, 1991）ているために、十代の母親は、全く支持されていないと感じるかもしれない（Sharpe, 1987）。

世帯形成

最近の研究からわかるのは、世帯形成のパターンにさらに変化があり、また離家の意味がもう一度変化しつつあることである。若者は、単身でいようが仲間と一緒でいようが、単独の独立世帯を作っており、こうした世帯は、パートナーシップとも、あるいは離家した若者が誰かの家庭に入るような中間的世帯の一部とも結びつかないことがより一般的になってきた。個人または仲間集団の独立世帯の増加は、全く新しい現象であろう。もっとも、後でわかるように、古いパターンもなおこれらの新しいパターンと共存している。しかしこれらの新しい現象が意味しているのは、ハリス（Harris, 1983: p. 221）が示しているように、今や若者は、大人の地位を得るために、結婚したり親になるのをあてにすることはないということである。今や彼らは、親のコントロールから解放され、自分自身を結婚前の自立者と見なしているのである（Bloss *et al.*, 1990; Galland, 1990 を参照）。それは女性の場合には、親に依存する子どもとしての時代と、結婚し親となったために以前よりもっと夫に依存する時代、という二つの時代にはさまれた解放の期間を意味しているかもしれない。つまり若者は世帯主になることによって市場での力を持つ立場に立つはずであり、そのように自分が位置づけられる社会に、市民として完全に参加できるであろう。それが事実であるかどうかを次節で調べることにする。

成人期への移行の変化

時系列的にみた変化とは別に、社会集団間の移行パターンは体系的に変化するため、その構図はより複雑になっている。すでに第四章において、経済的な意味では、大人になるプロセスが社会集団の間で異なっていることをわれわれは見てきた。それは成人期への移行に関連する出来事のタイミングと間隔についても当てはまる。ここで、他の分野でより十分に報告されている研究を引用しよう（Jones, 1987b, 1990a を参照）。最初に、全国児童発達調査（ＮＣＤＳ）や、一九八一年時点で二十三歳であった出生コーホート調査、並びに一般世帯調査（ＧＨＳ）からの知見を示そう。これらの知見は一九八〇年頃の状況を扱ったものである。この時期は、一九七九年に政権に就いた保守党政府によって多くの政策転換が行われる前であり、また広範囲に若者の失業が増加する前であり、学校と仕事とのギャップの増加を埋めるために訓練計画が導入される前であり、さらにまた賃貸住宅市場が大幅に縮小した時期よりかなり前である。これらの要因はすべてその後、移行のパターンに影響を及ぼすことになる。

図５・３は、移行の出来事が起こる年齢の中位値を用いて、成人期への移行のタイミングと間隔が社

図5・3　青年期の移行の出来事

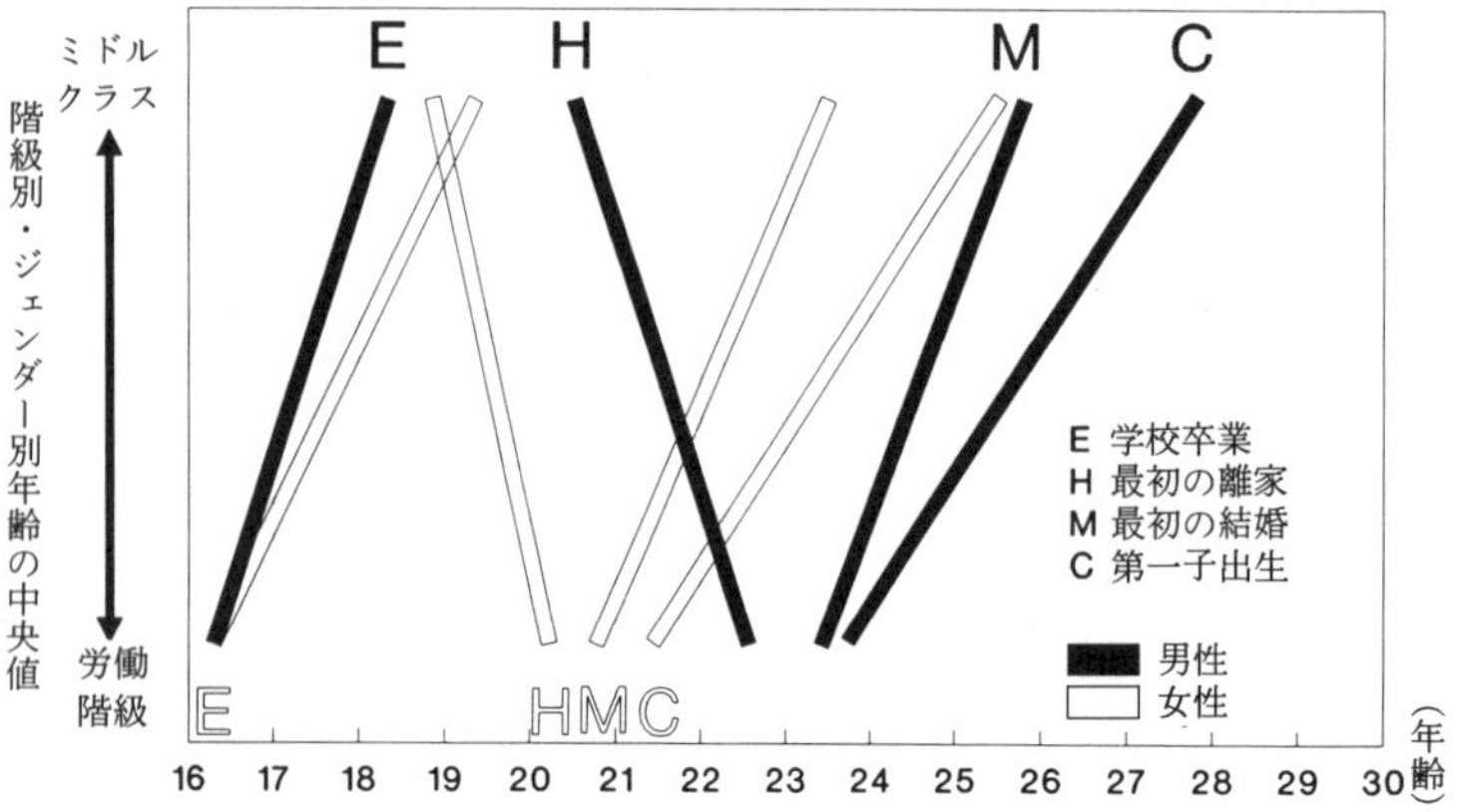

出典：Jones, 1988 (Figure 4)

会階級やジェンダーによってどう違うのかを示している。ただしこの図は概略を示したものである。ここでの初婚とは、同棲関係か「結婚生活」である。労働階級の人々は、ミドルクラスの人々より早くフルタイムの教育（E）を終了し、就職し（W）〔図には示されていないが〕、結婚または同棲し（M）、第一子が誕生する（C）ことがこの図に明瞭に示されている。女性は男性より早く、結婚または同棲して子どもを持つため、異性配偶関係の場合、男性の平均年齢は女性より二歳上という傾向がある。この図は、移行のタイミングだけではなく、移行の間隔がどのように変化するのかを示している。フルタイムの教育を終ってから（E）、結婚生活を開始する（M）までの時間間隔は二つの階級間で一定であるが、ジェンダー間では異なる。その結果調査時点で、二つの移行間の平均時間間隔は男性では七年、女性では四年であった。このことは、英国では、フルタイムの大学・専門学校教育が、事実上成人期に達するのを引き延ばしていることを示している。英国の学生（「成人学生（mature student）」以外の）が安定した配偶関係や子どもを持つことは、通常ない。それは学生間の結婚が一般的である米国の状況とは対照的である（Kerckhoff, 1990）。このように教育は、社会階級と移行パターンの間の重要な媒介変数として作用しており、結婚または同棲のタイミングを構造化している。

一方、図5・3をみれば、ジェンダーの相違の特徴が浮きぼりにされている。男性は、結婚する前に女性より長い期間働いている。多くの夫妻間にみられる年齢の不均衡を生むメカニズムが明確に確認されたことはないが、それはおそらく、出身家族内で起こる将来のジェンダー役割への社会化の程度だけではなく、職業構造、あるいはキャリア機会において存在するようなジェンダー間の不均衡の反映であろう。また図5・3は、社会階級の違いからくるいくつかの直接的な影響が支配的であることを示している。世帯と家族形成上の出来事（離家、初婚、第一子誕生）の相互の連結は、ミドルクラスの方が密接ではなくなっている。さらに、ウォーレス（Wallace, 1987a）も示しているように、結婚（または同棲関係）および第一子誕生は、ミドルクラスよりも労働階級の方が早い。最後に、離家（H）はミドルクラスよりも労働階級の方が家族形成（結婚）と結びついていることをこの図は示している。

以上のことから、成人期へ到達するさまざまな人生の出来事の意味を理解しようとするなら、社会階級とジェンダーの相違を説明する必要があることがわかる。障害（Clarkand Hirst, 1989 に基づく）や人種に基づく相違も存在するだろう。しかしそれらは複雑であるし、いずれにせよこのようなデータ表から知ることはできない。しかし、社会階級とジェンダーの相違に関して、次のような一つの疑問がわく。女性および労働階級の人々など、社会的に不利な人々が社会的に有利な人々よりもなぜ速やかに、ここで述べたような意味での「大人」になるのだろうか。

「大人の地位」は何を意味するのか

成人期の定義は社会心理学によるものが多く、若者が通過すると思われるさまざまなステージ（たとえば、卒業、就職、求婚、離家、結婚、出産等）を指して言っている場合が多い。もっとも実際には、必ずしもすべての人々がこのような計画的な道筋に従うことはなくなっている。いくつかのステージはとばされている。親になってから結婚するといったように、道筋が逆転する場合もある。離家した者が再び親のもとに戻って暮らす可能性もあるが、それでも大人と認められるのである。第四章が示しているように、家族構造が多様化し関係が複雑になっている時、ある家族あるいは世帯形態の中のある個人の位置を大人としての自立と、また別の家族あるいは世帯の中のある個人の位置を、子どもとしての従属とどのように結びつけることができるのであろうか。大人の地位とは一体何を意味するのだろうか。独立家庭を持つことや、結婚して親になることによって大人の地位を獲得することができるのであろうか。それは経済的・社会的な地位、身体的な成熟、法律の上で大人のシティズンシップが認められること、などと関係はないのであろうか。

ウォーレスは、前産業社会における大人の地位達成のしるしであった「通過儀礼」の代わりに、現在では、私的、公共的、公式的に決定、承認され得る地位の「標識」があると述べている。私的な標識とは、初めての性体験、初めての飲酒など実際極めて私的なものであり、必ずしも他人によって承認されたものではないが、それでも重大な地位の「取得」かもしれない。公共の標識とは婚約パーティー、結婚式等の主に家族や共同体からの認知を得るものである。公式の標識とは資格証明書、失業手当を得る権利、または抵当権の授与などである。大人の地位は、私的、公共的、公式的世界それぞれで異なる意味を持っているかもしれないが、それぞれの世界における認知が必要であるという点が重要である。

実際、概念としての成人期はそれ自体の意味がないほど、身体的な属性、年齢、および経済的、社会的、法的定義の混合体であるように思われる。成人という法律上の年齢（英国では現在十八歳）に達することで大人になる、という意味は失われている。なぜなら、かつて大人の地位と結合していた福祉支給に対する権利は、成人に達したからといって得られなくなったからである（第三章を参照）。大人の地位や、シティズンシップに関係する権利と責任が公式に認められる年齢（概要は表5・1を参照のこと）を調べてみると、これらの法律や規制は、恣意的な根拠以外のどのような根拠に基づいて作られたのかと、不思議に思わないではいられない。さまざまなガイドラインの組み合わせがさまざまな規則の組み合わせの根拠を作っているように思われる。

これらの規則は、個人のライフコースに関係なく、物理的年齢によって大人というものを決定しているという意味で、われわれからみると恣意的なのであるが、その恣意的な規則の結果、近年英国では、青年期が一部の若者やある領域では、公的には極めて大きく延長されてきた。第三章で見たように、一九七九年以降の国家の福祉政策は、若者に対する国家

表5・1　法律における移行年齢

年齢	法　　　律
10歳	犯罪責任年齢（スコットランドでは8歳）
13歳	児童雇用最低年齢
16歳	卒　　業
	承諾年齢（異性に対する）〔とくに少女の結婚・性交などに承諾を与え得る年齢〕
	スクーター運転
	親の承諾による結婚
17歳	成人としての裁判権
18歳	成　　人
	借家契約（スコットランドでは16歳）
	飲　　酒
	失業手当の請求
	社会保障の請求
21歳	以前の成人年齢
	合法的なホモセクシュアリティ（男性）
25歳	成人水準の所得給付
26歳	住宅手当規則での成人

の責任を減じ、その責任を親に転嫁しようとしている。福祉手当は、より一層年齢によって格付けされ、依存年齢は引き延ばされた。現在はいくつかの福祉手当の権利が与えられるのは、二十五歳からである。そのため、本人か配偶者が安定した確実で賃金の良い雇用の場を持っていない限り、この年齢未満の若者が離家し、独立世帯を首尾よく維持するのは、一層困難になっている。そのため初離家年齢の中位値は上昇している。このように以前に比べると成人期への移行は、雇用へのアクセスによってかなりの程度構造化されているのである。

成人期の定義には明らかに問題がある。何人かの研究者、とくにフランスおよびドイツの研究者は、定義の問題を強調して、「脱青年期（post-adolescence）」について述べ始めている。これはライフコース上に新しく出現した段階であり、教育期間の延長、そして十八歳を越えて時には三十歳台まで続く、親への依存期間の延長ということによって特徴づけられた段階である（ドイツにおいてはZinneckar, 1981。フランスにおいてはGallard, 1990; Gaiser; 1991）。このように、ライフコース上の新しい段階を定義することで、これらの展開を説明する必要性があるというのは、青年期の移行のプロセスを説明し、また成人期それ自体を再定義するための強力な理論が必要とされていることの反映である。言い換えれば、移行上の出来事の関連性の減少、移行形態の多様性（diversity）の拡大、およびさまざまな社会集団間で移行が変わりうること（variability）は、青年期だけではなく成人期を理解するための理論的枠組全体（構造の点からは「垂直的な」、プロセスの点からは「水平的な」）の崩壊を招いているということである。

大人の地位を築くことはどの点で望ましいとされるのだろうか。それは、大人の地位に関係することの多いひとまとめの権利と責任、とくに完全な形で社会に参加する権利の点であろう。仕事のない若者に大人の地位を与えないで、経済的地位がどのようにして大人の地位達成を組み立てるかを、われわれはどうやって説明したらよいのであろうか（Willis, 1984 が述べているように）。市民の権利は、ある年齢になれば獲得されるかもしれないが、現実には、これらの権利へのアクセスは経済的地位によって構造化されている。完全な社会への参加は、結婚および親になること、という伝統的な大人の地位の標識と必ずしも関係していない。実際には、女性の場合結婚は経済的依存を生み出し、完全なシティズンシップの権利へのアクセスを、増すよりはむしろ制限する可能性がある。シティズンシップの権利だけでなく、シティズンシップへのアクセスという点から成人期を見ることによって、概念上の困難のいくつかは克服できるのであり、そこで初めて、女性と労働階級（いずれも不利益を被っているグループである）がなぜ伝統的な意味で大人の状況に最初に到達するように見えるのかが良く理解できるのである。

これこそが、離家のプロセスおよび世帯形成上の目に見える不平等を理解する必要のある背景となっている。第四章では、経済上の自立への移行は、親の家庭という私的領域において親子関係の中で演じられ、したがって解放への動きと結びつくことを示した。それと関連して、離家のパターンを調べることが重要である。ここでわれわれは、離家と世帯形成に伴う自立と解放の程度を問題にしようと思う。次節では、青年期に進行中の不平等、そして国家が若者の生活に介入し、一層階層化する新しい方式の二つを示し、シティズンシップ論をさらに展開することによって、離家が社会への完全な参加の始まりとなるかどうかについて考察する。

離家による自立

すでに指摘したように、重要なのは、依存から自立への移行は若者が親の家やそれ以外の出身家族で暮らしている間に始まることを認識することである。しかし社会保障政策では、若者は親に依存しながら、親から市民としての権利を引き出すことが出来るのだと仮定されているために、この事は認められていない。親元に暮らしていても、親に依存していると実際には見なせないような場合には、その若者は、離家すれば自立者になるといえるのであろうか。離家は、家族という私的世界から公共世界に移ることを表わしている。依存と自立の問題は、さらに目に見えて家族から国家へと移る。この移動によって、国家に対する彼らの位置は、多少は明確になってくるのであろうか。

大抵の人は人生のある段階で、ある程度のプライバシーと自由を求めて、親の家を離れる。アランとクロー（Allan and Crow, 1988）は、プライバシーあるいは支配できる自分自身の空間が欲しくて、自分の家を求めた若者について言及している。離家年齢の中位値（NCDSコーホートでは）は、女性は二十歳、男性は二十一・九歳である（Jones, 1987b）。それは、現在の政府のイデオロギーと政策の中に反映されている成熟年齢より、かなり低い。

離家は、経済的自立や親の統制からの解放とどの程度関連しているのであろうか。多くの場合、この両者は関連しているが、それにもかかわらず、両者を直接関連づけることには多くの問題がある。第一の問題は、離家という行動が、必ずしも解放を求めるものではないのであり（たとえば、Harris, 1983）、若者は親の家から離れる時、必ずしも独立世帯を作るとは限らないことである。第二の問題は、選択からではなく、種々の制約のために離家することが多いことである。第三の問題は、離家する時、すべての若者が住む場所を手に入れられるわけではないということである。最後に、若者は必ずしも出身家族とはっきり断絶してしまうとは限らないということである。離家した後再び戻り、その後二回目、三回目の離家をする者がいる一方で、最初の離家が自立した生活へ向かう最終段階であるという若者もいる。これらの要素を考慮に入れて、われわれは順次それぞれについて議論し、社会政策に対してそれらがどのような意味を持っているかを考察する。ここでは、離家後の世帯のタイプに焦点を当てる。若者が入る住宅のタイプ、住宅市場との関係については第六章で議論する。

独立世帯と中間的世帯

最初に、離家が自立への要求であるのかどうかを考察しよう。この領域の移行に関する研究がほとんど着手もされていないのに、世帯形成のパターンの変化について述べることは実際困難なのであるが、重要でおそらく意味のある変化がそこには起こっているように思われる。若者は離家後、以前よりも独立世帯を作る傾向があることは明らかである。これは英国のみならず、フランス（Galland, 1990）およびドイツ（Bloss *et al.,* 1990）でも観察されている。それは時には単独世帯を意味する。あるいは友人と共同生活することを意味する。しかしまた、若者はしばしば親以外の親戚と暮らすか、ホステル、看護婦寄宿舎、営舎等の施設で暮らすという中間段階もある。したがって、離家年齢と結婚年齢が離れることは、必ずしも独立世帯の増加を意味することではないし、結婚も、必ずしも世帯形成を意味するものではない。また、離家は必ずしも借家人または買い手として、住宅市場に参入することを意味するものではない。

図5・4　19歳の世帯

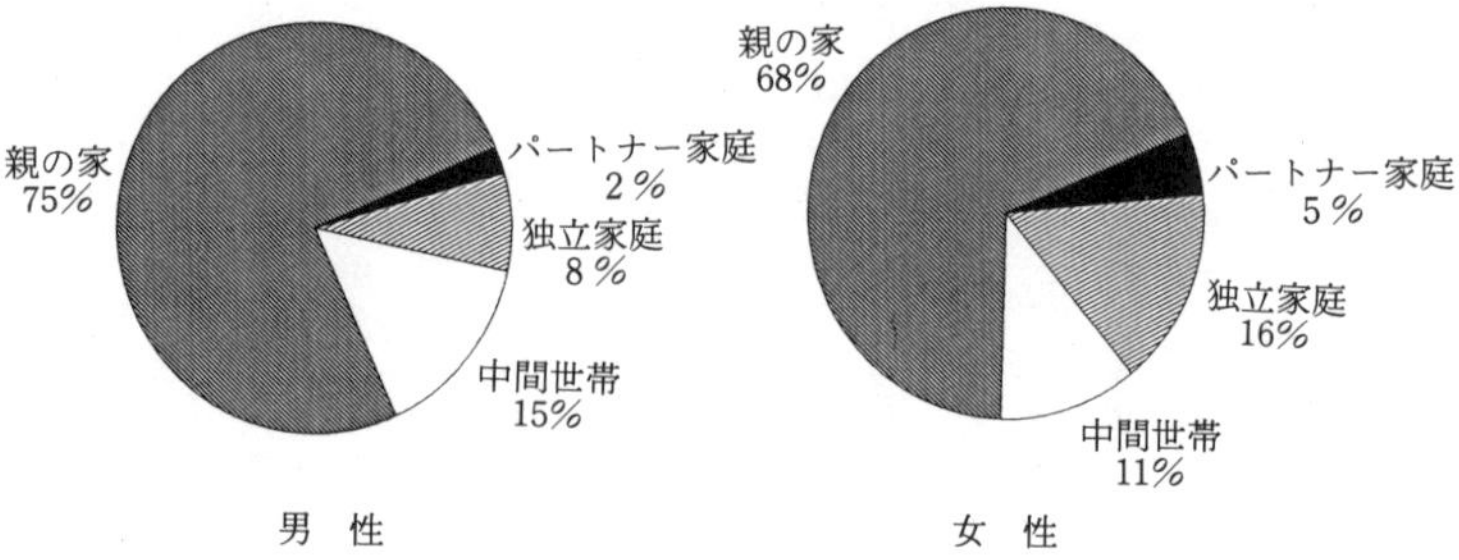

出典：Scottish Young People's Survey, 1987.

図5・4はスコットランド若者調査（SYPS）の一九八七年分のデータに従って、この地方の十九歳前後の若者の世帯状況を示している。世帯のタイプは、図5・2に示した分類基準に従って定義されている。新しい行動が生まれつつあるとはいっても、実際には離家する若者の多くは、中間的世帯に移動することがこの数字からわかる。これは十九世紀の寄宿または住込み奉公人の状況に類似している。これらの中間的世帯の中には、時にはホステルのようなもっと臨時の住宅タイプが含まれている。このような状況は住宅市場への極めて不安定な参入を表わしており、ホームレスという大きなリスクを含んでいるかもしれない。時には若者は、十九世紀と極めて類似したやり方で、都会に移り親戚に寄宿することがある。また若いカップルはおそらく夫妻用住宅の空きを待っている間、姻戚に身を寄せるなど、若者は時として既存の世帯に加わる。われわれのデータが示すように、住宅を見つけるのに苦労している若者は、一つの手段として親戚に寄宿している。また代理世帯という例もある。それは、学生用のホステルに移り住むか、軍隊（とくに農村出身の男性のためなど）、看護婦（女性のための）、またはホテル産業のような、住居の付いた職に就くことである。これらの住宅が手に入るかどうかは、その仕事が保証されるかどうかに専らかかっている。

ホテル業務の場合は、往々にして季節的であるため、特別のリスクがあるかもしれない。このような状況に置かれているのは、主に労働階級家族出身、あるいは農村出身のより若い人々であり、たとえ大きなリスクがあっても多くの場合、家族はティーンエージャーに離家の機会を与えるらしい。最終的に離家し、たぶん、より安全な住宅に入る前に、若者は親の家に戻って暮らすように思われるが、それはおそらくこうした世帯状況があるからである。これらの状況から、われわれは離家と解放との関係に疑問を感じるのである。というのは離家した若者は多くの場合、なお相対的には親に依存した状況で生活しているからである。これらの中間的世帯は、親に依存している非世帯主という地位と、自立した世帯主という地位との間の中間段階であり、これは以前とまったく同じである。

次に、夫妻およびパートナー世帯を見ることにする。英国で世帯主になることは、今もなお結婚と密接に関係している。大抵の世帯主は結婚した夫妻であり、女性は男性より低年齢で配偶関係を作る傾向にあるので、男性より早く世帯主（または少なくともその配偶者）になる。結婚して生活をしている人人は、最も安全な住居、つまり持ち家か〔ローンで〕手に入れつつある家、あるいは減りつつある公共の賃貸住宅に住む傾向にある（Jones, 1987b）。しかし一方で、入手可能な住宅の不足のため、親戚の家で生活している若いカップルが増える可能性もある。片親と子どもで構成された世帯も、以前ほどめずらしくないものになっているが、多くの若い片親はその親と生活し続けているのでここには現れてこない。

最後に、初めに仮定した独立の単独世帯は、これは一人（自分のアパート）の場合もあるし、または仲間と一緒（共有するアパート）の場合もあるが、増えている。これは、一般世帯調査（GHS）によると、主として学生を含むミドルクラスの中に見られ（Jones, 1987 b）、多くの若者は、ともかく結婚前に解放を試みていることを示している。もっとも教育課程や仕事の終了後に、家に戻る若者がいることを忘れてはならないが、この点については後ほどたち戻る。独立した単独世帯の比率は、興味ある新しい展開を示しているようである。ダイアナ・レナード（Diana Leonard, 1980 : p. 49）は「家庭(home)」を多分に夫妻家族世帯の点から定義した。

「家庭」とは、本質的に結婚した夫妻とその子どもによって作られるものと考えられる……一人で、または仲間と「家庭を作る」ということは、一般常識からみれば矛盾であり、しかも実際上困難である。

しかし単身者の独立世帯があることは、多少ともこの見解を疑わしくしている。少なくとも単身世帯が存在するということは、若者が単身世帯は実行可能だと考えているだろうことを示している。しかし世間や建築協会、住宅当局はそう考えてはいないのかもしれない。単身者の独立世帯は賃貸アパートに結びついているが、これはホステルよりは安全で、時には世帯主の中の少なくとも一人によって所有されている。しかし持ち家を奨励し、公共セクターの賃貸住宅から手を引く住宅政策は、現在の不況と住宅ローン金利上昇と相まって、再び単身者の独立生活の衰退を余儀なくさせつつあるのではなかろうか。

図5・4から、男性は十九歳の年齢では、身体的な必要性については誰か（通常女性）に頼っていることがわかる。労働階級の男性は結婚して親の家から夫妻世帯に直接移動することが最も多く、男子学生は、女子学生に比べ補助のある学生用住宅に入っており、女子学生は共同でアパートを借りていることが多いようである（Jones, 1990 a)。これはある程度家庭内での第一次社会化と、労働のジェンダー

による分業の結果である。女の子は家族の中では男の子より家事をする傾向がみられる。それゆえ、第四章に示したように、独立ずまいで男性よりも自分の世話ができるのである。

選択か制約か

離家を解放と結びつける際の二つ目の問題は、選択からではなく、正に選択の余地がないという理由で離家する若者が多いということである。なお、われわれはここで、解放は選択と結びついていると仮定している。若者が自分の希望から離家することは、ある程度は年齢に関係している。

若者が離家する年齢と離家の理由は密接に関係している（図5・5。出所NCDSデータ）。すべての年齢で、女性は主として結婚のために離家する傾向がある。他方男性の場合は、二十歳を越す年齢で離家するのは主として結婚のためであり、大学に入学するための離家は十八歳である。もっと低年齢で離家する若者は、仕事に就くために、または仕事を求めて、あるいは家族と問題があるために離家する。したがって若者は離家する年齢が上がれば上がるほど、パートナーシップ形態か、あるいは一人暮らしの独立世帯に直接移動するとみてよい。しかしまた、図5・5が示しているのは、地域間の仕事や教育機会の不平等を反映して、仕事や大学を見つけなければならないために、あるいは家族の経済状況のために、または家族関係上の問題のために（とくに再婚家族の場合にはそうであろう）、より早期に離家を強いられる若者もいることである。これらの状況はすべてその後のホームレスに結びついているように思われる（Greve and Currie, 1990; Liddiard and Hutson, 1991）。このような状況では、離家することを解放や大人の地位の獲得と同一視するのは困難である。若者が離家するのは、彼らが望んでそうするというよりも、明らかに離家せねばならない状況があるからである。最善の離家のタイミングを選択できなかったり、最も好ましい仕事や住宅市場を選択できない時に、若者は失業とホームレスの危機に陥りやすくなる。

図5・5　最初の離家年齢別、離家の理由

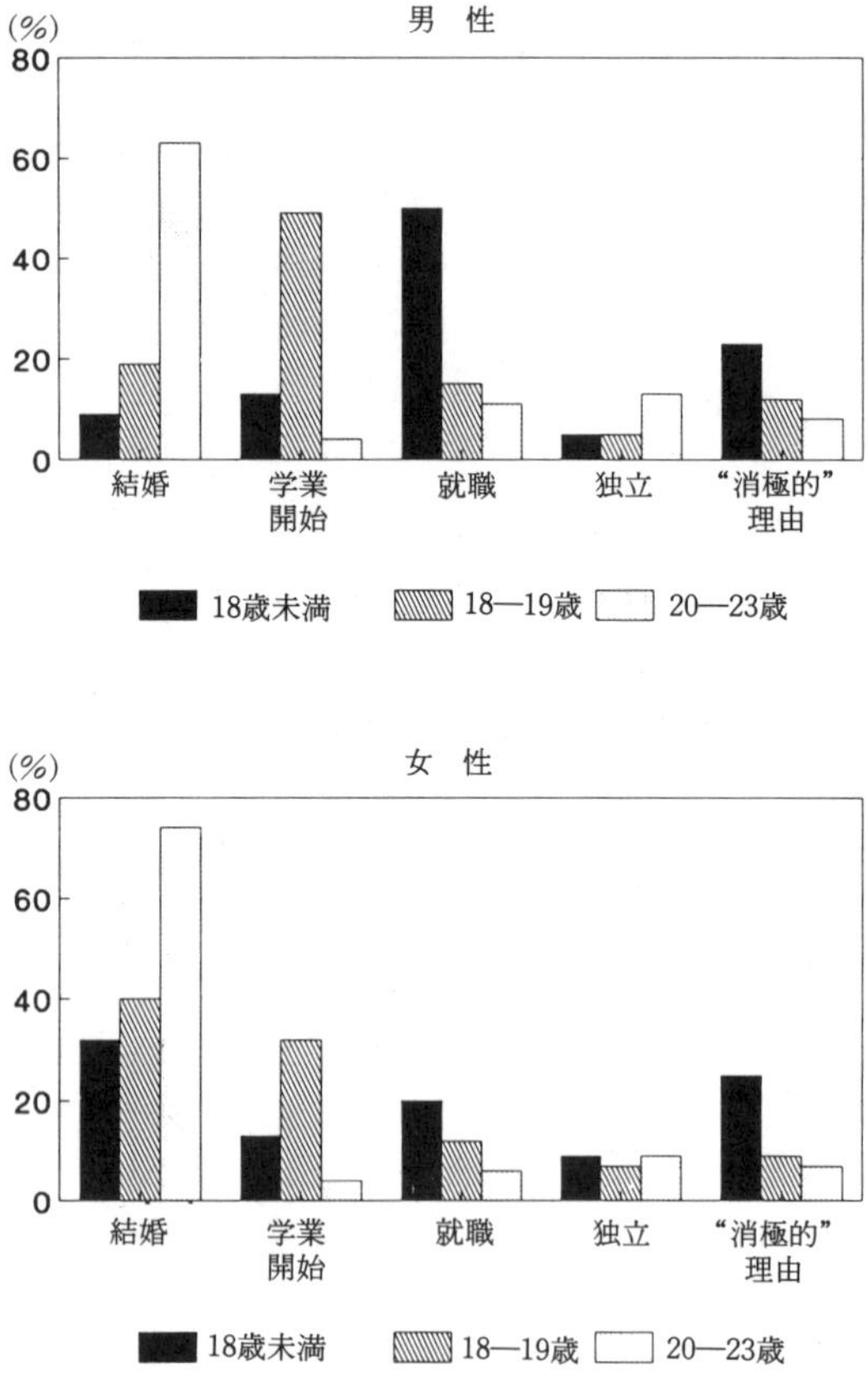

出典：National Child Development Study, 1981 (Jones, 1987b).

住宅へのアクセスの不平等

離家を解放と同一視する場合の三つ目の問題は、住宅（したがって世帯）へのアクセスの不平等であり、それはまた部分的には年齢によって構造化されている。ホームレスは、離家と解放が結びついていない明確な実例であるが、その問題は第六章でさらに詳しく取り扱う。われわれの見解では、ホームレスとは、単に住宅を入手できないということではなく、世帯（これは他人を含むものであってもよいし、そうでなくてもよい）、独立生計、空間、プライバシーを入手できないことを意味する。ホームレスは、次第に大きくなっている社会問題である。それは十六歳から十八歳の青年の中で最も早い速度で、また一般的には二十五歳を越す者に比べより若い大人の中で急速に増大している（Randall, 1988）。ホームレスを取り扱う当局は、数の増加に対処できない。その証拠に、多数の若者が街の通りで「空腹でホームレス」の札を付けて物乞いしているのをわれわれは一層多く見かけるようになっている。

救済機関にホームレスとして出頭する若者のおよそ三〇％は、ある時期には公的保護を受けていた者とみられており、それらの若者の多くは保護を受けるのをやめた時にホームレスになったものと考えられる。しかし、他の大半の若者のホームレスは、親の家を離れるか、住宅市場で中間的な段階にいた後でホームレスになっている。仕事に就けない、社会保障を受けられない、住宅を入手できない、さらに家族の援助を得られないという特別の状況が若者をホームレスへと導いているらしい。

十六歳～十七歳の若者のホームレスの増加は、現在英国において最大の懸念を引き起こしている。少なくともスコットランドでは、この年齢集団は（イングランドおよびウェールズとは対照的に）借家契約を結ぶ権利を持っていることからして、住居の権利が無いからホームレスが増加しているのではなく、さらにまた、必ずしも住宅へアクセスできないから増加しているのでもない。もっとも、適当な住宅となると依然として問題であるが。困難はむしろ、先に述べたシティズンシップの権利の平行的でない展開から生じているであろう。このような展開が社会的なレベルでどのように作用しているかについての議論は、ギデンズ（Giddens, 1982）、ターナー（Turner, 1990）を参照されたい。このことは個人のレベルにおいても認識されねばならない。十六歳と十七歳の若者は住宅を得る権利は持っているが、社会保障を受ける権利はなく、また社会的シティズンシップへアクセスができないことが、市民的シティズンシップへのアクセスに影響を及ぼすのである。実際には、この下方に向かう螺旋にはさらにまた次の段階がある。というのはホームレスであることは選挙登録がされないこと、したがって、政治的な権利をも失うことを意味するからである。

家に戻ること

最後に、若者は離家する時、必ずしも親の家と訣別するのではないという問題がある。若者はやがてまた親の元に戻るかもしれない。われわれはこの行為を以下で検討したいと思う。また、たとえ親元には戻らなくても、財政的には親への依存が続くかもしれない。たとえば、親からギフトや家の建築費用を贈与されたりして、利益を受けるだろう。ベル（Bell, 1968）は、ミドルクラスの場合、名目上は経済的依存を断ち切った後も、親から子への継続的援助が重要な働きをしていることを指摘している。ハリス（Harris, 1983）が述べているように、親からの援助はミドルクラスに限られるものではない。ここにもまた、依存する子どもと自立した大人を論じる場合、過度の単純化という危険があることを、これらの行為は警告しているのである。

離家のプロセスがより短くなってきたのかどうか、またその性質と意味が変化してきたのかどうかの確認はむずかしい。離家年齢は近年上昇しているといわれている。離家のプロセスが長くなってきたために、最初の離家の年齢は変化していないにもかかわらず、最終離家は遅くなっているのかもしれない。これまでのところ、最初の離家の年齢が変化しているという証拠はない。しかし離家は今でも、一つのプロセスを作ることが多いということは明らかである。離家は必ずしも一回限りの出来事ではない。人々は、離家した後家に戻り、その後また離家することがある。それがどの程度の頻度で、またどの程度の期間にわたって起きるのかはわからない。NCDS調査の示すところでは（Jones, 1987b）、現在親と一緒に生活している二十三歳の若者のおよそ三分の一は、ある段階で離家した経験がある。これらの知見は、縦断的データで、プロセスを研究することがいかに重要であるかを示している。横断的なデータを用いる離家に関する研究は、直近の離家の出来事を測定する傾向にあるため、最初の離家の年齢を高く見積ることになる。SYPS調査は、若者の十九歳までのキャリアをカバーしているだけでなので、離家のプロセスの一部を示しているに過ぎない。しかし十九歳までに限ってみても、離家した若者の多くはその後再び家に戻っているのである。家に戻っている若者は、勉強や、仕事や、家庭の問題から、離家したことのある若者が多い。もし若者が職を失ったり、学業を終了したり、家族と和解した場合には、次のキャリアへ移動する前に家に戻るのであろう。他方、結婚生活をするために離家する若者は、驚くことではないが、家に戻る可能性が最も小さい。

家に戻るという行為は、また離家の定義の問題を引き起こす。たとえば、学生は離家したと感じているかもしれないが、休暇には親元に帰る。その結果、ヤング（Young, 1987）が見出したように、若者が離家したかどうかの認識は、若者と親とではかなり異なるかもしれない。離家した若者の多くは、依然として親の家を安全網と見なしているか、あるいは本当に離家したのではないと感じているであろう。

ところが、単身で、あるいは配偶者とともに家庭を持つために離家するということは、家に戻ることが比較的まれになるために、大人であることをより積極的に確認するものであると考えられる（Jones, 1987b; Bloss *et al.*, 1990）。それゆえレナード（Leonard, 1989）が設けた「離家すること」と「家から離れて暮らすこと」の区別（後者は家に戻ることと結びついている）は、多くの若者、とくに教育課程を終了した後だけではなく、休暇期間中に親元によく帰る学生に適用できるであろう。実際、学生に対する住宅給付と休暇中の受給資格が最近〔一九九一年〕取り消されたことから、学生集団の場合、離家のパターンは大きく変化するかもしれない。とくに彼らは、おそらく家に留まれるように地元で大学を探すことになるだろうし、休暇中に家に帰った時は、親により依存するようになる可能性がある。

離家の理由によって、若者が家に戻るかどうかがある程度決まるであろうが、より重要な離家のパターンの決定要素が存在する。それは若者の経済環境および出身家族の経済環境の変化である。

国家の「安全網」と家族

若年ホームレスに対する政府の対応は、若者に現実的な収入と住宅を提供することではなく、若者の社会保障資格を取り上げることによって若者の離家を遅らせ、その結果親に経済的な依存をし続けさせ、親の家で暮らすよう奨励することである。この政策には、定義されてはいないものの、正しい離家年齢があり、したがってその年齢以下での離家は、積極的または実質的な理由があるのではなく、家出という意味が含まれている。実際のところ、ホームレスの若者を「出奔者」と呼ぶ傾向が強くなっており、彼らの状態を本人の責任と見なしている。若年ホームレスを扱う際に、政府は離家の全プロセスを問題のあるものにしてしまったように思われる。というのは、英国における離家の中位の年齢はおよそ二十一歳であるが（Jones, 1987 b）、国家が認識する経済的自立年齢はそれよりかなり高いからである。

たとえ、広くいき渡った階級文化的行為が自立や世帯形成といかに関係してきたとしても、政策上からは、二十五歳未満の若者が「うまく」移行を行い完全に社会に参加することは、もはや妥当とは見なされていない。この年齢未満での完全な参加は、安定した給与の良い仕事からの収入に極めて大きく依存している。それは実際上、地元の労働市場のいかんにかかっているということになる。というのは仕事を探すための離家に歯止めがかけられているからである。農村に生活する若者はその点でとくに不利である。もっとも完全な社会的シティズンシップへのアクセスが農村の人々に完全な形でいき渡ったことなどあったかどうかは疑問である。これは農村の剝奪に関する最近の文献が示している（Midwinterand Monaghan, 1990 を参照のこと）。

一九八八年以来の政府の政策は、今やホームレスの発生を減少させる試みとして、親の家からの離家を遅くするよう若者により一層圧力を加えつつあるが、こうした圧力がまた、圧力を加えない場合よりも離家の時機を早めるよう若者に強いている。言い換えれば、国の政策は若者のホームレスを減少させるよりは、むしろ助長しつつある。なぜそうなのかを理解するためには、まず第四章で記述した経済的交換のパターンを理解することが重要である。若者は食費を親に支払っており、父親が失業している場合のように、親が貧困化する時にはより多くの金を支払っている。一九八八年の社会保障改革に先立つ八七年でさえ、父親がフルタイムの雇用者でない場合、仕事を持つ若者は、十九歳までには離家する傾向があった。ということは、失業中の父親を持つ青年労働者の場合、その家族に金銭的補助をする責任が一層重くなるため、実際には家に留まりたくなくなることを示している。住宅給付規則（the housing benefit regulations, 1984）がなお一層、家に留まる意欲を挫いているようである。というのは青年労働者は、いわゆる「非扶養世帯員家賃分担金（non-dependent rent contribution）」を親に支払うよう期待されているからであり、多くの家庭で、その金は若者が食費として支払う金額に上乗せして支払われている。（その金はまた、若者が現在人頭税〔収入の有無にかかわらず、一人いくらという割でかける直接税〕として支払っている金額に上乗せして支払われている（Jones, 1991 a)）。あるいはクレア・ウォーレスの最近の研究が指摘しているように、これらの規則は、家族への責任から家により長く留まるよう、若者に強制するかもしれない。

国の政策は、若者が失業したり、あるいはホームレスの危険に陥る場合には、親の家に戻るよう奨励しようとしている。最近のSYPS調査によれば、実際家に戻る比率が増加していることが示されている。しかし、国の政策は明らかに不発に終わる可能性がある。先に引用した研究（Jones, 1991a）はまた、離家した若者が失業した時、父親がフルタイムの仕事に就いていない場合より雇用されている場合の方が、はるかに親の家に戻る可能性が高いことを示しているのである。なぜならこの状況の方が、彼らは自分の家族に経済的に依存しやすく、またもちろん地元の仕事についての情報をより入手しやすいと考えるからである。第三章で述べた所得補足規則（Income Support regulations）の最近の改正〔一九八八年〕によって、若者の失業と親の責任問題は悪化するように思われる。つまり、失業した若者が家に戻れば、彼らの親は責任を負わねばならなくなるが、多くの場合親はとても子どもを扶養する余裕がないのである。

青年期についての静止的で均質的概念に依拠した政策によって、若者の行動パターンが、必ずしも改善に向けて再形成が可能になるものではない。言い換えれば、ホームレスを克服するために企画された政策が、実際にはホームレスの原因になるであろう。離家とその後の住宅移動の経歴を、出身家族の状況に照らして理解することが重要である。そこには、貧困と富裕と明らかに関係する不平等がある。より豊かな家族は、うまくいかなくなった時、金やすまいを提供することによって若者にとって安全網となることができるが、母親だけの家庭や、失業中の父親のいる貧困家庭出身の若者は、たとえうまくいかなくなった時でも、そう簡単には家に戻れない。このように仕事、住宅、および家族からの援助へのアクセスには不平等が存在するのである。

自立、解放、およびシティズンシップ

親の家を離れ独立世帯を始めることによって、若者は自分自身の権利を持つ市民として社会的にみとめられるはずなのであるが、しかし実際そうなのだろうか。どのようにして、誰との間でシティズンシップは取り決められるのだろうか。われわれは離家と世帯形成の例を取り上げて、依存と自立という見方は簡単に割り切りすぎたものであるという議論を進めてきた。その際、ある状態から他の状態への移動は複雑で、その期間は引き延ばされており、またそのプロセスは階層化され、しかも、変化するということを示してきた。まさに、そのプロセスは若者と労働市場や福祉国家という公共制度の関係の中核にあり、また同様に、若者とその家族の関係の中核にある。家族内で親に依存している子ども期の私的世界から、労働市場、住宅市場、政治的・社会的制度という公共世界で大人のシティズンシップ〔を有する段階〕への移行は、このように家族からの圧力と国家からの圧力の両方によって構造化される。これらの相入れないことの多い圧力のただ中に、自立を求めている若者がいる。彼らは明らかに、大人のシティズンシップの責任をとるのをいとわないのだが、シティズンシップの権利に結びついた仕事、住

宅、福祉給付へのアクセスを手に入れることができないことが多い。

第六章で示すように、離家の中には首尾良くいっていると思われるものもあるが、それは大部分収入に依存するであろう。九〇年代において、大人の地位を達成するための一つの段階としての離家の意味(significance)は、社会階級およびジェンダーによってかなり異なっているが、離家の仕方はこの二、三十年間、大きくは変化しないままである。しかし、若者が結婚の枠外により大きな自由を求め、また彼らが教育、雇用、訓練および福祉政策によって押し付けられようとしている家族への経済的依存に抵抗しようとするにつれ、変化が起きている。とくにミドルクラスの間では、若者は結婚に先立って独立世帯を作るが、このことはハリス(Harris, 1983)の用語によれば解放の新しい形態を示すものであり、離家のプロセス自体により重要性を与えるのである。しかし、その真反対の形態の展開もみられる。政府が失業の責任を個人に、また二十五歳未満の場合にはその家族に置こうとすればするほど、またシティズンシップの資格要件を高めれば高めるほど、たとえ大きなリスクが内包されていても、若者はより一層自立を主張するようになる。極端な場合には、それは最低限の自立を実現するために、失業とホームレスの危険を犯すことを意味している。

またジェンダー間の差異もある。女性は男性より早く結婚したり子どもを持つ傾向があり、そのため男性よりは離家後の住宅経歴は長いことが多い。しかしそれは、住宅市場においてジェンダーによる不平等が逆転していることを必ずしも意味するわけではない。逆に、それは男性役割と女性役割に「うまく」社会化されたことを反映している。失業は男性に対しては家族形成のプロセスを遅らせるが、女性に対してはそのプロセスを速めているということは、ここでコメントするだけの価値はある(Jones, 1990a; Phoenix, 1991)。しかしジェンダー内の差異もあり、それは時代とともに拡大していくようである。単身または仲間集団の独立居住形態が生まれているということは、親に経済的に依存している状態から夫に依存する状態へ直接移行する女性がより少なくなり、結婚または同棲前の短期間に限られているとはいえ、自立して生活できる女性が増えていることを意味している。これは（リスター（Lister, 1990）によれば）、完全な社会参加のための新しい機会が、一部の女性には開かれつつあることを示唆するものであろう。

若者の経済的移行および世帯形成上の移行についてのこの簡単な概観から、公的世界と私的世界がもつ規範的価値の間で、あるいは国家と若者の家族の間で、さらに国家のさまざまな制度の間で衝突が生まれていることがわかる。若者は矛盾した使命（message）と対立する圧力に直面している。若者には変化に対して戦う集団的な力がないので、権利と責任は彼らに押しつけられる。若者自身の集団的基盤からシティズンシップの権利を求める力が生まれない限り、若者の役割はどちらかといえば受動的な、そして個人化された役割である（シティズンシップの能動的、受動的形態についての議論に関しては、ターナー（Turner, 1990）を参照のこと）。家族の中では、若者は解放の権利を求めて交渉できるが、公共領域では、解放とシティズンシップの権利を主張できる見込みはほとんどない。

シティズンシップは統一されたものではなく、市民的、政治的、社会的なシティズンシップの権利のすべてが同時に与えられるわけではない。しかし、個人の経済的状況、結婚の状況、世帯の状況によって、これらの権利へのアクセスはその後に組み立てられるかもしれない。多分その結果として、あるいはシティズンシップのさまざまな局面の間には固有の不一致が存在するために、一組の権利へのアクセスは、他の権利があることによって生まれる場合もあろう。住宅という形態の市民の権利へのアクセスが、どのようにして、社会福祉からの収入という形の社会的シティズンシップの権利によって決められているか、そしてまた政治的権利は、これら二つのシティズンシップの権利にどのように影響されるのか、をわれわれは調査ずみである。

若者というものはまた、同質のグループで括ることはできない。われわれは不平等という古い構造を、ここでは主として資本主義と家父長制から生まれた構造として考察してきたが、それは若者の生活を構造化する作用を持っていることは明かである。また新しい移行パターンは、ある者にとっては制約の結果であり、他の者にとっては、機会と選択の結果であるということも明らかである。もし社会への完全な参加が、結婚および親になることによって測定されるとすれば、女性は男性より早く結婚するので、男性よりずっと有利であろう。女性はまた、住宅の経歴についても男性を凌いでいる。しかし、権利とアクセスとは違うということをここで認識することが重要である。女性は、新たに獲得した経済的自立すべてを結婚する時に失うことが多いことから、解放は結婚によってもたらされそうもなく、社会への完全参加へのアクセスは制限されているように思われる（Lister, 1990）。したがって、女性にとって一見新しい現象だとされている一人暮らしの独立世帯の出現は、親への依存と夫への依存という二つの依存状態の間の期間に、シティズンシップへの鍵となるものかもしれない。もっとも独立世帯へのアクセスは構造化され、不平等ではあるが。社会階級の差異は、アクセスを構造化する上で、ジェンダーと同じように重要である。国家が社会的シティズンシップの安全網を取り去る時、とくに裕福な家庭の場合には、子どもに対して金銭的援助、食べ物、住宅を与えることができるが、そうはできない家族もある。この分岐点は、基本的には社会階級にある。貧しい労働階級の家族出身の若者は、自分たちの社会的シティズンシップを主張することが必要と考えられるが、それを手に入れることが制限されているのである。そしてこれらの権利が侵蝕されるということは、その他のシティズンシップの権利も侵蝕されることを意味する。

そしてまた、その意味がますます明らかになりつつあるもう一つの不平等がある。それは農村と都市の格差である（Midwinter and Monaghan, 1990）。農村に暮らす若者にとって、社会的シティズンシップの権利へのアクセスが完全に実現されたことはおそらくない、と先に述べた。農村の若者は都市の若者より早く離家し、結婚するようにみえる（十九世紀についてはウォール（Wall, 1978）を参照のこと。およびJones, 1990a）。農村の女性の中には、少なくとも出身家族から自立することは、全く自立しないよりは好ましいかもしれない者もいる。シティズンシップを手に入れるために、都会へ移動しなければならない若者もいる。

第六章　消費市場、住宅市場と若者

青年期は、教育、労働市場、福祉制度というフォーマル構造によって引き延ばされてきているのだが、すでに指摘したように、若者は、明らかに独立して生計を立てる権利を主張している。そのため、リスクがあるにもかかわらず、たとえ離家するための公的支援が得られなくても離家するのである。それ以外の理由による離家もあるとはいえ、おそらくそれは、生計を立てるための若者の権利主張と無関係ではないであろう。多くの若者は、長期にわたる経済的依存を強いられ、給付制度と労働市場からは排除されているにもかかわらず、より低年齢で消費市場に引き寄せられている。これは一つには、青年期の依存状態が長くなるために、青年の文化集団が生まれやすくなるからであり、また、二つ目には、青年期というものが、借金せずに暮らさねばならないという重荷から解放されている期間であるからであり、また、三つ目には、抵抗から文化が発達するからである。いずれにせよ、このような理由から、「学生文化」や「訓練生文化」が生まれるのだろう。しかし若者が消費に引き寄せられる理由の一つは、若者は市場にとって利害関係があるからである。消費市場にとってなぜ若者が重要かといえば、彼らは現時点の消費財のために支出するだけではなく、近い将来、世帯保持者として、またおそらく親として、主要な消費者集団の一つを形成することになるからである。青年期における市場との関係が、後の消費パターンを形成することになるであろう。

消費市場にアクセスすることによって、青年期の若者の一部に、自由、自立、選択の新しい形態が生まれる。それは、若者の「個人化」と自我の構築を意味する（Beck, 1986; Giddens, 1991）。しかし逆に、市場における若者の選択、すなわち消費者としての若者の力は、彼らの経済的手段によって構造化される。彼らの力は、収入が減少すれば低下する。真の貧困に直面する者もいる。

若者の消費の多くは、余暇や文化的スタイルに関係するものではなく、日々の生計支出に関係するものである。すなわち、食料、衣服、住宅のためである。これらのニーズは、若者が親の家を離れ、自分自身の新しい世帯や家族を形成するにつれて変化する。それゆえ、消費市場における若者の位置を調べるためには、他のすべての生活局面の変化と同様に、大人になる過程で生まれる変化と、青年期を通して持続するか拡大する不平等を、念頭に置かなければならない。

われわれは本章で、若者のニーズの変化と、若者に対する消費市場の反応の変化を検討する。そして、この領域の最も明白な不平等の形態として、若者と市場との関係を、包摂と排除という点から検討する。しかし手始めに、余暇、文化、消費に関する研究を考察し、若者の地位がどの程度変化したかを調べてみよう。そうすると、青年期の消費支出に関する大抵の研究は、余暇と文化に焦点を当てており、基本的な生計費の問題を無視してきたことがわかる。その結果、「青年消費者」というイメージが形成され、若者を、将来の支出者または投資者として管理下に置こうと意気込む銀行やその他の金融機関のさわぎに火を注いできたのである。しかし、若い消費者というこのようなイメージには疑問が残る。そこで、消費者のシティズンシップについて近年政治的に強調されているが、それが今日の英国の若者にとって適切なものかどうかをまず検討してみよう。

青年期と消費についての理論

青年社会学では、若者の消費と支出は、ほとんど完全に青年文化とサブ・カルチャーの点から確認されており、それは、比較的繁栄の時代といわれる五〇年代の後半に始まった。パーソンズによれば、青年文化とは、家庭から脱し自律的な成人期へ移行するための手段を示しており、若者が特定的(particularistic)役割から普遍的役割へ移行するのを助けるものである(Parsons, 1973)。その後の研究は、青年文化が青年期のプロセスの一部と関連するかどうかを見るのではなく青年期の抵抗の一つの形態として、青年文化のより政治的な意味に焦点を当ててみてきたように思われる。これらのサブ・カルチャーの研究は、若者のサブ・カルチャーがどのように、階級を基盤とするものになっているのか、また若者が彼らのさまざまな階級的位置を、解決したり抵抗するのをどのように可能にさせているのかという点に焦点を当てたものであった(Hall and Jefferson, 1976; Mungham and Pearson, 1976; Brake, 1980)。これらの研究は労働階級の若者に集中した。というのは、彼らこそが六〇年代と七〇年代にサブ・カルチャーを最も発展させたグループであるといわれたからである。同時期の学生文化は、他の文化とは異なる形態をとる傾向にあり、明らかに、より政治的であったが、そのスタイルはなお階級性を持っており、主としてミドルクラスの階級性が濃厚であった(Brake, 1980; Aggleton, 1987)。社会学者は「粗野な」文化集団と「立派な」文化集団を区別し続けてきた。失業増加の状況下では、その分離はより明確になるだろうとロバーツ（Roberts, 1983）はいう。青年の文化集団へのメンバー参加は、第二章でみた通り、青年期の依存の延長、そして訓練生と学生集団の出現またはその拡大によって影響されるように思われる。青年期のサブ・カルチャーはそれ自体として重要である一方で、また、青年期というライフコースの範囲において意味を持っている。というのは、若者が大人になるにつれ、集団のメンバーは変化し、消費行動は文化的スタイルよりはニーズによって支配されるようになるからである。

もっと一般的に、消費分析は余暇研究を包み囲んでいる。余暇の社会学は、「仕事」と「余暇」との区分線上に置かれており、両者は相互に規定し合う。余暇の概念は、男性労働市場での肉体労働経験に基づく安定的雇用という伝統的概念から生れた。労働時間と非労働時間の区分は、仕事が雇用上構造化された位置に限られていない人にはあてはまるものではなかった。それゆえ、有給労働に就いても就かなくても、家事労働をしている女性の場合（ディーム（Deem, 1986）を参照のこと）や、その他の時間的拘束を伴うインフォーマル労働をする人々（Pahl, 1984）の場合には、余暇の定義はつねに困難であった。失業している人々にとっては、労働時間と非労働時間の区分は何の意味もなく、非労働のリズムに従って時間は組み立てられている（Wallace, 1987a）。学生と訓練生にとっても、労働時間は弾力的であろう。研修計画は、雇用上の時間規則に沿って企画されているが、実際には、多くの研修計画の指導者も研修生も、時間的規律を厳密に守っていない（Parsons, 1991）。彼らは自由に自分たちの余暇時間を決めているのである。

すべての集団にとって、余暇は戦後を通じてより一層商業化され、巨大産業の一部となった。さまざまな余暇活動とライフスタイルがひとまとめにされ、特定のターゲット集団に販売されている。その結果、今やほとんどの者は資本主義的関係と資本主義的市場から逃れられないのである（Clarke and

Critcher, 1985）。家庭のような、私的な場所にいる私的な瞬間さえ、これらにさらされている。というのは、すべての年齢集団に最も人気のある余暇活動形態は、テレビだからである。したがって、後期資本主義下の消費者経済においては、余暇はより一層消費市場へのアクセスを意味するようになっている。消費市場と関係するテレビ、ラジオ、雑誌、伝達媒体を通じて、流行スタイルが若者に販売促進されている。消費者の流行スタイルと消費財は、彼らのアイデンティティの必要不可欠な部分と考えられるようになっている。こうして、それらの市場に参入することが若者の「ニーズ」になり、若者は、仲間集団に受け入れられるためには最新の流行スタイルに極めて冒険的であり、最新のトレンドを知っていることを示す必要があると感じている。青年社会学の中では、エイブラムス（Abrams, 1961）の論文が最初、消費者としての若者の役割に注意を向け、その後の研究に大きな影響を及ぼした。その論文の中では、十五歳で労働市場に加わった労働階級出身の若者は、その他の集団よりも可処分所得が多いため、消費市場を作り出すことができると論じられている。この論文が、若者を搾取の標的にしてしまったと考えられる。

多くの人々は、消費市場が若者に及ぼす影響に対しては批判的であった。生産を基盤とする資本主義経済から、消費を基盤とする経済への移行は、多くの西欧国家で画一的商業文化を生んだ。社会学のフランクフルト学派によれば、それは、抑圧の一つの形態である。資本主義の下での文化的抑圧と搾取は、社会的政治的支配の一つの形態として作用し、貪欲、満足の追求および快楽主義の絶え間ない放縦を助長してきた（Marcuse, 1968 を参照のこと）。その意味では、消費市場は買い手をあやつり、彼らの消費パターンを作っているように思われる。さかのぼって、五〇年代と六〇年代初期には、マス文化について の批判があった。マス文化は若者を堕落、腐敗させ、若者を古典文学から切りはなし、米国の流行スタイルの安っぽい模倣をそそのかしたのだと考える者もいた。たとえばリチャード・ホガート（Richard Hoggart, 1958）は、卒業してから、親としての責任の重みと辛い労働生活に引きずり下ろされるまでの、労働階級の若者の「短い開花」を記述している。彼によればこの期間、若者は、マスメディアによって助長された商業的な消費主義に巧みにあやつられ、浅薄な、アメリカ輸入の価値の肩をもって、自分たちの労働階級文化をうらぎりつつあった。

若者は、特別の方法によって、公的・私的サービスの消費者としてだけではなく、消費市場の消費者としてターゲットにされている。ポピュラー・ミュージック産業の創設、商業的なダンスホールおよび流行は、すべて特色ある「青年のサブ・カルチャー」を形成するのに役立った。しかし、フリス（Frith, 1978）は、若者を受動的な余暇消費者と特徴づけるべきではないという。それとは逆に、若者は活発に商業的消費に参加し、売り出されているさまざまな音楽を選別・区別しているとフリスは述べている。そのようにして若者は、音楽市場を形成することができ、その影響は相互作用的であるとはいえ、消費者としてなにがしかの力を持つのである。音楽はサブ・カルチャー集団がさまざまなジャンルやグループにのっとって自分たちを定義し、また各個人が自分のスタイルや趣味を発達させることのできる一つの方法である。これから見ていくように、もっと最近の理論は、消費市場へのアクセスを、抑圧というよりはむしろ、自由と自立の一つの形態を表わすものとして捉えている。

消費文化

八〇年代以降、文化と消費を検討する新しい方法が発達してきた。これらの中で影響力の強いのは、「ポストモダニズム」に由来する考えである。ポストモダニズムの議論によれば、英国の大抵の人々はマスメディアに容易にアクセスできるので、共通の消費者文化を共有している。イメージ、記号およびスタイルの大量生産は、実際は「過剰生産」なのであるが、さまざまなテーマをめぐる、共通のアイデンティティの再構成を促している。人々は、新しいイメージの組み合わせてに基づいて個人の好みと、ユニークなスタイルを作るよう促されている（Lash, 1990）。人々は皆、記号とシンボルを再解釈できる、「底なしの消費文化」を生きている。それを達成するためには、どこへも行く必要はない。テレビやラジオによって、家庭にいながらすべてにアクセス可能である。実際人々は、街角よりも家庭内で、より多面的な消費者選択の世界に接触している。ラッシュ（Lash, 1990）によれば、このようにして文化的消費が一般化するにつれ、大衆消費者文化は同質化作用（homogenaizing infuluence）を持ち、またその内部で特色のあるアイデンティティが開発されるにつれ、大衆消費者文化は差別化の要因になる。皆、イーストエンダー〔TVのニュース番組〕または六時のニュースを見ているが、それでも番組に対しては個々の好みを持っている。皆テスコ〔英国の大手チェーンストアの一つ〕で買い物をするかもしれないが、レシピや食習慣は各自で作るよう促されている。このように文化に関係する消費財は、状況に応じて姿を変えられ、新しい形で利用される可能性がある。したがって、リーボック〔米国を本拠とするスポーツシューズメーカーの名前〕トレーナーは、状況に応じて使用者の地位を規定するために重要なのであり、おそらくスポーツという使用目的はその中の一つに過ぎないという意図で作られている。こうした状況では、消費者が社会構造上どの位置にいるかということよりもむしろ、個々人の「好み」が消費パターンを決定する上で重要なのである（Warde, 1990）。ポストモダニズムは、スタイルと消費者メディアの中で表わされているイメージの分析を強調する傾向にあり、構造的不平等の役割を無視している。したがって、サブ・カルチャー階級の抵抗や消費へのアクセスの不平等は、この分析の中にはみられない（Hebdige, 1979; Martin,1983 を参照のこと）。

階級に基づく消費市場への参入という問題が注目されなくなったのは、社会学的分析に対するポストモダニズムの影響のためである。ある消費財の生産（または過剰生産）が急増するにつれ、その消費財は社会階級あるいは特別の使用価値としての意味を失ない、その消費財それ自体が目的となっている（Featherstone, 1990; Warde, 1990）。「ポストモダン」世代によってなされた大衆文化の分析は、さまざまな社会階級と背景を持つ若者が、どのようにして同一の消費者イメージと消費財にアクセスしているのか、また彼らが労働の地位とは無関係に種々の社会的アイデンティティを創造するために、どのようにしてこれらを再分類し、あやつることができるかという点を強調してきた（Martin, 1983; Lash, 1990）。こうして、たとえ失業している人であっても、消費者としてのアイデンティティを組み立てることが可能になるのである。

ウルリッヒ・ベック（Ulrich Beck, 1986）は、消費市場と労働市場が個々の消費者の選択とスタイルを、どのようにして創造してきたかを強調している。個人のスタイルを選択し、一層個人化する消費市場と労働市場を通過するのを強いられている個人によって、「自己」は組み立てられるというのである。他方、ハートマン（Hartmann, 1987）によれば、個人化は家族環境の中にみられるという。そこでは若者は、自分自身の部屋、テレビ、ステレオなどを持ち、また親の統制が少なくなった余暇生活を送り、ますます分化されつつある。

これらの考えは、青年期を概念化する新しい方法を切り開くのに有益であるが、他方、英国では豊かさが広く普及していると仮定する傾向にある。しかし、それは認めがたいことである。

消費者のシティズンシップ

「新保守主義」から広まった思想は、消費者のシティズンシップを規定している。一九七九年以降の政府の政策は、自由市場競争と消費者選択を作り出すことを意図して、国家財産と公益事業を民営化しようとしてきた。あたかも民間サービスのように、消費者選択のモデルが公共サービスに導入された。たとえば公共交通の分野では、乗客は「お客様」と記述され、消費者がサービスを選択できるように民営化が行われている。ジョン・メージャーが一九九一年に導入した市民憲章は、この考えを拡大し、消費者の権利を含めた。そこには、新しく民営化されたサービスについての苦情申し立ての権利が含まれている。ヨーロッパ統合市場（internal market）の開始と同時に、社会サービスや保健サービスに契約・承諾（contract–compliance）の思想が導入され、時には社会サービスの専門家が、さまざまなサービスの「供給者」間の仲介者になっている。それまで中央集権化されていた制度は、このシステムの下で契約によって義務を免れて、相互に顧客になるのである。個々の消費者は、すべてのサービスの顧客である。個人購入を強調した住宅の民営化も、同じ結果になっている。消費者は不満足なサービスに対して補償を要求することができる、という市民憲章の思想は、このような条件下ではまさに論理にかなっている。活発な消費者から構成されている社会では、シティズンシップは公共と民間の両消費市場に関係することによって与えられ、消費市場への参入は、全体としてシティズンシップの重要な一部分となっている。

しかしこのアプローチは、消費への参入が収入次第であるという事実や、消費市場によって、消費市場へのアクセスの異なるさまざまな集団の出現が助長されている方法を無視している。さらにこのアプローチは、文化の選択としての消費と、基本的なニーズに関連する消費とを混同している。生活の基本的な必需品である住宅の選択は、テレビのチャンネルや靴のブランドを選択するのとはレベルが異なる。ファッション産業などの市場における商品の過剰生産は、住宅のような市場における過小生産や不足と好対照である。消費者のシティズンシップというこの思想は、マーシャルのシティズンシップ概念に新たに追加されたものであるが、また、その価値を減じるものでもある。「新保守主義」にとって、シティズンシップとは、もはや食料、住宅および雇用への権利を意味するものではなく、むしろサービスを「選択」する権利を意味している。選択は金を持つ者に限定されている。

消費市場の階層

消費は社会階級によって階層化されている。もっとも、社会階級以外にも、不平等をもたらす要因がしだいに認識されつつあるが。拡大する消費市場は、新しい差別化のしるしを生み出し、階層化を進め続けている。過去に比べれば、階級文化はそれほど特徴的に現れてはいないかもしれないが、依然として青年期における消費者スタイルに影響を及ぼしている（Furlong, 1990）。

青年文化を階級文化の再現として強調することに対しては、まずフェミニスト（McRobbie and Garber, 1976; MacDonald, 1980）が異議をとなえ、その後、人種、民族、健常または障害、性的志向性などからくる不利益を軽視していると指摘する研究者たち（たとえばCross, 1987; Cross and Smith, 1987; Solomos, 1988）が異議をとなえた。したがって消費市場においては、社会階級が唯一の階層化要因とはならない。

フェミニストは、消費市場形成におけるジェンダーの影響および、ジェンダー構築における市場の役割に注目した。労働階級の男性にとって、賃金を得ることは大人としての地位の重要な象徴であるかもしれない。というのは賃金を得ることが、さまざまな消費財にアクセスさせるからである。またそれは、消費を通じて男の大人の象徴（たばこ、ビール、オートバイあるいは車）へのアクセスを可能にするからである。実際、若者の失業がもたらすものについての議論の中で、彼らが失った最大のものは本当に仕事なのか、それとも仕事から得られる金なのかどうかについて論じられたことがあった（Wallace, 1987a）。一方若い女性の賃金は低いために、消費市場にそれほど幅広くアクセスできない（Hutton, 1991）。それにもかかわらず、彼女らは衣服、化粧品、娯楽の場所へ行く、という形で、大人の女らしさにアクセスしている。若い女性向けの雑誌では、自分の自己陶酔的な魅力や、ヘアシャンプー・化粧品などの商品の助けをかりた自己表現が奨励されている（McRobbie, 1991）。若い女性は、たとえ収入が少なくても、人とは違った自分のスタイルを発揮するように促されている。

しかし、女性の消費者としての行動は、市場における力のアンビバレントを表わしている。大人の女性消費者は、自分自身のためというよりも、家族の中の誰かのために物を購入しており、金を使うための収入へのアクセスの自由は、家族役割のために制限されている（Deem, 1986; Pahl, 1991）。ところが、マクロビー（McRobbie, 1991）が言うように、若い女性は親の家にいる間でさえ、消費市場へ参入することによって、ある程度の自立と自律を獲得できるのである。マクロビーによれば、若い女性向けの雑誌はかつてよりも、彼女たちは自分の生活を管理し、ニーズを主張できるのだと描く傾向があるという。

消費市場はジェンダーの違いを作り出し、これを永続させる。読書習慣分析によれば、男性と女性ではパターンが極めて異っている。一九八七年の全国読者調査によると、若い女性に最も人気のある雑誌は、ファッション、テレビ、ロマンスおよび家族に関するものが多いという傾向があるが、若い男性は、一連のソフトポルノまたは自動車に関する雑誌を買うといわれる。消費者は、極めてジェンダー特有の関心を持っていることがこの調査からわかる。八〇年代の後半に新しいジャンルの男性向け雑誌が出現した。男性のためのスタイルやファッションの消費を強調する雑誌である。『Q』〔若い男性向け音楽を中心とする雑誌〕のような雑誌は、女性雑誌により近い線で男性にもっと自己陶酔的な楽しみをすすめ、父であることをファッションスタイルにした。それによって、赤ん坊というアクセサリーを付けた「新しい男性」がメディアによって提示されたが、家庭生活の実態とはほとんど関係がない。ジェンダー構造は依然として消費市場によって強化されている。

若い女性はさまざまな方法で、消費者参加から排除されている。というのは彼女らの活動は、性的ラベル付けと性的な危険のために統制される結果、家庭中心の活動がより一般的であるからである。家事を手伝う必要性はその中の一つであろう(Griffin, 1985)。スー・リー(Sue Lee, 1986)は、若者の青年文化への参入を限定したり制限する性的ラベルの力を指摘している。アンジェラ・マクロビー(Angela McRobbie, 1991)はまた、若くして家族責任を持たなければならなかったり、男性による女性差別のために、あるいは同棲中の男友達が世帯収入を支配し、それをすべて自分のために使っていたことのために、地元の青年文化から排除されてしまったバーミンガムの若い女性集団の状況を記述している。この若い女性たちは、離家した後でさえも、自分の母親に経済的援助を頼らねばならない状況にあった。それはまた、シェピー島についてのウォーレス(Wallace, 1987a)の研究のいくつかの例にもあてはまる。しかしこれは、抑圧され貧困な労働階級の若い女性の、かなりきびしい状況を示したものである。その一方では、自分の境遇と戦い、自力で役割を受け入れることができ、自立した役割を切り開いている労働階級の若い女性の状況もある。したがって、ジェンダーは、男性と女性を独特な方法で消費市場から排除したり、包摂する作用をしているのである。

しかし、このジェンダー効果の強さは、青年集団が異なれば変わるかもしれない。「十六〜十九イニシアティブ」調査の研究（Bynner, 1990）では、ジェンダーの分化はなくなりつつあるか、もしくは、より不明瞭になりつつあると指摘されている。とくに学生の場合には事実であり、学生はジェンダーに関してはより均一なグループとなっている。若い女性は依然として読書や映画、劇場や音楽会に行くことに傾斜し、男性は飲酒、賭やスポーツ観戦をすることが多いが、それと同時に彼らはパブやディスコへ行ったり、またレコード鑑賞など、若者に共通する余暇を追求していることが、研究から明らかになった（Roberts *et al.*, 1991）。また少女の余暇は、街角よりは「寝室文化」の一部として起こり、男性より受動的で、商業的に巧みにあやつられるというのが、すでに確立された見解である（McRobbie and Garber, 1976）。しかし、この十年間にわたる変化をみると、少女は今やサブ・カルチャー活動において、より明確な役割を演じることが多くなっているため、少女を、かなり「過大に社会化されている」とみる見解は、適切ではなくなったことがわかる。ディーム（Deem, 1986）によれば、家族責任のある女性は、自分自身のための時間がほとんどないため、大人の場合には余暇へのアクセスにジェンダーの差異が存在することが強調されている。しかし、家庭内でそれぞれのジェンダー軌道に未だ乗っていない若者の場合には、あらゆる社会階級において男性と女性の余暇活動の間の差異はなくなりつつある。

人種と民族性は、「隙間市場」や消費パターンに影響を及ぼすが、それらは労働市場における民族集団のさまざまな序列に関係している。しかし、その関係は双方向であり、少数民族集団は、逆に消費市場や若者に人気のスタイルに影響を及ぼしている（黒人の青年文化が、白人の青年文化に及ぼす影響研究に関しては、Hebdige, 1979, Hewitt, 1988 を参照のこと）。それにもかかわらず、少数民族集団は失業または低賃金仕事が多いという点で、不利益を被っており、それが消費市場への彼らのアクセスを制限する。消費市場は、少数民族集団を排除し、また彼らの疎外を押し進める白人のヘゲモニーを全体としては反映していることから、彼らのアクセスはさらに制限されている。

最後に、障害を持つ若者はますます親への依存を深めていたり、あるいは低賃金労働に従事しているという点で、とりわけ不利益を被っており、そのために他の集団と比べて、自立した消費者パワーをわずかしか持っていないことになる。娯楽とショッピングの場所は健常な消費者の要求に応える傾向にあり、障害者が存在するという事実を無視している。

新しい消費社会学は、消費市場と消費者選択が人々を解放する潜在的な力を持つこと、および自分のスタイルを発達させる可能性があることを強調しようとしたが、消費市場へのアクセスは、依然として階層化されている。若者のアクセスに本質的な差異があることは、軽視されるか無視されている。ある面からみれば、新しい関係が生まれる可能性はあるが、同時に旧来の不平等が持続するのである。

新しい階層形態

若者の失業が増加し、教育と訓練期間が延長されるに伴い、新しい社会的分裂が広がった。さらに、八〇年代には若者の収入低下といくつかの集団の貧困が明白になったため、豊かな消費者とサブ・カルチャーについての従来の研究は、成長しつつある若者のニーズやコストを考慮に入れてこなかったという事実が明らかになった。ファッションやポピュラーミュージックへの支出だけではなく、住宅など必需品の消費の点から支出を理解することが必要なのである。若者は、もはや豊かな消費者ではないとすれば、消費市場での彼らの役割は何なのであろうか。九〇年代の状況では、それは決定的に家族の役割と若者に対する親の援助にかかっている。

労働市場への新しい移行形態は、消費市場における不平等を生んだ。たとえば、スコットランド若者調査の分析と「十六〜十九イニシアティブ」の研究によれば、若者の経済上の地位の違い、および学校を卒業して労働市場に参入するまでのさまざまな中間的な制度に身を置く可能性の増大が、消費へのアクセスに影響を及ぼしている(Roberts *et al.*, 1991)。失業して週およそ三〇ポンドの収入があるYTS訓練生は、消費とレジャーへのアクセスを最も制限されていたが、週平均八〇ポンドの収入がある就労する若者は、それよりはレジャーを楽しむことができた。しかし、最も「レジャーに恵まれた」集団として登場したのは学生であった。もっとも彼らの収入はおよそ週四〇ポンドにすぎなかったが

(Roberts *et al.*, 1991: p. 133)。

あらゆる点からみて、学生はレジャーの特権を最も多く持っているのに対して、失業中の若者は最も恵まれない者である。学生はスポーツをしたり、読書をしたり、映画館、劇場、音楽会、展覧会、美術館、博物館、教会へ行ったり、また外食をして、全体として最高レベルのレクリエーション活動を行っている。仕事に就いている若者が最も活発に行っていると答えているレジャーは二種類しかない。スポーツ観戦と賭け事である……

これらの研究はまた、学生が最も広範な社会的ネットワークを持っていることを見出している。「高等教育の」キャリア軌道に乗って、いつかはより良い仕事を獲得し、それまでの間は、消費市場をより十分に利用できる人々に対して、学生という身分は、利益を累積的に増加させるのである、と彼らは結

論している。しかしこの解釈に対しては、学生にとってのこうした活動の多くはレジャーというよりは仕事とレジャーの境界線上にあるのだ、という反論が出されている。学生は、政府から補助金の出るレジャーを利用することができ、他の若者より家族からの経済的援助を得たり、またブルデューの用語では、文化資本を利用（Bourdieu and Passeron, 1977）して、彼らの消費者パワーを高めることができるであろう。しかしそれは、経済的地位がレジャー消費へのアクセスを構造化するという事実をまげるものではない。それはすでに指摘したように、経済的地位が基本的にレジャー時間を構造化するのと同じである。なぜなら労働市場での仕事はレジャー時間を構造的に制約するだけではなく、収入と、それゆえレジャー消費へのアクセスを可能にするのである。ところが失業は自由な時間をもたらすが、レジャー消費へのアクセスはもたらさない。この二つの点からみて、訓練生の身分と学生の身分は中間的な位置にある。

消費市場への参入

しかし、レジャー以外のものを見ることも重要である。若者は必需品にも支出しているが、これがどのような必需品で、その代金がどのように支払われているのかを知ることが重要である。消費市場へのアクセスは、収入へのアクセスによって左右される。八〇年代に社会階層が再編成された結果、その格差の拡大が明らかになった。すなわちサッチャー時代の繁栄から恩恵を受け、消費ブームに加わることができた者と、ますます締め出された者との間の「富の分割」である。若者は全体としては、この富の分割の下半分にいる。彼らは、高齢者と母子家庭の母親とともに、英国における最も貧しい社会集団を形成している。

クレジットと銀行

賃金や社会保障や補助金から得る若者の収入は減少しているが、その他の所得機会は拡大した。親が、失業中の子どもたちの収入をならす手助けをしたり（ハトソンとジェンキンス（Hutson and Jenkins, 1989）を参照のこと）、子どもたちの収入を援助するためにクレジットを利用している例がある。また、若者が、拡大したクレジットへのアクセスをより多く利用するという可能性もある。

クレジットと金融機関は、ますます若年の子どもたちに開かれるようになり、それは八〇年代のクレジットの規制緩和によって促進された。一九八九年に若年の顧客五千人について行われたハリファックス建設協会の調査によれば、十二歳未満の子どもでさえ長期の預金を持っており、住宅、車、休暇のために貯蓄していた。ウォーレスと共同研究者による英国南西部調査（一九九一年）では、十八歳と十九歳の若者は、中位値で週当り十ポンドを貯蓄し、週当り十五ポンドを欲しいものに支出していた。しかし、貯蓄はコインの片面に過ぎない。すなわち、サンプルのおよそ一〇％は過去一年間にローンを借りたり、当座借越をしており、ローンの中位値は千ポンドであった。ローンを借りる主な理由をみると、事例の六三％が車購入であった。ローンを借りている者の一六％は学生であった。低収入の若者は、しばしばクレジット会社、銀行、カタログ会社にかなりの負債を持っていることが、質的インタビュー〔調査票などによって大量のデータを得る調査方法に対比される〕から判明した（Wallace, 1991c）。それはクレジットブームの暗い側面である。

ハットン（Hutton, 1991）は、家族支出調査の準コーホート分析から、この数十年間に、若者の間で

図6・1　年齢別の銀行カードとクレジットカード

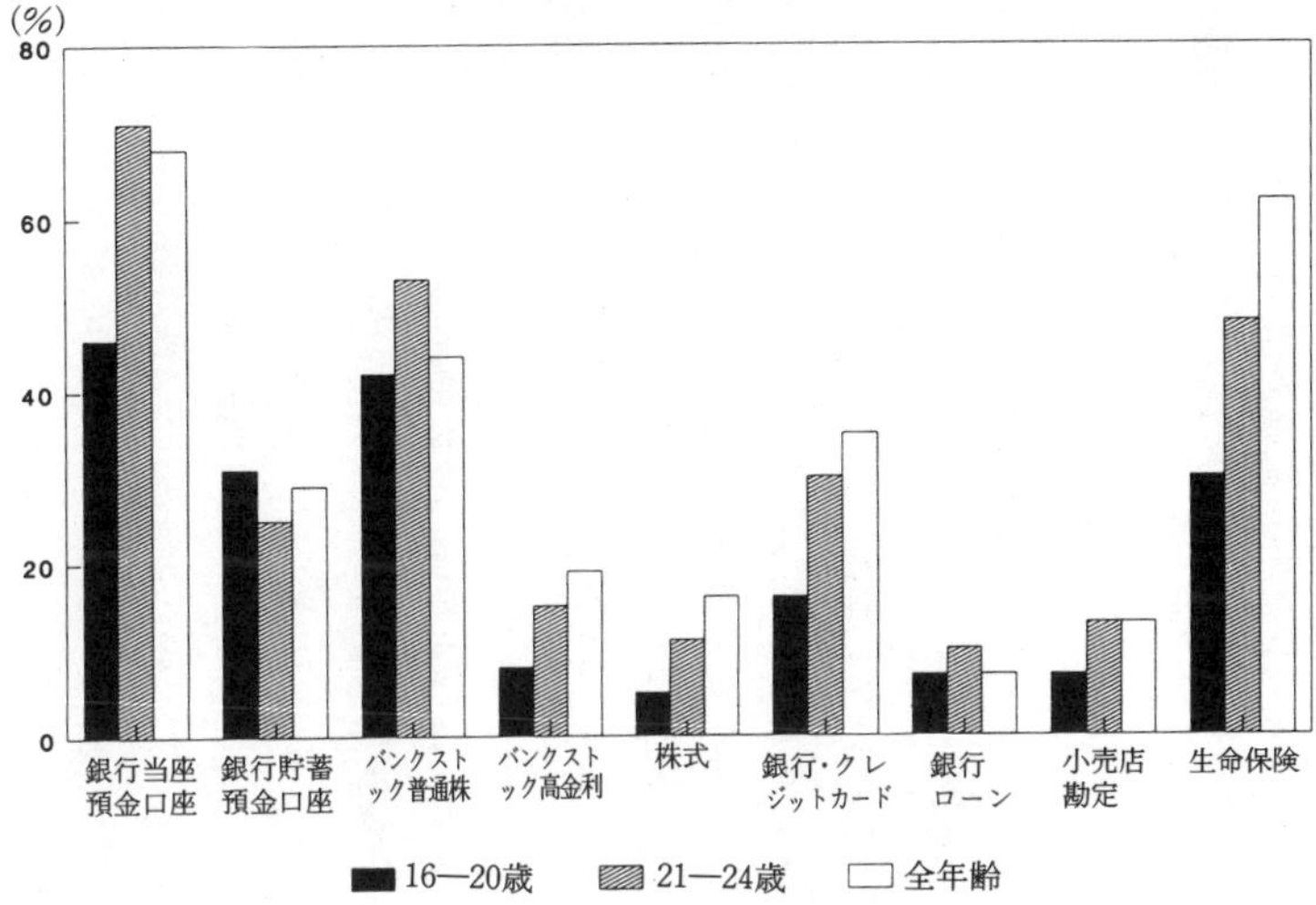

出典：National Opinion Poll *Financial Research Survey*, April–September 1987.

クレジットの使用が増えたことを見出した。こうして金融機関の利用が消費市場への参入を促進したのである。だがそれは、若者一人ひとりを金融機関の負債にしばり付けることになった。他の研究によれば、若者は二十歳台に達するまでに、金融機関にしばられる度合いがますます高まっていると指摘されている。図6・1に示した全国世論調査データによれば、若者はとくに銀行と建設協会に種々の出資をしており、掛け買い、ローン、クレジットカードの利用はかなり一般的である。この世論調査によれば、主な相違点は年齢によるものであったが、若い男性は若い女性よりもより多くこれらにアクセスしていた。それは可処分所得の年齢差を反映している。

過去においては、労働階級の若者の賃金は消費市場へのアクセスを可能にしていた。それによって労働階級の若者は、十歳台で消費者の自由を「短く開化」(Hoggart, 1958)

させることができ、その間彼らは、「豊かな消費者」と定義された（Abram,1961）。彼らの支出とレジャーのスタイルは「時流の先端をいく活気に満ちた六〇年代」の街角のトレンドを決定したのである。他方学生は、学業を終了し職を得るまでは、満足感を味わえないものと考えられていた。職を得て初めて、彼らは急成長する消費市場に加わることができたのである。この二つのケースにみられる雇用と消費の間の関連は、まず低収入が特徴となっている訓練生という中間的状態が挿入されたことによって切断された。それはまた、まだ学業中の若い消費者を、消費市場が受け入れ始めたために切断された。それは、はさみの効果を生んだ。というのは、収入はだんだん減っていく一方で、消費は青年期の重要な部分となってきたからである。

消費市場への参入にはプラスの側面もある。たとえ職業上の地位がなくても、消費は勢力、社会的地位、アイデンティティの源泉となる可能性があるからである。それはある程度の自己決定をもたらし、そして地域社会における消費者市民として受け入れられる可能性をもたらす。したがって若者は、消費者市民になるよう社会化される。彼らの「ニーズ」は消費市場によって形成され、親もこれらのニーズにそなえるよう圧力を受ける。若者のさまざまな集団を識別し、家族からの安心できる経済的援助がある若者と、そうでない若者との間の分極化の進行を考慮に入れることが重要である。八〇年代は、「ヤッピー〔若くて都市に住み専門職業を持つ人〕」の十年間であっただけではなく、段ボール都市〔ホームレス〕の十年間であった。

必需品への支出

ヤングアダルト期の数年間に、大抵は独立した住宅に移っていく。ロバーツ（Roberts, 1981）は、この移行の途上でレジャー活動は変化していくだろうと言ったが、同時に食料、衣服、住宅のような必需品への支出がどのように変化するかを理解することが重要である。ピアショー（Piachaud, 1982）は、耐久消費財の取得は年齢と家族内の責任によって構造化されるという理由から、支出パターンの推移と、とくにライフコースモデルに従って耐久消費財の取得について研究する必要性があることを強調した。デール（Dale, 1987）は、世帯の耐久消費財所有が家族のライフサイクルの段階とどのように関係するかを示している。青年期における世帯形成期は、支出パターンがより家族中心になることによって、レジャー活動中心から独立の生計を立てる上で直接必要なものへと支出が移行する期間と考えられる。われわれは第四章で、このプロセスが若者が親のもとに暮らしている間に、親に食費を支払うということからどのように始まるのかを調べた。世帯形成は金のかかる仕事なので、レジャー支出から家計支出への移行は、離家のプロセスとともに急速に推移するのである。

表6・1は、ウォーカー（Walker, 1988）の算定した、二人で家庭をはじめるために必要な最低費用と望ましい費用を示している。ウォーカーによれば、より現実的なのは「望ましい費用」の組み合わせであるが、独立した世帯を形成する若者で、この額の財源のある者はほとんどいない。カーク他（Kirk *et al.*, 1991）によれば、家庭を持つ若者にとって、基本的家具、敷物、台所設備のような必需品に対しては少なくとも総額千五百ポンド、ならびに基本的な維持費（食費、光

表6・1　二人の家庭を築くための費用

家庭用の品目	予算（ポンド）	
	最低費用	望ましい費用
家具と耐久消費財	706	3484
カーテンと敷物	204	750
寝具、リネン類	103	383
台所用品	74	473
陶磁器、ガラス器、家庭用刃物類	26	227
一般的な家庭用品	50	216
計	1199	5533

出典：Walker, 1988（表2.8）

熱費、交通費、世帯費用と個人の支出）として週四三ポンド（一九九〇年の見積り）の収入が必要であろうと推定されている。社会保障の資格があるとしても、若者が社会保障からこれだけの額を得られるとは考えられない。ということは、もし彼らが十分な収入を得たり、親から経済的援助を受けたりすることがない場合には、その多くが厳しい経済上の問題を抱えながら、独立の生計を開始していることを意味している。それゆえエアミッシュとオーバートン（Ermisch and Overton,1984）によれば、離家年齢を決める一つの要因は収入が高くなることである。

シェピー島の若者に関するクレア・ウォーレス（Claire Wallace, 1987a）の研究によれば、若者は大人になるにつれてより親の助けをする方向へと変わり、より多くの金を家庭に入れるようになることが指摘されている。もっとも一部の若者にとっては、この段階では職業上の目標より消費パターンの方が重要であり、将来性よりはむしろ所有物が成功の尺度とされる。失業は、この基本的な志向を大きくは変えないかもしれない。若者は、「消費者優先主義者の蓄積という主流の価値にコミット」するように社会化され、その結果長期失業者さえ耐久消費財市場に固定されている、とハトソンとジェンキンス（Hutson and Jenkins, 1987）は述べている。

ごく最近の市場調査（Marketing Direction Ltd, 1988）では、レジャーに関連する耐久消費財の保有水準が明らかにされている。それによると若者の三分の二はカラーテレビ、半数以上がビデオ、ほぼ三分の一が個人用のステレオを、そして四分の一ないし三分の一が家庭用コンピューターを保有している。これらの消費財によって、より広い消費市場と関係を持つことが可能になるとともに、親と暮らしている若者でさえ、親とは分離した自分自身のアイデンティティを持つことが可能となる。彼らにとって重要なのは、消費へのアクセスだけでなく、文化生活への完全な参加を可能にする消費手段、つまりビデオや車のような設備や用具へのアクセスである。

家計支出調査についてのサンドラ・ハットン（Sandra Hutton, 1991）の分析の中には、六〇年代、七〇年代、八〇年代の十六〜二十五歳コーホート（同時出生集団）の収入と支出パターンの比較がある。その結果から、七〇年代、八〇年代にわたって稼得収入を持つ若者の比率が低下したことがわかる。所得補足または補足給付を受けている若者の数は二一％増加し、失業手当を受けている若者の数は一〇％増加した。その結果部分的には、十六〜二十二歳の実質収入は低下した。しかし同時期に、この年齢グループでは食料、アルコール飲料、交通、衣服への支出は上昇した。ただ、被服費は八〇年代に再び低下したが。それは若者が、八〇年代には生活費の上昇に対処する他の収入源を見つけたことを意味している。最近の同年齢コーホートはまた、二十年前のコーホートに比べ、より多くの耐久消費財を保有し、また自分の住宅を保有する傾向にある。

必需品と贅沢品の定義は、カーク等（Kirk *et al.*, 1991）が指摘しているように、変動するものである。エジンバラの離家した若者についての彼らの研究によれば、さまざまな若者集団（学生、訓練生、失業者、片親）の間では、必需品への理解が全く異なることがわかる。カークらは若者に、何を本当の贅沢品と呼ぶのかと尋ねている。ある者は娯楽とレジャーへの支出を挙げたが、食料、衣服、または「家庭のための物」を挙げる若者もいた。配偶者のいない親は、ベビーシッターが本当の贅沢品だと答えた。将来への期待が厳しく制約され、希望が極めて制限された「期待の貧困（将来への展望を持っていない状態）」が、多くの回答に認められた。

住宅市場における若者

住宅は最も必要な支出の一つである。若者は青年期に住宅費を徐々に負担するようになるが、それは親への食費の支払いという形で始まり（第四章参照のこと）、離家するまで続く。第五章で見たように、大抵の若者は親の家を二十二歳までには離れるし、ある者はその年齢よりずっと早い時期に離家するのであるが、すべての若者が離家と同時に住宅市場に参入するわけではない。ホステル施設に行く若者、親族と生活する若者、または宿泊施設付きの仕事に就く若者もいる。しかし、持っている資源は限定されているにもかかわらず、しだいに狭くなってゆく住宅市場で競争しなければならない若者もいる。

住宅市場では、さまざまなタイプの住宅保有集団間の分裂が生じており、この分裂は現在、社会階級に基づく階層分化と同程度に重要であると指摘する研究者もいる（Saunders, 1986）。しかしこのモデルを若者に適用することは、若者を特定の社会階級に位置付けることが困難である（ジョーンズ（Jones, 1987a）を参照のこと）のと同じように、彼らが移行過程にあるために困難である。若者は職業階級構造の中の職業移動ルートに乗っているだけではなく、住宅市場の中での経歴を歩んでいるからである。彼らはまた、移行的な経済状況、すなわち学生または訓練生の状況にあることはすでに指摘した通りである。

若者集団（学生、労働者、家族のいる親やカップル）はそれぞれ、住宅市場で異なる位置を占めている。ある時期には、税金補助金と政府の明確な政策によって、持ち家が促進される傾向があった。その結果、今や全世帯主の六〇％以上が、持ち家所有者である。若者はたいてい低収入と雇用不安定のため、このセクターからは排除されている。しかし七〇年代に建設協会は、より広い人々の集団、つまり肉体労働者、若者、単身者および同棲中のカップルなど、それまで持ち家所有が困難なすべてのカテゴリーに属した人々に対してローンを拡大するよう要請された。その結果、八六年には二十四歳未満の世帯主の三五％が持ち家所有者であり、七一年の三一％を上回った（*Social Trends 19*, 1989）。この数字は他の西洋工業国のパターンと比較すると著しく高い。それは英国の若者の経済的責任がより大きいことを示している。しかしウォーカー（Walker, 1988）によれば、若者の希望と実際の間には不一致があるという。一九八二年、二十〜二十四歳の若者の八四％は持ち家を所有したいと表明したが、実際のところ三〇％しか持ち家所有者ではなかった。ウォーカーによれば、低賃金の労働者の場合、たまたま低コスト地域に住む場合か、配偶者がかなりの収入を得る場合にしか、持ち家は現実性のある計画ではないのであり、もっと年齢の低い夫妻は、借家したり姻戚と同居する傾向がある。

公共住宅の目的は、民間住宅から排除されている人々に住宅を供給することであるが、若者の多くはこのセクターからも排除されている。イングランドとウェールズでは、法律上十八歳未満で借家することはできない。地方自治体は、子どものいる親には高いスコアを与えるという「ポイント」システムに基づいて、新しい住宅を供給するという、かなり保守的な考え方を進めてきた。地方自治体の住宅供給が減少したために放置された空間を満たすために、住宅協会は拡大しつつあるが、多くの地域で同様の政策を進めているらしく、扶養する子どもを持つ家族に住宅を供給することを優先的に行っている。公共住宅供給セクターは、八〇年代の間に、一方では「買う権利」政策のために、他方では地方自治体が財政的な逼迫から新しい住宅を建設できなくなったために、衰退した。その結果、公共住宅はより一層「後遺症をもったもの」になっているが、それにもかかわらず、なお供給の二六％を占めている。二十四歳未満の若者の三〇％は地方自治体の借家に住んでいるが、この数字は一九七一年の二一％より増加している（*Social Trends 19*, 1989）。それは、いくつかの地方自治体が「賃貸の難しい」高層その他の宿泊施設を若者向けにしたからである。マーフィとサリヴァン（Murphy and Sullivan, 1986）によれば、若者の世帯主の間には「フィルター」効果が存在しており、失業中の若者は地方自治体の住宅が自分たちにとって唯一可能なものであることをより一層理解している。そして彼らには、失業して、住宅ローンの支払いを続けられなくなったあげくに自分の家を手放してしまった人々が加わることになるのである。

個人賃貸セクターは、親の家を離れた若者にとって主要な住宅資源である。全年齢集団をみると、個人賃貸住宅はわずか一一%を数えるのみであるが、二十四歳未満の世帯主の三五%はこのような住宅に住んでいる。しかし、この数字は一九七一年の五七%からは低下している（*Social Trends* 19, 1989）。このセクターの借家人は、第二次世界大戦後ある程度法的保護を享受していたが、その保護の多くは八八年からの家賃と借家に関する規制緩和に伴って、八〇年代のうちに一掃された。この規制緩和は住宅市場を活気づけることを意図したものであったが、借家人の立場を不確実にし、また家賃を上昇させた。まかない付き下宿規則（第三章を参照のこと）は、とくに個人賃貸セクターへの入居パターンに影響を及ぼしている。この法律では、若者は養育された親の家に戻る可能性があると想定されているが、それは必ずしも事実ではないということがわかってきた（Mathews, 1986; Jones, 1991a）。さらに個人賃貸セクターは、高い家賃、質の悪さ（しばしば複数居住）や保有の不安定ということで悪名が高い。

ジル・ジョーンズ（Gill Jones, 1987b）が指摘しているように、これらのさまざまな住宅保有は、住宅キャリアの段階（stage）のさまざまな推移を表わしているだろう。NCDS調査および一般世帯調査（GHS）についてのジル・ジョーンズの分析によれば、若者は親の家から「移行段階の」住宅に移動し、その後公共賃貸セクターでより永続的な住宅を見つけるか、自分自身の最初の家を購入する。この「移行段階の」住宅は、不安定で問題をはらむこともあるが、それにもかかわらず、若者が初めて就職をする際に、そして時には仕事をみつけるため地理的に移動しなければならない時に必要とされる弾力的な住宅市場となっている。

若者の住宅状況は、彼らの経済上の地位にも関係する。若者が住宅市場に参入する際のニーズはさまざまであり、年齢も、また収入源もさまざまである。学生は、一時的な個人賃貸住宅という独特の住宅セクターに住む傾向がある。そしてポリテクニクや大学を持つ大抵の主要都市には「学生街」があり、彼らが必要とするものを特別に提供している。そこには学生寄宿舎、個人住宅の中の貸間、家具付き一間アパート（bedsits）、フラット、共有住宅（shared houses）などがある。この密集した共同住宅設備は、これまで学生補助金と地方自治体の住宅給付によって助成されてきた。もっとも住宅給付が一九九〇年に廃止されたため、学生は個人の賃貸セクターでは有利な状態を維持できなくなっており、このパターンは変わるかもしれない。学生は教育を受けるために一般的には離家しなければならないが、訓練生の場合は離家するとは考えられておらず、訓練手当の中には離家するための住宅要素は全く入っていない。

住宅市場における若者の位置は常に不安定であったが、八〇年代には種々の理由からさらに圧迫されるようになった。都心の再開発によって、若者はそれまで居住していた低コストの賃貸セクターから追い出された。さらに長期にわたる個人の賃貸住宅の減少と家賃の規制緩和の影響で、このような住宅は消失するか、家賃が上昇して、若者の手には届かなくなった。七〇年代と八〇年代の財政逼迫によって若い世帯主に対する種々の補助が減少し（第三章参照のこと）、これは家賃補助の減少、あるいは地方自治体または住宅協会による住宅建設の減少の中に現れている。その上、建設された住宅は、家族向けに設計される傾向にあった（Burton *et al.*, 1989）。

ホームレス

若者向けの住宅市場の縮小は、若者の収入の減少と同時に起こったため、住宅はあっても買えなくなり、若者は住宅市場では競争力を失ってしまった。そのためさまざまな結果が生まれている。仕事と住宅が不足しているために、若者はより一層親元に戻るようになった。住宅市場においては、若者は払うことができないような住宅を借りるようになっている。住宅市場から完全に脱落しホームレスになった若者もいる。

ホームレスは現在ますます多くの若者に影響を及ぼしている。政府の対応は、親元に帰ることを若者に奨励することであって、購入可能な適切な住宅や収入を与えることによって住宅市場における若者の機会を改善することではない。その政府の対応は、訓練と雇用に影響を及ぼす政策がそうであるのと同様に、青年期というものを再度定義し直し、親に対する依存期間を延長させるのに好都合である。それは主として、若者の国家への依存を減少させるという意図から生まれている。

「隠れたホームレス」の状態で他人の家に仮住まいしていたり、住みたいとは思わない親の住宅に住んでいるという事実によって、若者の住宅要求の多くは隠蔽されている（Roof, 1982）。失業の結果起こる家族内の緊張や、新しい規則のためにまかない付き下宿から出なければならないことや、賃貸住宅を求めようとしても彼らより金持ちの大人たちとは対抗できないことなどの理由で、若者の状況は悪化していると述べる研究者もいる（Cusack and Roll, 1985）。長期の公的保護を受けていた若者が、十八歳もしくはそれ未満の年齢で、地方自治体から責任をとってもらえなくなる場合には、もっと問題を抱えることであろう（Stein andCarey, 1986）。そして実際に、単身ホームレスの三分の一はかつて公的に保護されていた若者なのである（環境庁、1981）。

ロンドンだけでなく英国のその他の大都市でも、段ボール箱に住んでいたり、街で物乞いしている若者集団がいることからわかるのは、大都会には職はより多くあるとしても、住む場所が少ないという事実である（Randall, 1988; O'Mahoney, 1988）。多くの若者がロンドンに移住している。センターポイントホステルだけでも一年間に千七百人もの若者が通過しており、さらに五千人以上の若者が臨時収容所にいると推定される。また、およそ二千人が不法居住の状態にあると考えられ、四万五千人が友人のすまいの床に寝泊まりするような不適切な状況にある。後の二つの数字は、公式のホームレスの数字にはあげられてさえいない（Randall, 1988）。

この問題は都市地域に限らない。農村地域では公共セクターの賃貸住宅への入居は限定されており、個人セクターの入手費用は、セカンドハウスとして賃貸したり購入するようなより豊かな都市居住者によって上昇している。また、個人賃貸セクターはシーズンの休暇用としておさえられている。しかし、いくつかの休暇用住宅は、ホームレスを住まわせるように転換が可能であり、実際「段ボールの街」に代って「キャラバンとシャレー風の村」がある。しかしそれらは、一時的な住宅であるはずが、実際には年間を通し、収入の無い若者に対して住宅を提供している（Wallace, 1991c）。農村地域では、住宅の不足は仕事や訓練講座（courses）の不足と並行しているために、多くの若者は都会へ移住する以外に選択の余地はないのである（Jones, 1990a）。もっとも、彼らが都会へ行ったとしても、そのどちらかを見つけるのは決して確実とはいえないのであるが。

ハトソンとリディアード（Hutson and Liddiard, 1991）がウェールズにおいて行った研究によると、少なくとも二千人の若者がホームレスであるという。それによると、若い女性でこの状況にある者は少ないことがわかった。若い女性の場合、男性のパートナーと性関係を形成でき、それによって住宅を与えられているのがその理由だとされている。もっとも女性の場合は、地方の住宅局が優先的に住宅を供給するために、長期のホームレスにはなりにくいのだという別の説明もある。ウェールズでは、若者のホームレスは暫くの間自分の土地に留まり、それからカーディフ〔ウェールズの首都〕に移住している。そこには若者を扱う行政機関が多いからである。家に戻らない理由は家族問題にあると、多くのホームレスの若者は述べている（Hutson and Liddiard, 1991）。

若者の住宅問題は他の問題とまじり合っている。十六～十八歳の若者の問題は、彼らが所得補足の資格を必ずしも与えられていないため、とくに深刻である。またイングランドとウェールズでは、彼らには借家契約を結ぶ資格が法律上与えられていない。南西イングランドについての研究は、二週間当り十五ポンドの補助金と住宅手当で移動住宅に住む若い男性と、妊娠している同棲中の恋人について報告している（Wallace, 1991c）。彼らの場合、片方の親は破産に直面し、もう片方の親は二人に対する援助を停止してしまったため、親元に帰るわけにはいかないのである。彼らは、生活のために負債を抱えており、もし仕事を見つけたとしても、返済をすると使える金はほとんど残らなかったであろう。

青年期の貧困

青年期の消費と生活費に関する大抵の研究は、若者に対する家族の援助の程度とその性質が重要であるのに、それを評価することができていない。親が子どもを援助できないかその意思がない場合には、相当な苦難と貧困が生じるであろう。

六〇年代に英国で貧困現象が再発見されて以来、貧困は、絶対的貧困というよりは相対的貧困であると強調して論じられてきた。相対的貧困概念は、マーシャルの独自概念である社会的シティズンシップの権利の概念の影響であり、それは「人々が社会的に普及している標準的生活にのっとって、文明化された人間」の生活を送る権利である。それゆえ、タウンゼンド（Townsend, 1979）は、休暇を取ったり、テレビを購入することが、今日の英国の「通常の」生活条件の一部であるならば、休暇をとったりテレビを持つだけの余裕があるからといっても、相対的貧困なのだと論じている。一方、絶対的貧困とは、人が生存のための食料、住宅、衣服などの基本的な生活手段にさえ欠ける場合である。タウンゼンドやその共同研究者たちでさえ、この種の貧困が、豊かな戦後の英国で極めて広範に持続しているとは考えていなかった。他方、八〇年代の保守党は絶対的貧困の尺度を用いて、貧困は全く存在しないと論じた。

だが、ホームレスであったり、食べるものに事欠くという事例によって、英国の若者の絶対的貧困を明らかにする報告は時折出されてきた（Kirk *et al.*, 1991）。八〇年代の英国では、空前の消費ブームと、多数の若者の貧困化とが並存した。この点で若者は、社会保障と労働市場の変化のためにとくに傷付けられやすい集団であった。母子家庭の母親や高齢者と並んで、若者は社会の最も貧しい集団に属した。リスター（Lister, 1991）が指摘しているように、これはシティズンシップからみた社会的地位に影響を及ぼす。若者についてわれわれが実例を示してきたように、もし彼らがもはや消費社会に参入できず、住宅、レジャー、食料のような手段への権利を持たないと見なされるとすれば、彼らは二流、それどころか三流の市民になるのである（これはカーク他（Kirk *et al.*, 1991）が指摘している）。

さらに、ホームレスで収入の無い若者は、搾取され、往々にして生きるために犯罪行為を犯す危険にさらされている（Kirk *et al.*, 1991; MORI, 1991）。ピーロ他（Peelo *et al.*, 1990）は、イングランドにおける青年犯罪者についての研究の中で、家庭で経験する分裂的で残虐なライフスタイルが、ホームレス、放浪、犯罪や不道徳な所得で生きのびるという結果をもたらしていることを確認している。ピーロたちは、訓練計画を受けながら表向きは親と生活している十七歳の少女キャロルの事例を記述している。キャロルは親と別居するための住宅費と家具の援助を必要としていた。しかし保護監察官の指摘では、キャロルは家で身体的情緒的虐待を受けていたけれども、ためらっていて、ＤＳＳ（社会保障局）に自分の苦痛を申し立てようとはしなかった。カークたち（Kirk *et al.*, 1991: p. 17）は、さらに、家庭で虐待を受けた十七歳の少女マージョリーがＤＳＳでの経験を語った次のような言葉を引用している。

とにかく、あの女はおせっかいやきだと思ったわ、まったく、だって……あの女は全く本当に、何でも知りたがって聞くのよ。それとこれとは全く関係がないでしょ。ね、わかる。わたしには判らないわ。単にお金を得るために、そこ〔親の家〕にいすわる必要はないと思うのに。「あなたが家を出た原因は何なの。それならなぜ戻れないの」。ね、こんなことを聞いてくるの。そんなことは彼女には関係ないじゃない。

これらの例は家族からの援助を受けることがないために、現在の条件下では、労働市場および住宅市場に自分たちの場所を手に入れることができない若者の問題を示している。八〇年代と九〇年代に、このような若者の前途は見えないものになった。

消費者シティズンシップという概念は、人々を持てる者と持たざる者とに階層化する。そこに矛盾した傾向がある。一方では若者は収入を減らし、その中の多くは極端な貧困に苦しんでいる。他方、消費市場はすべての若者に対してパワーと自立への期待を与える。消費者シティズンシップという「ニンジンのほうび」へのアクセスは制限されている。このような状況の中でわれわれは、青年期というものをどのように概念化することができるのであろうか。

包摂と排除

カークと共同研究者（Kirk *et al.,* 1991）によって提示された概念を用いることによって、文化生活への包摂と、普及している生活標準からの排除との間の乖離が拡大していることを確認できる。マスメディアのコミュニケーションによってもたらされる文化的シンボルと言語は共有されるのであるが、消費財を購入する手段は共有されない。消費市場へのアクセスは制限されているにもかかわらず、訓練生として、あるいは失業者として、若者の個人的地位の価値が引き下げられている状況下では、文化的シンボルはこれまで以上に大きな意味を帯びているのかもしれない。青年期における移行の性質が崩れたために、雇用状況によって〔若者の〕地位を規定することはより困難になったが、時には、消費の点で、文化的アイデンティティを規定し発展させる「自由」も生み出されるのかもしれない。レジャーへの支出と必需品への支出の間の区分は、時には不鮮明になるだろう。なぜなら、一部の若者にとって、レジャーへの支出は、生存戦略となっているからである。

レジャーのための時間と金へのアクセスはさておき、交通手段へのアクセスも重要であろう。市場調査によると、青年期には運転免許あるいは個人的な交通手段へのアクセスが重要であることが示されている。十八歳の若者の四六%は運転免許を持っており、この数字は二十歳では五八%に増えている(Marketing Directions Ltd, 1988)。さら一九八八年当時において、青年男子では二六%が、また青年女子では一七%が車を保有している。ウォーレスによれば、車保有は農村地域ではとくに優先順位が高い(Wallace *et al.*, 1991a)。というのは、交通手段によって、仕事とレジャーの両方へアクセスできるからであり、文化生活への参加がより十分にできるからである。

多くの消費者参入機会から排除されている若者には、何が起こるのだろうか。ジェレミー・シーブローク(Jeremy Seabroke, 1982)は、失業して消費者文化の主流から締め出され、きらびやかな一流の商品が陳列されているショッピングモールをうろつき回っていても、それを手に入れられない若者のわびしい姿を描いている。マイク・プレスディ(Mike Presdee, 1990)はオーストラリアで同様の状況を記述しているが、そこでは、消費中心に組み立てられ、消費者でない者には空間のない、警備保障された大きなショッピングアーケード(「資本主義の大聖堂」)に、失業した若者は引き寄せられている。インタビューを受けた若者たちは、消費者シティズンシップから排除され、別の形態の地位に訴えた。彼らの世界は、消費者志向の世界の中に、非消費者として空間を占有する権利をめぐる闘いになったのである(Presdee, 1990; White, 1990)。あるいは、空想的地位と、彼らがみつけたいかなる金も「気前よく使う」ことによるみせびらかしの消費に訴えることもできた(Wallace, 1987 c)。もっともカークたち(Kirk *et al.*, 1991)が指摘するように、「気前良く使うこと」には、ステレオやカメラを買うことから借金を完済することまで、すべてのものが含まれているであろう。

消費者市民?

第二章では、若者の地位の変化を労働市場との関係から議論した。学校から仕事への移行はより複雑になり、長期化し、フルタイムの教育を受けるための経済的依存状態からフルタイムの雇用による経済的自立状態までの間に過渡的な状態が生まれたことについて触れた。つまり大学生または訓練生という過渡的な地位に位置する若者が増加し、移行のルートはより不明確になり、より個人化してきたのである。消費市場へのアクセスは、一部の若者に音楽や服装のスタイルについての消費者としての選択に関する社会的アイデンティティを再形成する能力を与えている。彼らのレジャーパターンおよび「ライフスタイル」は、構築された新しい地位移動（the new status-passage）に対応して再形成されていく。

レジャーおよび消費を強調する論は、個人化に注目するか、それとも消費集団に基づく階層に注目しているが、それは支出が物的要因によってどのように制約されているかを無視している。普遍的消費文化は、新しい形態の階層化されたシティズンシップを生み出すが、そこでは仕事、家族または社会保障からの収入のない人々は、二流の、それどころか三流の市民なのである（Kirk *et al.*, 1991; Lister, 1991）。他方、消費者としてのパワーによって、（それが若者へと拡張される限り）一部の若者は親に依存している間にある程度の自律と個性化を手に入れることができるようになった。われわれは、若者が若い年齢で、消費と銀行取引のフォーマルな金銭関係にどのようにしてはめ込まれるのかを見てきた。それは、その他の点では依存がなお一層拡大していることと、完全な対照をなしている。

消費市場へアクセスできるか否かは、若者が親から経済的援助を得ることができるかどうかに、より一層かかっていると思われる。親と仲違いしていたり、親自身が借金せずに暮らすのが困難なために、そこから援助が得られそうもない場合に、若者はより貧困に陥りやすい。親の家にいる間は、リディア・モリス（Lydia Morris, 1990）が指摘しているように、若者の地位は、家族の中の「部分的に依存した消費者」であろう。若者はある程度、自分自身の可処分所得を持っているが、それは親（あるいは親の代理をする者）との関係の質、および親の経済状態に左右される。親の寛大な「甘やかし」によって、親子の親密な関係が継続している時は、若者のレジャー活動は家族内でとくに特権的地位を持っており、親によって援助されていると考えられる（Leonard, 1980）。一般的に高い生活費と若者の低収入という状況を前提とすると、現在では親の援助を求める必要性は大きくなり、しかもその層はより広範囲に及んでいる。

同時に、逆説的に言うと国家の支援が廃止され、若者が親に依存することを強いられているので、市場プロセスは、最初は若者により多くの選択を与えることにより、次には若者を金融市場に封じ込め、そして現代的な「見せびらかしの浪費家」になるよう社会化させることによって、若者を自立した消費者市民へと作り上げる役割を演じてきた。これは、親から十分な資金を得ることのできない若者や、貧しい親を持つ若者にとっては、とりわけ不幸なことである。われわれは青年期の負債の増加について種々の事例を見てきたが、それはこの市場プロセスの一つの帰結である。消費者シティズンシップの概念には、諸サービスを選択する権利が含まれているのだが、われわれが指摘してきたように、若者は消費市場で本当の選択という楽しみを持てるようになる前に、まず食料、衣服、住宅などの必需品を満たさねばならないのである。

第七章　青年期およびシティズンシップについて再び考える

今、重要なことは、若者がどのようにして青年期というプロセスを通過して、自立した社会の参加者になっていくかを理解することである。また、青年期の機会（opportunity）や制約が生み出される中に、青年期のプロセス自体を形成する構造的不平等があることを認識することも重要である。そのような理由から、われわれは、青年期をプロセスと構造の両方から理解すべきであると論じてきた。このアプローチが成功するためには、公的領域と私的領域という、実際には多くの点で相互に作用しあっているにもかかわらず、理論的にはしばしば分離されている二領域についての概念を再統合しなければならない。それによってはじめて、青年期には不平等があることや、かなりの程度の制約と選択があることを念頭において、若者の生活の全体がどの程度、制約によって決定されるのか、さらに、自身の個人史を作り出す上で若者がどの程度自己決定できるのかを見定めることができる。ベルトー（Bertaux, 1981）によれば、社会集団が異なればライフコース上での経験も異なっていることを研究することによってはじめて、社会学の領域で個人史を扱うことが可能になるのだという。そうすることによってはじめて、若者の生活の複雑さは理解が可能となり、社会学は若者に影響を及ぼす社会政策に対して建設的批判を行うことができるようになるのである。

ライフコース・アプローチをとることによって、われわれは、青年期に起こるプロセスを研究することもできるであろうし、若者が個人の歴史にどのように対処して、フォーマル、インフォーマルな制度的構造（それ自体時代とともに変化するものであるが）を通過していくのかを研究することが可能となろう。本書での再検討の結果が示しているように、若者が自分たちの生活を形づくる構造をどのように認識しているのか、また、大人になるプロセスを若者はどのように理解しているのか、という点についてのわれわれの知識には、なお多くの差異がある。青年期とは、生涯を通してなされる「反省的事業(reflexive project)」(Giddens,1991) の一部だととらえるのなら、青年期を構造化する公的・私的制度の迷路から切り抜けるために若者が用いる「戦略（strategy)」を理解する研究が、もっと必要となる。

青年期のプロセスに関する研究では、教育や労働市場のようなフォーマル構造を通過する道筋に焦点が当てられる傾向にあり、家族生活というインフォーマル構造の中で発生する若者の移行については相対的に軽視されてきた。若者の家族内での役割や家族との関係という私的領域は、「ブラックボックス」の中に入ったままで、社会科学者だけでなく政策立案者からも見えなくなっている。その上、子どもが巣離れする準備ができるようになるまで、世話をし管理する親がいるという伝統的家族の神話はなくなってはいない。本書を通してわれわれは、この神話が長期にわたって社会政策に及ぼした影響を観察してきた。このブラックボックスを開き、若者の家族内での役割や、家族との諸関係を、家族外のよりフォーマルな環境における若者の役割や諸関係と関連付けて研究し、公的領域と私的領域という人為的分離をとり除くことが重要である。

われわれは、若者の生活研究の二つの異なるアプローチ、すなわち構造と決定論を強調するアプローチと、責任主体（agency）と自己決定を強調するアプローチについて検討してきた。ライフコースアプローチを用いれば、これら二つのパースペクティブは相反するものではなく、両立できるものであることが理解できる。社会的階層構造は、主に社会階級やジェンダーや人種や民族の不平等から生まれるものであるが、それは若者のライフチャンスに出生時から影響を及ぼす。そして若者は、フォーマル、インフォーマルな制度的構造を通して、成功したり失敗したりしながらライフコースを歩んでいくのである。その際、制度的構造は若者に新しい制約や機会を与える。ある若者にとってはより多くの機会が存在するが、ある若者にとってはより多くの制約があるというのが、構造的不平等の意味である。その結果として、多くの機会に恵まれ広い見聞に支えられた選択戦略となっている若者の行為もあるが、制約から生まれた生き残り戦略となっている行為もある。先に挙げた二つのアプローチは、対立するものではない。責任主体（agency）と構造のどちらが、若者のライフコースを支配するかは、むしろ程度の問題である。

われわれは、国家や市場というフォーマル制度が、どのようにして若者の生活を依存者または自立者として構造化してきたかを観察し確認してきたし、若者の家族環境や親の期待が、若者の個人史や依存状況にどのような影響を及ぼすのかについて検討してきた。そしてわれわれは、労働者、世帯主、消費者として、若者が自立に向けてどのように行動しようとしているのか、さらに若者の人生行路に横たわっているさまざまな障害物について検討してきた。またわれわれは、青年期のライフコースの変化や、若者が自分の個人史を決定する機会を制約もしくは拡大する構造および政策の歴史時間の変化という全体的枠組みの中で、しばしば分離されている若者の生活局面を統合しようとしてきた。

われわれの狙いは、青年社会学を拡張することであり、社会政策を批判するだけでなく、作ることができることである。われわれは青年社会学に見られる限界のいくつかについて論じてきた。それは国家政策の中で、繰り返されおそらく一層悪い影響を与えている限界なのである。青年期のプロセスに対する理解の欠如や、青年期の不均一と不平等についての認識の欠如、さらに青年期に対する全体論的アプローチの欠如のすべてが、若者向けの社会政策の中でくり返されている。

その結果若者は、今日きわめて不当な処遇を受けており、多くの場合、機会が与えられるより、制約を受ける方が多くなり始めている。教育や訓練機会の拡大を利用できる若者が増加する一方で、失業やホームレスや貧困に苦しみ、食べ物、衣服、住宅に対する基本的人権を失っていると考えられる若者もますます増加している。これらは不利な立場が連続した結末であり、その現象が社会全体に拡大しつつあるように思われる。不利な立場に置かれているのは失業している若者だけではなく、訓練計画の下で低収入を余儀なくされている若者や、ますます手に余る負債を作っているのではないかと思われる学生である。青年期の不利な立場は階層化されている。社会の底辺にいる若者が最も不利な立場に置かれているが、他の年齢層と比べ、若者全体がますます不利な立場に苦しんでいる。若者は、歴史時間の中で年齢と位置だけで結ばれた不均一な集団である。彼らの問題は、組織化した声を持たず、実際のところ容易には自己主張することができない点にある。若者は労働組合運動、政党、圧力団体（ユースエイドという圧力団体の著名な例外はあるが）のような政治的ロビー活動からは置き去りにされている。全政党が個人の権利を強調する時代に、若者がそのレトリックから明らかに除外されているのは、極めて皮肉に思われる。若者にも権利と責任があることが認識されるべきであろう。

青年期とシティズンシップ

社会の完全なメンバーになることや、社会の中で主張することにまつわる一連の権利と責任を最も良く表わしている概念は、シティズンシップである。本書でわれわれは、シティズンシップの概念を種々の方法で青年期の研究に応用してきた。われわれは、マーシャル（Marshall, 1950）によって定式化された市民的、政治的、社会的次元からみたシティズンシップの近代的概念を、検討するだけではなく、その分析を拡張した。まず初めに、若者の生活の公的・私的領域での権利と責任という点から、シティズンシップを検討した。第二に、女性のシティズンシップに対するルース・リスター（Ruth Lister, 1990, 1991）のアプローチ、なかでも、完全なシティズンシップは経済的自立があってはじめて可能になるという彼女の議論を取り上げた。第三に、核家族の中では、依存者はシティズンシップの権利を代理人つまり世帯主を通して獲得できる、というイデオロギーに疑問をなげかけた。第四に、青年期の依存という概念に疑問を提起した。最後に、ごく最近、公の議論に登場したシティズンシップの出現、つまり消費者シティズンシップの出現、または消費市場で選択するというパワーの出現が、若者にあてはまるかどうかを検討した。

そのいくつかの議論を取り上げ、若者に関する理論と政策に対する、シティズンシップ論の価値を検討してみよう。現在、政策立案者には、直面するいくつかのジレンマがある。たとえば、責任は若者個人にあるのか、それとも同時に親にもあるのか。また、個人の選択を強調するか、それとも同時に、個人の選択を奪うような政策を立てるのか。あるいは、直接的な国家介入を減らし、「家族というもの」

や市場を通して間接的な介入を増やすのか、などである。そこでまず、シティズンシップの概念に対する、ライフコースアプローチの価値について検討を加えてみよう。

シティズンシップに対するライフコースのアプローチ

シティズンシップの概念は、マーシャルによる最初の近代的定式化においても、また、より最近の政治社会学においても、ライフコースモデルに基づいては組み立てられていない。英国のシティズンシップは十八世紀の市民的要素、十九世紀の政治的要素、そして二十世紀の万人の安全網という社会的要素の発達とともに、一般的には時代の経過の中で生まれてきたものと考えられている。最近では、こうした進化論的アプローチを広げようという試みもみられる。理論的にはシティズンシップは普遍的なものであり、その完全な適用によって階層は取り除かれるはずなのに、実際には不平等は相変わらず存在している。シティズンシップへのアクセスの機会が構造化されているからである。社会的シティズンシップに期待するのは、社会階級の不平等を根絶することであるが、それは実際には起こりそうもない、とマーシャル自身も述べている。ところで、彼は不平等が存在するその他の次元については考慮していなかった。社会階層研究自体の中で、ジェンダー、人種、民族、心身障害のような、他の不平等がようやく確認されるようになったのは、マーシャルの理論が展開された後である。シティズンシップについてのマーシャルの最初のモデルは、暗黙のうちに、男の稼ぎ手の被扶養者として妻と子どもがおり、その稼ぎ手を通して家族の収入や権利が生まれるという、規範的な核家族に基づいていた。最近では、シティズンシップの概念は女性にも適用されるようになり、その範囲はさらに少数民族メンバーや、心身のハンディキャップを持っているメンバーなど、不利な立場にある集団のシティズンシップの検討へと広がっている。しかしこのようなシティズンシップモデルの拡張は、構造的に不利な立場にある集団の位置を再評価するためにその概念範囲を拡大しているとはいえ、今なお、社会についての横断的な見方のみに基づいているようである。

しかし、横断的方法では不十分であろう。たしかにあらゆる形態の階層は横断的に測定できるし、歴史時間の中で、さまざまな時点で起こる社会レベルでの変化を確認することは重要であるが、階層の持つ多くの次元の一つひとつも、個人レベルで変化を受けるのである。たとえば、職業階級上の位置は、世代間で変化するだけではなく個人史の中でも変化する可能性がある。同じようにまた、性は（大部分は）出生時に決まるが、その後の家庭の歴史の一つの結果として、ジェンダーの不平等はライフコース上で生じてくる。心身障害の影響もライフコース上で起こる。人によって程度こそ異なるが、不利な経歴を生み出している。人種や民族のちがいは、ライフコースのさまざまな段階で、さまざまなライフチャンスの結果を生む。このように階層と不平等を、ライフコース・アプローチでみることによって、不利な立場にある個人の歴史を研究することができるのである。

「進化論的な」アプローチ（Giddens, 1982）は、シティズンシップが英国社会でどのように展開したのかを示してきた。ライフコース・アプローチをシティズンシップに応用するならば、そのライフコースの中で個人がどのようにしてシティズンシップの地位を獲得するのかを検討することができるし、もっと深めていけば、シティズンシップの形態がライフコースの中でどのように変化するのかを知ることができる。たとえば、結婚や出産というような出来事や子育て後（または結婚後）のキャリアが女性の社会参加にどう影響を及ぼすのか、退職が高齢者の権利と責任にどう影響するのか、といった点についてである。本書では若者に焦点を当てて、シティズンシップが個人レベルでどのように、そして何時達成されるのかを検討してきた。今述べた三つのタイプの事例、すなわち若者、女性、高齢者には類似性がある。彼らは移行的な経済的地位にいる、という類似性である。すなわち、移行上での経済的状況が、若者の場合は依存から自立へ移行、高齢者の場合は自立から依存へ移行、女性の場合は自立から依存、再び自立という、より複雑な移行である。依存から自立への移行が、社会の完全なメンバーになることに関係しているように、この移行プロセスの逆転は、シティズンシップの地位を失うことに結びつくかもしれない。もしシティズンシップをすべての人々に開放することを望むなら、社会のメンバーになることは階層的にどのような差異があるのか、またそれが個人的、歴史的変化をどのように受けるのかを理解しなければならないことは明らかである。

シティズンシップにはいくつかの要素があり、それらは社会的に発展してきたものではあるが、同時に個人レベルにも適用することができるのである。われわれは、ライフコース上での市民的・政治的・社会的権利の獲得が、歴史的な社会の権利獲得について、マーシャルが記述したパターンを反映していると示してきた。そしてまた、ギデンズ（Giddens, 1982）とターナー（Turner, 1990）が社会的レベルでのシティズンシップの展開について論評しているのと同じように、個人レベルでのシティズンシップの発展は、不均等で非類似的で可逆的でさえあることを示してきた。最後に、社会的レベルと個人的レベルにおける、受動的シティズンシップと能動的シティズンシップについて考察する必要がある。

英国において市民になること

英国では、他の生活上の諸側面と同じように、シティズンシップは国家のいかなる基本法の中にも具体化されているものではなく、時代の経過の中で発達してきたものである。権利を要求するために、先例に頼ることができるとはかぎらない。権利の侵害を許さない国民の叫びがなければ、とくに、権利を取り上げられた個人が集団的抗議をしなければ、個人の権利が取り上げられることはしばしば起こりうる。もちろん英国の場合、シティズンシップの権利は、国民の大多数の叫びを伴わずに発達してきた。実際女性の政治的権利は、完全な革命あるいは市民戦争なしに獲得された（Turner,1990）。他の国ではシティズンシップは極めてさまざまな仕方で発達し、さまざまな現れ方をしている（Turner, 1990）。いずれの国でも、シティズンシップには権利と責任が含まれるが、その権利と責任の本質は国によって異なるように思われる。この用語を肯定的に使うことも否定的に使うことも可能である。非市民集団を排除する手段としてシティズンシップが行使される場合もあろう。それはしばしば少数民族の人々に対して使われる。権利は極めて地域化されており、国民国家よりも都市（都市は市民という言葉の古典的な定義である）や地方と結びついているだろう。

英国のシティズンシップは国家レベルのものであるが、人々はそこでどのようにして、いつ誰によって市民として認識されるのだろうか。シティズンシップについての社会学的議論をふまえると、現在の政治的論争内容を超える概念に、重要な意味があると考えなければならない。

シティズンシップの権利とアクセス

シティズンシップの基本的要素は、マーシャル（Marshall, 1950）により、財産権と契約権を含む市民的権利、政治的権利、世間一般レベルの健康、教育、生活標準への権利であることが明らかにされた。本書でわれわれは、ケインズ学派の戦後経済の必須部分、つまり仕事への権利というものを含めるだけではなく、その後の政策イニシアティブの中で具体化された学卒後の教育と訓練への権利を検討するためにその分析を広げた。この権利は、ターナー（Turner, 1990）が指摘しているように、国の文化制度に対する権利要求としてのシティズンシップと関連するが、マーシャルの定式化には含まれていなかった。

青年期との関係で、こうしたシティズンシップのすべての要素を検討し始めると、それらは相互に複雑な関係を持っていることがわかる。若者は法的成人年齢に達すると、あるいは実際に或る特定の年齢に達すると、すべての点で疑いなく市民になる。十八歳になると選挙権、結婚や財産所有のような市民的権利、そしてそれと平行する責任、つまり人頭税を払う責任を負う。しかし本書で見てきたように、完全な社会的シティズンシップは年齢によってもたらされることはない。一方マーシャルも、政治的平等と広範囲にわたる社会的・経済的不平等の残存とは相矛盾するものであり、後者は資本主義市場と私有財産の存在から生まれるものであると指摘している（1973, Turner, 1990 に引用）。市民的シティズンシップにさえも問題はある。というのは子どもと若者の権利はなお法律の裁可待ちであるからである。またとくに、社会的シティズンシップの場合には多くの権利は相変わらず親を通じて得られている。それは非常に多くの若者が置かれている依存的地位のためである。

権利を獲得したからといって、その権利が行使されるとは限らない。それゆえ福祉支給に対する資格は持っていても、給付が得られていないかもしれない。政治的権利を持っていても、若者の多くが投票していないことは多くの研究が明らかにしており、棄権は社会階級によって階層化されている（たとえば、ジョーンズとウォーレス（Jones and Wallace, 1990）を参照のこと）。若者は選挙プロセスや福祉制度に参加する権利を持っているが、この権利を行使するかどうかは、選挙プロセスや福祉制度や労働市場など、「既成の社会秩序（establishment）」において若者が過去にどのような経験をし、その中で彼らの無関心がどの程度誘発されたかなどの要因次第である。九〇年代には、多くの若者が社会からますます疎外され、参加から排除されつつあるようにみえる。一例をあげれば、ある一組の権利にアクセスできるかどうかは、もう一組の権利にアクセスできるかどうかによって決まるようだ。政治的権利がどのように居住への権利と財産への権利に依存するかについては、これまでに指摘したが、それらの権利そのものは収入に依存するのに、その収入はより一層、年齢と経済的地位に依存するようになっているのである。

これらの権利の獲得は一様ではなく、並列して獲得されるものではないだけでなく、可逆的なものであることが、ライフコース・アプローチによってわかる。それ故ある領域での権利の喪失は他の領域における権利の喪失をもたらす可能性が生じる。そこで失業はホームレスになる可能性を生み、それが次には、政治的権利の喪失をもたらすかもしれないのである。こうして個人レベルのプロセスは、ギデンズ（Giddens, 1982）およびターナー（Turner, 1990）により定義された社会レベルの問題を反映するのである。ギデンズは、さまざまな権利はさまざまな社会的プロセスの結果であると論じている。すなわち政治的権利は中産階級が苦闘によって獲得した成果であり、資本主義を容認するものであるが、社会的権利は社会主義イデオロギーの成果であり、資本主義に対する一つの挑戦である。個人レベルにおいても、さまざまな形態のシティズンシップの間には緊張があるように思われる。シティズンシップの概念を、個人レベルで構成要素に分割するのが有効であることは確かである。個人レベルでのシティズンシップの権利獲得プロセスには、マーシャルのシティズンシップ類型を再現するいくつかのプロセスがあり、それらは別々に市民的、政治的、社会的権利をもたらす。その他の諸プロセスはその後、それらの権利へのアクセスを構造化する。権利それ自体は、年齢的地位に基づいて組み立てられた社会構造の一部として、主として年齢とともに獲得されるのだが、どのような年齢であっても、その年齢で得られる権利へのアクセスには不平等があり、われわれが見出したように、それは主として経済的地位によって構造的に決定されることが多い。

年齢的地位の構築

すでに指摘してきたように、さまざまな権利と責任が獲得される年齢は広範囲にわたって異なっているものの、シティズンシップは年齢的地位と結びついている。しかし、一人ひとりにとってシティズンシップの地位の発達は複雑であり、その地位は単なる年齢資格以上のものに依拠している。

シティズンシップの論議にとくに年齢の問題を持ち込むことには、いくつかの重要な意味がある。というのは、年齢は、極めて単純な方法で、政策用語の中で組み立てられてきたからである。年齢というものを概念的に明確にすることが必要である。個人の年齢は身体的属性を反映しているにすぎない。年齢によって個人の経験を知ることはほとんどできない。個人の出生日付がわかれば、歴史時間の中での彼らの位置が確認でき、彼らをある特定コーホートのメンバーと見なすことはできる。それによって少しは彼らの経験を指摘できるようになる。しかし、コーホートメンバーを歴史時間のみならず社会的地理的空間に位置づけることによってはじめて、ある程度は若者を理解できるようになるのである（Jones, 1991b）。ところが、教育や訓練規定にみられるように、「普遍的」であることを意図した国家政策は、個人の社会的コンテクストをほとんど認識してはいない。国家政策は、ターゲット集団を確認する手段として、年齢に焦点を当てる。より精密なターゲット設定が必要な時には、年齢区分がもち込まれる。とくに、福祉給付を決定する規則が関係する場合には、それがあてはまる。もとより若者が置かれている社会的地理的状況のすべてを法律で詳細に制定することは不可能であるが、それでも年齢で区分された資格にあまりにも頼りすぎている。このことは、その他の社会的因子が無視されたような場合には、大きな不平等をもたらす可能性がある。それはまた年齢的地位を固定化する結果を招き、ライフコースのダイナミックのあらゆる意味が失われることになる。そうなれば各々の年齢、あるいは年齢による集団化（たとえば、訓練や福祉給付では十六歳から十七歳まで、十八歳から二十五歳までという共通の年齢による集団化）は静止的なものになり、各集団内のメンバーシップは凍結される。その結果、各集団内でのプロセスは認められなくなる。そこでは、プロセスの意味は一つの年齢集団から他の年齢集団への移行というように単純化されている。これは明らかに、極めて人為的な年齢の定式化といえる。

政策の点からみると、若者は極めて同一化しやすい社会集団であるが、現実には、若者はさまざまな社会状況下にあって、極めてさまざまな人生経験を持っている。年齢は不平等をもたらす一つの次元として構造化されている。しかし、年齢に焦点を当てるからと言って、全体的な不平等構造のその他の側面を見過ごしてはならない。

国が若者を構造化する変数として年齢を強調する結果、青年期にみられるいくつかの経験は、社会全体にわたって一般的になっている。すなわち教育訓練期間の長期化、直接収入を受けとる見込みの減少、国家によって構造化された、家族に対する依存の拡大などである。訓練生や学生のような、移行的な経済状態の期間が延長され、失業した若者や若年労働者は、以前ほど一般的にはみられなくなってきた。社会保障政策によって支援された、雇用、訓練、教育政策は二つの若者集団（訓練生と学生）だけを作る方向に動いている。しかしその方向がうまくいったり、青年期により大きな平等をもたらすであろうと期待するのは幻想である。というのはわれわれが見てきたように、これらの地位の内部で、またその間で階層化が進んでいるからである。

経済的自立の構築

シティズンシップに関連する権利は年齢基準に基づいているが、一方では、こうした権利へのアクセスの多くは経済的自立によってもたらされる。最低卒業年齢や、子どもが労働を許される最低年齢を設けた最初の法律制定当時から、若者の経済的地位は大部分は国家によって構造化されてきた。時代とともに、彼らの経済的地位に対する国家統制は増してきた。若者は今日、狭く圧縮された教育、訓練、労働市場の体制の中で成長するのである。教育は社会的シティズンシップの普遍的権利であるべきだという思想が十九世紀に形成されて以来、義務教育の期間は延長されてきた。若者が労働市場に参入する年齢も、速度は異なるものの、また上昇してきた。そして現在の大抵の若者にとっては、卒業とフルタイム雇用の間に、訓練、継続教育や高等教育という中間的期間がある。かつて若者は労働市場にいたのに、今では大抵の者が教育または訓練施設に吸収されている。教育機会へのアクセスが拡大するにつれ、より広範囲の若者集団が、新タイプの教育課程によって提供される機会を活用して、より高い資格を獲得し始めている。失業は相変わらず存在し、たぶん実際には増加しているのであるが、それは主として訓練生制度の中に吸収されてきた。以上の展開が意味することは、それまで機会に恵まれていなかった多くの若者の中に新しい機会が生まれたということである。しかし、われわれが指摘したように、より多くの資格を得れば得るほど、その資格に対する学生や雇用主の評価は高いものではなくなる。こうしてライフチャンスは、より多くの資格を得ることでは必ずしも改善されない。したがって、平等化は一層の階層化によって抑えられるのである。

これらの進展の結果、若者の地位はますます経済的な依存と自立の間の中間に置かれるようにもなっている。以前に広く存在した徒弟と同様に、訓練生の地位も学生の地位も、大人の収入や大人の責任に結びついてはいない。たとえば平均賃金を基礎にして学生への補助金を算定するという試みは一度もなく、訓練生手当は若者の平均賃金より低いレベルに故意に保たれている。さらに、若者の実際の生計費が十分調査されたことは一度もない。訓練、教育中の若者に与えられる経済援助額は減少しており、十六歳および十七歳の失業中の若者に対する経済的援助は、打ち切られてしまった。このようにすべての中間的な経済的地位にある若者は、家族をもっと頼るように強いられている。

「長期間にわたる移行」の間に家族への依存が増した結果、若者はどのようにして自立に対処することができ、またどのようにしてシティズンシップを達成できるのかという問題が提起されている。若者とその家族は、どちらの側も望まないような経済関係を結ばなければならない。親は自立を志向している青年期の子どもに対して、道徳的責任を取ることはできないと感じるであろうし、親自身が貧困である場合には、経済的責任をとることはできないであろう。若者、とくに若い男性は、食事を作ってもらったり、衣服を洗濯してもらったりして親元にとどまり、親から世話してもらい続けなければならないことを喜んでいるかもしれない。しかしその一方で、大人として行動し、新しい関係を作っていくためのプライバシーを獲得し、親から自立して生活したいと望んでいる若者も多い。それにもかかわらず現実には、住宅と仕事の機会の喪失のために、若者が離家することはますます困難になっており、多くの若者は子どものような依存を強いられて、それに耐えているものと思われる。

このような理由から、青年期の依存について法律で定めることは困難である。多くの因子が、親の扶養能力と、若者の自立達成を遅らせる力の双方に、影響を及ぼすかもしれない。それにもかかわらず政府の政策は、家族関係の性質と大人への移行の性質に関する憶測に基づいている。それゆえ本書では、依存と自立の問題が現実にはどんなに複雑であるかを示してきたのである。

代理人によるシティズンシップか

依存する子どもとして家族的環境の中で暮らす間は、若者は世帯主を通じて権利と利益を得ていると想定されている。若者は健康と教育を求める権利を持っており、世帯主はそのニーズをみたすよう国家に手当を請求するだろう。やがて法律と規則によって定められた年齢基準に達すると、若者は自分自身のために権利要求を始めることができる。しかし、若者の多くが両親とともに核家族の中で暮らしていない場合には、代理人によるシティズンシップという考えの基礎をなす仮説を検討しなければならない。子どもの権利を求める現代の主張によって、この代理人によるシティズンシップという政策のエートス全体が一層疑問視されている。これらの主張は（通常、子どもに代わって大人によって主張されていると言わねばならないが）子どもの権利は必ずしも親から得られるとは限らないということで、依存者というよりは個人としての子どもの認識、そして必ずしもすべての親が親としての責任を果たせるとは限らない、という認識に基づいている。このように、代理人によるシティズンシップという考え方には問題がある。

代理人に基づいたシティズンシップという考えはまた、実行するのが困難である。子ども期に得られる権利から成人期の自立した権利までの移行期間は、政策立案者に問題を提起している。というのは給付規則は、プロセスに基づいて整えられているものではないからである。したがって政策立案者は、若者は経済的自立へと移行するということを考慮に入れていないようである。すでに検討してきたように、福祉手当を親に支払うよりはむしろ若者に直接支払う方向への動きは一九七九年以前に始まったが、その結果、社会的シティズンシップに対する若者自身の権利についての認識が、政策検討の中に多少はみられた。ところがわれわれの見解では、このより進んだアプローチは最近修正され、再び若者は自分自身の名前で社会的シティズンシップに対する資格を持つとは見なされなくなった。福祉制度による認識に関する限り、法的成人年齢は現在では二十歳台半ばまで引き上げられている。

われわれが前半で論じたように、子ども期を依存状態と考えることは妥当であるが、十代後半の若者の場合にそう考えることには問題がある。親が成人の子どもに給付を渡しているかどうかを示す証拠はない。資力調査に基づく教育助成金分を親が学生である子どもに支払わなかったり、また夫が税金給付(tax benefits)を自分の妻に渡さないケースがあることからして、若者に代わって親に支給される給付を、若者本人が受けとっていると想定すべきではない。

依存と社会統制

青年期が以前にも増して、依存期間として組み立てられてきている一つの理由は、若者に対する統制をさらに強めるためであることは先に述べた。一九八〇年代初期に、しばしば若者を巻き込んだ都市中心部の暴動〔リバプール市など全国三十数都市で黒人暴動が多発〕後は、若者に対する統制強化が必要であると考えられた。社会における法と秩序の強化を進める一つのアプローチは、近年、子どもを統制する親の役割を強調するものになっている。子どもを親に依存させることは、若者を親の統制下に置く一つの方法とみられている。

依存の状態は、依存する者と扶養する者との間の不平等な力関係を意味する。しかし、若者が家計に貢献するようになるか、それとも逆に若者が世帯資源に依存するようになると、家族内の力関係に変化が現れることを示してきた。すなわち、若者が食費を支払い始めると、彼らの交渉上の地位は改善され、より多くの責任を持ち大人であると見なされるようになり、成人期に関連するより多くの責任を獲得するようになるのである。親が子どもを統制する際、統制の程度は一部は両者のこのような経済上の関係に従って変わる。しかし、それが変化の最も重要な要因ではない。というのは、統制の程度はすべての当事者の経済的地位や各人の経済的責任によっても変化すると考えられるからである。国の政策は、これらの問題を認識しない傾向がある。

子どもを親への依存者、世帯の従属メンバーと見なすのが親子関係の伝統的見方である。しかし、親子関係は変化してゆくことを考えれば、この見方は単純化したものと考えられる。現代の政策の、親は自分の子どもに責任を持っているという仮定は、子どもというものを依存的位置に置くどころか、実際には家族というものの伝統的な力のバランスをくずしている、とハリス（Harris, 1983）は述べている。親は、すべての生産者がそうであるのと同じように、自分の製品の質によって審査されるのだ、と彼は言う。親は、子どもに適切な社会的道徳的行動を学ばせる責任を持っている、と彼は考えてもいるが、例外があるというのである（Harris, 1983: p. 241）。

もし、親は自分の子どもの性格に対して社会的責任があると見なされるならば、また子どもの行動が親の道徳的・個人的価値の尺度と見なされるならば、子どもは巨大な力を持つようになる。

このような理由から、依存する子どもは親子関係において必然的に弱いパートナーであると考えるのは、おそらくあやまりであろう。当局が親に対して、十代の子どもの行動に、より多くの責任を持たせようとする動き（たとえば、子どもに代わって親に罰金を支払う責任を持たせるなどの動き）はすべて、若者は経済的に親に依存しているのだから、親は必要があれば財政的制裁をすることによって子どもを統制できる、と仮定している。しかし、先に示したように、もし親が逆に経済的に子どもに依存していたり、あるいはもし、ハリスによって指摘された力学によって、親は子どもに対して力を得るどころか実際には力を失ないつつあることを意味するのなら、親による財政的制裁は効果がない。同様に、もし、若者を親へ依存させることによって、若者を統制する政策を政府が立てるとすれば、このような状況下ではたぶん効果が得られないであろう。

同様に、世帯外における若者の経済的地位は、しばしば若者に対する社会統制と関連している。YTS〔青年訓練計画。第二章を参照のこと〕の導入は、先に述べたように、その当時の政府が法と秩序の問題を重要とみたことに結びついているが、そのために、訓練生（以前の徒弟と同様に）と学生は経済的に他者に依存するとともに、一定の社会統制下に置かれているのである。そしてそこでも経済的制裁を受ける可能性がある。もし彼らが規則に従って行動しない場合には、経済的援助は取り上げられるかもしれない。六〇年代の学生暴動は、経済発展と相対的繁栄の時期と結びついていたこと、また、今日の学生は、政治活動に参加するよりもむしろ、経済的問題に対処しなければならないと考えられることが重要である。失業中の若者の大半は、訓練生制度によって街頭から連れ去られた。そしてわれわれは、訓練生計画は、八〇年代初期の都心での暴動後、ある程度は若者を統制する必要から展開されたことを述べた。しかし、訓練計画自体の内部でも、いろいろな抵抗が生まれており、若者の従順さを作り出そうとする政策が必ず機能すると考えるのは正しくない。一九九一年夏の都心における多数の暴動は、社会統制としての訓練計画が、貧困と負債の増加に直面して崩壊しつつある徴候と思われる。

選択と制約

若者にとってどこに選択があるのだろうか。家族関係や世帯構造は多様化し、柔軟性が増しているのは事実である。セックス、同棲、出産と結婚との分離、連続的なパートナーシップ〔離婚、再婚の連続からなる「パートナーシップ」〕の増加などの現象は、われわれが伝統的な家族形態または規範的形態と考えたものからの離脱を表わしており、人々に選択の増加をもたらしていると思われる。労働市場への移行と、家族形成への移行との間のつながりも変化してきた。労働市場の弾力性も増し、卒業後の教育や仕事を得るための訓練の機会が増加している。消費市場は若者に開かれた。しかしこれらの新しい展開によって、本当により多くの選択がもたらされるのだろうか。

われわれは本書を通して、若者の生活のあらゆる領域で、選択がどの程度階層化されているのかを示してきた。選択を利用するだけの金銭的もしくは文化資本を持つ若者は、機会を手に入れることが可能である。新しい形態の世帯や家族形成を含め、若者にとって理論的には入手可能なはずの新しい選択をするためには、独立した収入が必要とされるが、収入へのアクセスは制限されている。消費者シティズンシップは、市場における選択を指す用語として作られており、その選択とはサービスを選択したり個人のスタイルを展開する能力である。しかし、マーシャル（Marshall, 1973）の指摘の通り、市場はシティズンシップ概念に反する作用をするのであり、消費者シティズンシップはマーシャルの用語では例外的である。市場から排除されることによって、どのように不平等が作り出されるかについては本書で述べた。市場の内部においてさえ、明らかに資力に応じた選択がなされている。

シティズンシップの責任

歴史的社会的状況が異なれば、自立した生活が可能であるはずの多くの若者に依存的地位を押しつけることは、大人としての責任を取り上げ、若者をその親の法的統制下に置くことである。その結果、若者の自由と自己決定の権利は、このように制限されているのである。責任もまたしかりである。こうして、本来なら自立も責任も増すべき青年期に、現実には両者とも増していないのである。しかし、権利と責任は複雑に結びついている。たとえば、財産に対する市民的権利は、他人の財産を尊重する市民の責任と結びついている。

政策立案者にとって、ここにもう一つのジレンマがあるように思われる。もし若者が自分自身で責任を取ることが許されないとしたら、彼らはどのようにして責任ある市民になることを学ぶことができるのだろうか。シティズンシップについての「新保守主義」独特の議論によれば、権力は分散化されるべきであり、それと同時に、市民はありとあらゆることに責任を持つべきだ、とされている。われわれは、この民主化のプロセスを若者にも拡張すべきであると主張したい。もし、若者が社会において、何らかの意味のシティズンシップの義務を果たさなければならないのなら、その代わりとして、彼らは市民として扱われシティズンシップの権利も与えられるべきである。

そのために、政策立案者にはいくつかのジレンマがある。青年期を国家よりは親への依存期として作り上げることによって、理論上は、ともかくも社会保障予算を削減し、しかも法と秩序を強化するという一対の目標を達成するのは望ましいことであろうが、実際には種々の理由からこの政策はうまくは運ばないだろう。われわれが指摘したように、親への依存は問題をはらんでいるので、依存は社会統制よりもむしろ抵抗を生み出す。さらに家族の力関係は複雑なものになりがちである。そしてまたレトリックが、一方ではシティズンシップの責任を強調し、他方では若者からそれを取り上げていることはますます支持しがたいものになっている。若者は将来の市民的、政治的、社会的市民であり、彼らが大人としてシティズンシップの義務を果たさなければならないのなら、若い時期にその責任を学ぶよう、奨励されなければならない。

将来の方向

本書を通してわれわれは、青年社会学が、全体性、プロセス、多様性、不平等を考慮する必要があると論じ、これらの問題をとらえる一つの方法としてシティズンシップの概念を用いてきた。現実世界におけるこれらの問題の意味に何の関心も持たないまま、青年期や成人期などの概念に関する不毛な研究を続けても、われわれの理解は深まらないし、むしろ若者に害を与える可能性がある。質の良い信頼性の高い研究によって、社会政策は作られる必要がある。シティズンシップの概念を青年期の研究に導入することによって、国際比較研究のための興味深い枠組みを展開することができるとも考えられる。

政策の改善

若者に対する政策を改善し、同時に先に示したジレンマのいくつかを解決する余地はある。二つの基本的な変更を主張したい。第一は、若者のニーズに対してより全体論的なアプローチをとることである。第二は、青年期のプロセスにもっと焦点を当て、年齢という構造化変数に依拠して青年をとらえないことである。

社会には、年齢によって格差があることを認める必要はあり、また、法的権利を得ることのできる年齢を、任意的なものとはいえ決める必要があることは明らかである。しかし、すでに論じたようにより細かな年齢区分に基づいて政策が作られる場合、ライフコースを貫通するプロセスや、さまざまな社会集団のさまざまなライフコースパターンのすべての意味がそこから見失われてしまう傾向がある。したがって、社会状況というよりはむしろ、年齢で査定したニーズに基盤を置く近年の法律は、改訂すべきであるとわれわれは主張したい。

それを成功裡に実行するためには、若者の生活を理解するために全体論的なアプローチをとることがまた重要である。われわれは統合的政策アプローチが妥当であると考える。デイビース（Davies, 1986）は、新しい協調的（concerted）「青年政策」がすでに生まれていると述べているが、これまでのところそれは青年問題に否定的なアプローチの形態をとっている。われわれは、そうではなく積極的建設的なアプローチをとる統合的政策を支持する。実際、若者に影響を及ぼすホームレス、失業、貧困の問題（これは九〇年代にも継続すると考えられる）は、統合的政策によってはじめて解決できるのである。

雇用と所得の機会の有無を考慮せず、しかもこれらすべてに対するアクセスが不平等であるという認識なしに、ホームレスの問題にアプローチすることはできない。といってもわれわれは、社会からの若者の疎外を助長する可能性がある「青年省」といったものを主張しているのではない。そうではなく、政府部門間で、もっと多くの議論や共同出資や情報の結合が必要であるということを主張しているのである。このやり方は現在の官僚機構ではむずかしくなっている。

こうした方法をとれば、若者のニーズを理解し、とくに、成長し市民として社会に参加するための若者個人とその家族の経済費用について、より十分な理解を得ることが可能であろう。そのためには、若者の経済状況や若者の支出に関する研究、さらに青年期の独立収入の妥当性と重要性についての研究がもっと必要であろう。

比較研究の枠組み

本書は、英国の状況下での青年期に焦点を当ててきた。しかし若者は、急激に変貌を遂げる新しいヨーロッパの市民にもなりつつある。このような状況下における若者の権利と責任に関する研究は、将来、焦点になるであろう。現在、シティズンシップの地位は国民国家の構造によって規定されている。本書でわれわれが記述した傾向（新しい形態の家族形成、世帯形成、教育と訓練中の依存期間の延長、消費者パワーの増大）は、他のヨーロッパ諸国でも一般化しているだけでなく、より顕著でさえあるが、青年期におけるシティズンシップは、それぞれの国家に特有の形態をとるであろう。われわれ自身の議論と関係の深いターナー（Turner, 1990）の類型学は、この領域における今後の研究の基盤となるであろう。

したがって、われわれが概略を示した概念は、生活状況や家族あるいは国家給付への依存の程度などの点から、異なる国家間の若者の地位を検討する出発点として用いることができるであろう。また、シティズンシップの権利と責任形態がどの程度一致（consistency）しているかを、国家間で確認する研究も考えられる。その際ライフコース初期におけるシティズンシップの権利の獲得という点から、若者の個人史を比較することができるし、また社会が異なればそれらの権利へのアクセスを構造化する方法も異なっているという点から、個人史を比較することができるだろう。この分析は、国の状況が異なる場合の依存と自立の概念を、明確にするという作業を含むと思われる。若者がそれぞれの国でどのようにして大人になるのかを理解する上で、この研究はより実りの大きい方法であることが判明するであろう。なぜなら、このような研究は、青年期と成人期の概念が、実際上どのようにして作られているのかを明らかにすることになるはずだからである。

関係年表

一九四〇年以前

一八三三年　工場法。児童が工場で労働を許される年齢の制限。
一九〇八年　老齢年金法。労働者に対する強制年金保険。
一九一一年　国民保険法。十六～七十歳の造船工、機械工、および建設労働者に対する強制失業保険。
一九一八年　教育法。卒業年齢を十四歳に引き上げ。
一九二一年　失業労働者（扶養者）法。「冬季救済」として導入された労働者の扶養者のための暫定的支給。
一九二二年　失業保険法。扶養者に対する支給を常設にした。
一九二五年　寡婦・孤児法。遺族給付の導入。
一九三〇年　国民保険加入年齢を十五歳に引き下げる。請求年齢は十六歳。
一九三四年　国民保険加入年齢を十四歳に引き下げる。請求年齢は十六歳。
一九三八年　スペンス報告。卒業年齢を十六歳に引き上げるよう勧告。

一九四〇～一九七〇年

一九四二年　ベヴァリジ・プラン報告。
一九四四年　教育法。卒業年齢を十五歳に引き上げる。

一九四五年　家族手当法。
一九五九年　クローザー報告。十五～十八歳の者、特に卒業者に対する継続教育規定を勧告。
一九六三年　ロビンス報告。能力を持つすべての者に高等教育を普遍的に拡大することを勧告。
一九六四年　国民保険法。扶養者に対する家族手当の適用範囲を十九歳まで拡大。
一九六四年　高等教育を受ける者に対する地方自治体強制生活補助金の創設。
一九六六年　社会保障省法。国民扶助は補足給付で代替。
一九六七年　レイティ委員会報告（成人年齢を二十一歳から十八歳へ引き下げる）。
一九七二年　卒業年齢を十六歳に改定（ROSLA）。
一九七七年　児童給付の導入（児童税手当および家族手当を置き換える）。
一九七七年　ホランド報告。青年雇用機会プログラムの導入。
一九七九年　「新保守主義」の保守政府が選出される。

一九八〇～一九八五年

一九八〇年　社会保障法。給付請求の点で若者が不利となる。
一九八二年　社会保障・住宅給付法。
一九八三年　青年訓練計画の導入。
一九八三年　非世帯主給付の中の「まかない費」への手当が十六～十七歳の者から取り上げられた。
一九八四年　住宅給付規則改定（親からの非扶養者分差引き額の増加）。
一九八四年　非世帯主給付の中の「まかない費」への手当が十八～二十歳の者から取り上げられた。
一九八五年　まかない付き下宿規則。二十五歳未満の者に対する期間制限と家賃最高限界度額の導入。
一九八五年　社会保障についてのフォウラーによる見直し。

一九八六～一九八八年

一九八六年　青年訓練計画（YTS）を二年に延長。
一九八六年　賃金法。二十五歳未満の者は賃金委員会の保護を喪失。
一九八六年　社会保障法。補足給付を廃止し、所得補足を導入。若者に対する給付水準の引き下げ。給付支払いの遅滞。
一九八六年　非世帯主給付の中の「まかない費」への手当が二十～二十四歳の者から取り上げられた。
一九八六／七年　短期休暇の間の所得補足に対する資格が学生から取り上げられた。
一九八七年　高等教育についての政府白書。
一九八七年　二十六歳未満の者に対する世帯主給付レート適用の廃止。
一九八七年　地方自治体財政法。スコットランドでコミュニティ・チャージ／人頭税の導入が提案される。
一九八八年　社会保障法。十六～十七歳の者の多くから給付資格が取り上げられる。青年訓練計画を失業中の十六～十七歳の者に義務付ける。世帯主／非世帯主の区分の廃止、成人給付レート適用を二十五歳までに引き上げる。
一九八八年　住宅法。個人賃貸セクターにおける家賃の規制緩和を促進。
一九八八年　地方自治体財政法（イングランドおよびウェールズでコミュニティ・チャージ／人頭税の導入が提案される）。
一九八八年　雇用法。青年訓練計画に従事する訓練生に対するつなぎ手当の導入。
一九八八年　住宅給付に対する学生の資格を制限。

一九八九～一九九一年

一九八九年　まかない付下宿期間制限削除。住宅給付は下宿またはホステルの費用をカバー。

一九八九年　困窮手当を十六～十八歳の者に導入。
一九八九年　児童法（イングランドおよびウェールズ）。家族内の子どもの権利が認められ、より明らかにされた。地方当局は極めて困窮している十六～十七歳の者を報告することを義務づけられた。
一九八九年　社会保障法。失業給付は請求者の求職活動に依るものとした。
一九八九年　雇用法。若者に対する労働制限を解いた（交替勤務および危険な機械類を含む）。
一九八九年　十八～二十四歳の所得補足レートを、親元から離れて生活する「もっともな理由がある」場合は十六～十七歳の者に適用。
一九九〇年　学生向けの「補給ローン（top-up loans）」の導入。学生から住宅給付を取り消す。
一九九〇年　青年訓練計画は青年訓練（Youth Training）と名称変更。
一九九〇年　ホームレスに対する政府の発議。ダイレクト・アクセス・ホステル計画（Direct Access hostels scheme）の創設。前払い家賃手当。
一九九一年　高等教育に関する政府の白書。学生数増加を勧告。
一九九一年　長期休暇の間の所得補足資格を学生から取り消す。

第25号、1995。

宮本みち子「『脱青年期』にみる少子社会の親子のゆくえ」家計経済研究 第27号、1995。

宮本みち子・岩上真珠・山田昌弘『未婚化社会の親子関係―お金と愛情にみる家族のゆくえ』有斐閣、1997。


〈教育に関する文献〉


天野郁夫『教育のいまを読む』有信堂、1992。

石田浩「学歴と社会経済的地位の達成―日米英国際比較研究」『社会学評論』第159巻、1989。

乾彰夫『日本の教育と企業社会』大月書店、1990。

苅谷剛彦『大衆教育社会のゆくえ―学歴主義と平等神話の戦後史』中央公論社、1995。

小池滋『英国流立身出世と教育』岩波新書、1992。

日本教育社会学会編『ライフコースと教育』(教育社会学研究第46集)、1990。


〈家族・社会保障・貧困・階層に関する文献〉

J.C.キンケイド／一圓光彌訳『イギリスにおける貧困と平等』光生館、1987。
社会保障研究所編『イギリスの社会保障』東京大学出版会、1987。

高旗正人・讃岐幸治・住岡英毅編著『人間発達の社会学』アカデミア出版会、1983。

利谷信義『家族と国家―家族を動かす法・政策・思想』筑摩書房、1987。

直井優・盛山和夫編『現代日本の階層構造Ⅰ　社会階層の構造と過程』東京大学出版会、1990。

ベヴァリジ報告／山田雄三監訳『社会保険および関連サービス』至誠堂、1969。

マーガレット・サッチャー／石塚雅彦訳『サッチャー　私の半生』上下、日本経済新聞社、1995（とくに第15章　美徳の報酬)。

本書の理解を深めるための日本語文献

〈ライフコースに関する文献〉

大久保孝治・嶋崎尚子『ライフコース論』放送大学教育振興会、1995。

J.A.クローセン／佐藤慶幸・小島茂訳『ライフコースの社会学』早稲田大学出版部、1987。

T.K.ハレーブン／正岡寛司監訳『家族時間と産業時間』早稲田大学出版部、1990。

V.R.フックス／江見康一監訳『「いかに生きるか」の経済学』春秋社、1988。

正岡寛司・藤見純子・池岡義孝・大久保孝治・安藤由美・嶋崎尚子編『昭和期を生きた人々―ライフコースのコーホート分析』早稲田大学人間総合研究センター、1990。

森岡清美・青井和夫編『現代日本人のライフコース』日本学術振興会、1987。

〈青年・若者に関する文献〉

小此木啓吾『モラトリアム人間の時代』中公文庫、1977。

家計経済研究所編「『脱青年期』の出現と親子関係―経済・行動・情緒・規範のゆくえ」（宮本みち子・岩上真珠・山田昌弘・米村千代）家計経済研究所、1994。

J.R.ギリス／北本正章訳『〈若者〉の社会史―ヨーロッパにおける家族と年齢集団の変貌』新曜社、1985。

グレン・H・エルダー／本田時雄他訳『恐慌期のこどもたち』明石書店、1986。

K.ケニストン／庄司興吉・庄司洋子訳『ヤングラディカルズ』みすず書房、1973。

柴野昌山『現代社会の青少年』学文社、1980。

総理府青少年対策部編『青少年と家庭に関する国際比較調査報告書』1982。

宮本みち子・岩上真珠・山田昌弘・米村千代・飯塚和子「ベビーブーマーのライフコースと世代間関係―長寿社会の親子の絆のゆくえ」季刊家計経済研究

邦訳文献一覧

①M.アンダーソン／北本正章訳『家族の構造・機能・感情』海鳴社、1988。
②U.ベック／東廉監訳　永井清彦解説『危険社会』二期出版、1988。
③E.H.エリクソン／岩瀬庸理訳『アイデンティティ』金沢文庫、1973。
④W.J.グード／松原治郎・山村健訳『家族』至誠堂、1971。
⑤H.G.スタンレイ／中島力造・元良勇次郎・速水晃・青木宗太郎訳『青年期の研究（部分抄訳）』同文館、1910。
⑥T.K.ハレーブン／正岡寛司監訳『家族時間と産業時間』早稲田大学出版部、1990。
⑦R.ホガート／香内三郎訳『読み書き能力の効用』晶文社、1974。
⑧P.ラスレット／川北稔・指昭博・山本正訳『われら失いし世界—近代イギリス社会史』三嶺書房、1986。
⑨K.マンハイム／鈴木広訳「世代の問題」『社会学の課題』（マンハイム全集3）潮出版社、1976。
⑩T.パーソンズ&R.F.ベイルズ／橋爪貞雄・溝口謙三・高木正太郎・武藤孝典・山村賢明訳『核家族と子どもの社会化』（上下）、黎明書房、1971。
⑪A.トフラー／徳山二郎訳『未来の衝撃』実業之日本社、1970。
⑫L.アルチュセール／西川長夫訳「イデオロギーと国家のイデオロギー装置」『思想』577、578号、1972。
⑬P.ブルデュー&D.パスロン／宮島喬訳『再生産——教育・社会・文化』藤原書店、1991。
⑭S.ボールズ&H.ギンティス／宇沢弘文訳『アメリカ資本主義と学校教育1・2』岩波書店、1986、87。
⑮E.E.エヴァンズ=プリチャード／長島信弘・向井元子訳『ヌアー族の親族と結婚』岩波書店、1985。
⑯H.マルクーゼ／生松敬三・三沢謙一訳『一次元的人間』河出書房新社、1974。
⑰M.ミード／畑中幸子・山本真鳥訳『サモアの思春期』蒼樹書房、1976。
⑱P.ウィリス／熊沢誠・山田潤訳『ハマータウンの野郎ども』筑摩書房、1985。

Policy, 33, 10–17.
Wallace, C. (1991b). 'Young people and youth policies in Germany' *Youth and Policy*, 32, 20–29.
Wallace, C. (1991c). 'Young people, youth policies and family coping strategies in Britain'. *Mitteilungen des Instituts fuer Wissenschaft und Kunst*, 1, 42–47.
Wallace, C. and Cross, M. (eds) (1990) *Youth in Transition: The Sociology of Youth and Youth Policy*. Basingstoke, Falmer.
Wallace, C., Dunkerley, D. and Cheal, B. (1990). 'The division of labour in farming families'. Working paper, University of Lancaster.
Wallace, C., Dunkerley, D. and Cheal, B. (1991a). 'Post-16 transitions in a rural labour market'. Mimeo, Polytechnic South West.
Wallace, C. *et al.* (1991b). 'Supply and demand in a rural labour market'. Working paper, University of Lancaster.
Warde, A. (1990). 'Introduction to the sociology of consumption' *Sociology*, 24(1), 1–4.
Weber, M. (1961). *General Economic History*, (trans. F. Knight). New York, Collier Books.
White, R. (1990). *No Space of their Own: Young People and Social Control in Australia*. Cambridge, Cambridge University Press.
Wicks, M. (1991). 'Social politics 1979–1992: families, work and welfare'. Paper presented at Social Policy Association Annual Conference, Nottingham, July.
Williams, F. (1989). *Social Policy. A Critical Introduction*. Oxford, Polity.
⑱Willis, P. (1977). *Learning to Labour*. Farnborough, Saxon House.
Willis, P. (1984). 'Youth unemployment' *New Society*, 29 March, 5 April and 12 April.
Wilson, B.R. (1970). *The Youth Culture and the Universities*. London, Faber.
Wilson, P. and Pahl, R. (1988). 'The changing sociological construction of the family' *Sociological Review*, 36(2), 233–72.
Wrench, J., Cross, M. and Barrett, S. (1989). 'Ethnic minorities and the careers service: an assessment of placements'. Department of Employment.
Young, C.M. (1984). 'Leaving home and returning home: a demographic study of young adults in Australia'. *Australian Family Research Conference Proceedings*, Canberra, Vol. 1. Family Formation, Structure, Values, pp. 53–76.
Young, C.M. (1987). *Young People Leaving Home in Australia: The Trend Towards Independence*. Monograph 9. Canberra, Australian Family Formation Project.
Zinnekar, J. (1981). 'Jugend '81: Portrait einer Generation' in Jugenwerk der Deutscher *Shell* (ed.), Jugend '81, Bd. 1, Hamburg, pp. 80–114.
Zweig, F. (1963). *The Student in the Age of Anxiety*. London, Heinemann.

Scruton, R. (1986). *Sexual Desire*. London, Weidenfeld and Nicolson.
Seabrook, J. (1982). *Unemployment*. London, Quartet Books.
Sharpe, S. (1987). *Falling for Love: Teenage Mothers Talk*. London, Virago Upstarts.
Siltanen, J. (1986). 'Domestic responsibilities and the structuring of employment' in R. Crompton and M. Mann, (eds) *Gender and Stratification*. Cambridge, Polity Press.
Smith, S.J. (1989). *The Politics of 'Race' and Residence*. Oxford, Polity Press.
Social Trends 18 (1988). London, Central Statistical Office, HMSO.
Social Trends 19 (1989). London, Central Statistical Office, HMSO.
Social Trends 21 (1991). London, Central Statistical Office, HMSO.
Solomos, J. (1988). *Black Youth, Racism and the State. The Politics of Ideology and Policy*. Cambridge, Cambridge University Press.
Stacey, J. (1990). *Brave New Families*. New York, Basic.
Stein, M. and Carey, K. (1986). *Leaving Care*. Oxford, Basil Blackwell.
Stewart, G. and Stewart, J. (1988). 'Targeting youth or how the state obstructs young people's independence' *Youth and Policy*, 25, 19–24.
Summers, Y. (1991). 'Women and citizenship: the insane, the insolvent and the inanimate?' in P. Abbott and C. Wallace, (eds) *Gender, Power and Sexuality*. London, Macmillan.
Super, D.E. (1953). 'A theory of vocational development' *American Psychologist*, 8, 185–90.
Thatcher, M. (1987). Interview with Douglas Keay. *Women's Own*, 31 October.
⑪ Toffler, A. (1970). *Future Shock*. New York, Random House.
Townsend, P. (1979). *Poverty in the United Kingdom*. Harmondsworth, Pelican.
Turner, B.S. (1990). 'Outline of a theory of citizenship' *Sociology*, 24(2), 189–217.
Turner, B.S. (1991). 'Further specification of the citizenship concept: a reply to M.L. Harrison' *Sociology*, 25(2), 215–18.
Walby, S. (1989). 'Theorizing patriarchy' *Sociology*, 23(2), 213–34.
Walker, A. (1982). *Unqualified and Underemployed: Handicapped Young People in the Labour Market*. London, Macmillan.
Walker, R. (1988). 'The costs of household formation' in R. Walker and G. Parker, (eds) *Money Matters: Income, Wealth and Financial Welfare*. London, Sage.
Wall, R. (1978). 'The age at leaving home' *Journal of Family History*, 3(2), 181–202.
Wallace, C. (1987a). *For Richer, For Poorer: Growing Up In and Out of Work*. London, Tavistock.
Wallace, C. (1987b). 'Between the family and the state: young people in transition' in *The Social World of the Young Unemployed*. London, Policy Studies Institute.
Wallace, C. (1988). 'Between the family and the state' *Youth and Policy*, 25, 35–36.
Wallace, C. (1991a). 'Young people in rural south-west England' *Youth and*

the labour market in the UK'. Paper presented at UK/USSR Workshop *Longitudinal Strategies in the Study of Youth.* Moscow, Youth Institute.

Randall, G. (1988). *No Way Home: Homeless Young People in London.* London, Centrepoint.

Rees, G. and Rees, T.L. (1982). 'Juvenile unemployment and the state between the wars' in T. Rees and P. Atkinson, (eds) *Youth Unemployment and State Intervention.* London, Routledge and Kegan Paul.

Reuter, E.B. (1937). 'The sociology of adolescence', *American Journal of Sociology*, 43, 414–27.

Rex, J. (1972). 'Power' *New Society*, 5 October.

Rich, A. (1981). *Compulsory Heterosexuality and Lesbian Experience.* Only Woman Press pamphlet.

Riseborough, G. (1991). 'The ethnography of career trajectories: YTS'. Paper presented at the ESRC 16–19 Initiative Workshop, *New Findings*, 8–10 March.

Robbins Report (1963). *Higher Education.* London, Committee on Higher Education. HMSO.

Roberts, K. (1968). 'The entry into employment: an approach towards a general theory' *Sociological Review*, 16(2), 165–84.

Roberts, K. (1981). *Leisure*, 2nd Edn. London, Longman.

Roberts, K. (1983). *Youth and Leisure.* London, Allen and Unwin.

Roberts, K. (1984). *School Leavers and Their Prospects. Youth in the Labour Market in the 1980s.* Milton Keynes, Open University Press.

Roberts, K. and Parsell, G. (1988). 'Opportunity structure and career trajectories from age 16–19'. *ESRC 16-19 Initiative Occasional paper.* London, SSRU, City University.

Roberts, K. and Parsell, G. (1990). 'Young people's routes into UK Labour Markets in the late 1980s'. *ESRC 16–19 Initiative Occasional Paper 27.* London, SSRU, City University.

Roberts, K., Dench, S. and Richardson, (1986). 'Youth rates of pay and employment'. Paper presented at the BSA Annual Conference, Loughborough, March.

Roberts, K., Parsell, G. and Connolly, M. (1989). 'Britain's economic recovery, the new demographic trend and young people's transition into the Labour Market'. *ESRC 16–19 Initiative Occasional Paper 8.* London, SSRU, City University.

Roberts, K., Campbell, R. and Furlong, A. (1991). 'Class and gender divisions among young adults at leisure' in C. Wallace and M. Cross, (eds) *Youth in Transition.* Basingstoke, Falmer.

Roll, J. (1990). *Young People: Growing up in the Welfare State.* Occasional Paper No. 10, London, Family Policy Studies Centre.

Roof (1982). 'Young and homeless', May/June.

Saunders, P. (1986). 'Beyond housing classes: the sociological significance of private property rights in the means of consumption' *International Journal of Urban and Regional Research*, 10(1), 202–25.

Pahl, J. (1991). 'Money, power and marriage' in P. Abbott and C. Wallace, (eds) *Gender, Power and Sexuality*. London, Macmillan.

Pahl, R.E. (1984). *Divisions of Labour*. Oxford, Basil Blackwell.

Pahl, R.E. and Wallace, C.D. (1988). 'Neither angels in marble nor rebels in red: privatization and working-class consciousness' in D. Rose, (ed.) *Social Stratification and Economic Change*. London, Hutchinson.

Parsons, K. (1991). 'Trainers, tutors and the YTS environment' in C. Wallace and M. Cross, (eds) *Youth in Transition: The Sociology of Youth and Youth Policy*. Lewes, Falmer.

Parsons, T. (1956). *Family: Socialization and Interaction Processes*. London, Routledge and Kegan Paul.

Parsons, T. (1961). 'The school class as a social system' in A.H. Halsey, *et al.* (eds) *Education, Economy and Society*. New York, The Free Press.

Parsons, T. (1973). 'Youth in the context of American society' in H. Silverstein, (ed.) *The Sociology of Youth: Evolution and Revolution*. New York, Macmillan.

⑩ Parsons, T. and Bales, R.F. (1956). *Family: Socialization and Interaction Process*. London, Routledge and Kegan Paul.

Pascall, G. (1986). *Social Policy: A Feminist Analysis*. London, Tavistock.

Pateman, C. (1989). *The Disorder of Women*. Cambridge, Polity/Basil Blackwell.

Payne, J. (1987). 'Does unemployment run in families?' *Sociology*, 2, 199–214.

Payne, J. (1989). 'Unemployment and family formation among young men' *Sociology*, 23(2), 171–91.

Peelo, M. *et al.* (1989). *Surviving Poverty: Probation Work and Benefits Policy*. Wakefield, Yorks, Association of Chief Officers of Probation.

Peelo, M. *et al.* (1990). 'A sense of grievance. Homelessness, poverty and youth offenders' *Youth Social Work*, 2, 12–13.

Phoenix, A. (1991). *Young Mothers?* Cambridge, Polity Press.

Piachaud, D. (1982). 'Patterns of income and expenditure within families' *Journal of Social Policy*, 2(4), 469–82.

Poster, M. (1980). *Critical Theory of the Family*. London, Pluto Press.

Presdee, M. (1990). 'Creating poverty and creating crime: Australian youth policy in the 1980s' in C. Wallace and M. Cross, (eds) *Youth in Transition*. Basingstoke, Falmer.

Prout, A. (1988). '"Off school sick": mothers' accounts of school sickness absence' *Sociological Review*, 36(4), 765–89.

Raffe, D. (1987). 'Youth unemployment in the United Kingdom 1979–1984' in P. Brown and D.N. Ashton, (eds) *Education, Unemployment and Labour Markets*. Lewes, Falmer.

Raffe, D. (1988). 'The story so far: research on education, training and the labour market' in D. Raffe, (ed.) *Education and Youth Labour Markets*. Lewes, Falmer.

Raffe, D. (1991a). 'The transition from school to work: context, content and the external labour market' in C. Wallace and M. Cross, (eds) *Youth in Transition*. Basingstoke, Falmer.

Raffe, D. (1991b). 'Concepts and theories in the sociology of education and

Miller, S. (1989). 'Thatcherism, citizenship and the Poll Tax' in M. Brenton and C. Ungerson, (eds) *Social Policy Review 1988–9*. London, Longmans.
Millward, N. (1968). 'Family status and behaviour at work' *Sociological Review*, 16, 149–64.
Moos, M. (1983). 'The training myth: a critique of the government's response to youth unemployment and its impact on Further Education' in D. Gleeson, (ed.) *Youth Training and the Search for Work*. London, Routledge.
Morgan, D.H.J. (1985). *The Family, Politics and Social Theory*. London, Routledge and Kegan Paul.
MORI (1991). 'A survey of 16 and 17 year old applicants for severe hardship payments'. Research study conducted for Department of Social Security, July.
Morris, L. (1987). 'The life cycle and the labour market in Hartlepool' in A. Bryman, *et al.* (eds) *Rethinking the Life Cycle*. Basingstoke, Macmillan.
Morris, L. (1990). *The Workings of the Household: A US–UK Comparison*. Cambridge, Polity Press.
Mungham, G. and Pearson, G. (eds) (1976). *Working Class Youth Cultures*. London, Routledge and Kegan Paul.
Murphy, M. and Sullivan, O. (1986). 'Unemployment, housing and household structure among young adults' *Journal of Social Policy*, 15(2), 205–22.
Murray, C. (1986). *Losing Ground: American Social Policy 1950–1980*. New York, Basic Books.
Murray, C. (1990). *The Emerging British Underclass*. London, IEA Health and Welfare Unit.
Musgrove, F. (1974). *Ecstasy and Holiness: Counter Culture and the Open Society*. London, Methuen.
Myles, J. (1991). 'Is there a post-Fordist life course?' Paper presented to the *Symposium on Status Passages and their Institutional Regulation*. University of Bremen.
National Opinion Poll. (1987) *Financial Research Survey*, April–September.
New Earnings Surveys (1970–1990). London, Central Statistical Office, HMSO.
Newson, J. and Newson, E. (1976). *Seven Years Old in the Home Environment*. Harmondsworth, Penguin Books.
Ogus, A.I. (1982) 'Great Britain' in P.A. Koehler and H. F. Zacher (eds) *The Evolution of Social Insurance 1881–1981*. London, Francis Pinter.
Olk, T. (1988). 'Gesellschaftstheoretische Ansaetze in der Jugendforschung' in H. H. Krueger, (ed.) *Handbuch der Jugendforschung*. Opladen, Leske und Budrich.
O'Mahoney, B. (1988). *A Capital Offence: The Plight of Young Single Homeless in London*. London, Routledge.
Owen, S. (1987). 'Household production and economic efficiency: arguments for and against domestic specialization' *Work, Employment and Society*, 1(2), 157–78.
Pahl, J. (1983). 'The allocation of money and the structuring of inequality within marriage' *Sociological Review*, 31, 237–62.
Pahl, J. (1989). *Money and Marriage*. London, Macmillan.

MacFarlane, A. (1978). *The Origins of English Individualism: The Family, Property and Social Transition*. Oxford, Basil Blackwell.

MacLennan, E., Fitz, J. and Sullivan, J. (1985). *Working Children*. Pamphlet No. 34, Low Pay Unit.

McRae, S. (1986). *Cross-Class Families*. Oxford, Clarendon Press.

McRobbie, A. (1991). *Feminism and Youth Culture*. London, Macmillan.

McRobbie, A. and Garber, J. (1976). 'Girls and subcultures: an exploration' in S. Hall and T. Jefferson, (eds) *Resistance through Rituals*. London, Hutchinson.

Maizels, J. (1970). *Adolescent Needs and the Transition from School to Work*. University of London, Athlone Press.

Makeham, P. (1980). 'Youth unemployment. An examination of the evidence on youth unemployment using national statistics'. Department of Employment Research Paper no. 10. Department of Employment, London.

⑨ Mannheim, K. (1927). 'The problem of generations' in P. Kecskemeti, (ed./trans.) (1952). *Essays on the Sociology of Knowledge*. London, Routledge and Kegan Paul.

Mansfield, P. and Collard, J. (1988). *The Beginning of the Rest of Your Life? A Portrait of Newly-wed Marriage*. Basingstoke, Macmillan.

⑯ Marcuse, H. (1968). *One Dimensional Man*. London, Sage.

Marketing Directions Ltd (1988). *Youth Facts*. Market Directions Ltd, 1 Palace Gate, Hampton Court Road, London.

Marshall, T.H. (1950). *Citizenship and Social Class and Other Essays*. Cambridge, Cambridge University Press.

Marshall, T.H. (1952). *Citizenship and Social Class*. Cambridge, Cambridge University Press.

Marshall, T.H. (1973). *Class, Citizenship and Social Development*. Westport, CN, Greenwood Press.

Marsland, D. (1986). 'Young people, the family and the state' in D. Anderson and G. Dawson, (eds) *Family Matters*. London, Social Affairs Unit.

Martin, B. (1983). *The Sociology of Contemporary Cultural Change*. Oxford, Basil Blackwell.

Massey, D. and Meagan, R.A. (1982). *The Anatomy of Job Loss: The How, Why and Where of Employment Decline*. London, Methuen.

Mathews, R. (1986). 'Out of house, out of home? Board and Lodgings Regulations' *Poverty*, 62, 15–16.

Mayall, B. (1990). 'The division of labour in early child care – mothers and others' *Journal of Social Policy*, 19(3), 299–330.

Mead, L. (1986). *Beyond Entitlement: The Social Obligations of Citizenship*. New York, Free Press, Macmillan.

⑰ Mead, M. (1943). *Coming of Age in Samoa*. Harmondsworth, Penguin Books.

Midwinter, A. and Monaghan, C. (1990). 'The measurement and analysis of rural deprivation'. Report prepared for the Convention of Scottish Local Authorities, University of Strathclyde.

Kiernan, K. (1983). 'The structure of families today: continuity or change?' in *The Family*. British Society for Population Studies Conference, University of Bath, 14–16 September 1983, *OPCS Occasional Paper 31*. London, OPCS.

Kiernan, K. (1985). 'A demographic analysis of first marriages in England and Wales: 1950–1985', *CPS Research Paper 85-1*. London, Centre for Population Studies.

Kiernan, K. and Wicks, M. (1990). *Family Change and Future Policy*. London, Family Policy Studies Centre (with Joseph Rowntree Foundation).

Kirk, D. *et al*. (1991). *Excluding Youth: Poverty among Young People Living Away from Home*. Edinburgh Centre for Social Welfare Research, University of Edinburgh.

Komarovsky, M. (1967). *Blue Collar Marriage*. New York, Vintage Books.

Land, H. (1989). 'The construction of dependency' in M. Bulmer, *et al*. (eds) *The Goals of Social Policy*. London, Unwin Hyman.

Lash, S. (1990). *The Sociology of Post-Modernism*. London, Routledge.

Lash, S. and Urry, J. (1987). *The End of Organised Capitalism*. Oxford, Polity Press.

⑧ Laslett, P. (1971). *The World We Have Lost*. London, Methuen.

Laslett, P. (1972). 'Mean household size in England since the sixteenth century' in P. Laslett and W. Wall, (eds) *Household and Family in Past Time*. Cambridge, Cambridge University Press.

Latey Committee Report (1967). Report of the Committee on the Age of Majority, Cmnd 3342. London, HMSO.

Layard, R., King, J. and Moser, C. (1969). *The Impact of Robbins*. Harmondsworth, Penguin.

Lee, D.J. (1990). 'Surrogate employment, surrogate labour markets and the development of training policies in the eighties' in C. Wallace and M. Cross, (eds) *Youth in Transition*. Basingstoke, Falmer.

Lee, D. *et al*. (1990). *Scheming for Youth: A Study of YTS in the Enterprise Culture*. Milton Keynes, Open University Press.

Lees, S. (1986). *Losing Out: Sexuality and Adolescent Girls*. London, Hutchinson.

Leonard, D. (1980). *Sex and Generation: A Study of Courtship and Weddings*. London, Tavistock.

Liddiard, M. and Hutson, S. (1991). 'Youth homelessness in Wales' in C. Wallace and M. Cross, (eds) *Youth in Transition: The Sociology of Youth and Youth Policy*. London, Falmer.

Lister, R. (1990). 'Women, economic dependency and citizenship' *Journal of Social Policy*, 19(4), 445–67.

Lister, R. (1991). 'Citizenship engendered' *Critical Social Policy*, 32, 65–71.

MacDonald, M. (1980). 'Socio-cultural reproduction and women's education' in R. Deem, (ed.) *Schooling for Women's Work*. London, Routledge and Kegan Paul.

MacDonald, R. and Coffield, F. (1991), *Risky Business? Youth and the Enterprise Culture*. London, Falmer Press.

of Sociology and Anthropology, University College, Swansea.
Hutton, S. (1991). 'The effects of unemployment on the early years of adult life: evidence from national survey data'. SPRU, University of York.
Jamieson, L. (1986). 'Limited resources limiting conventions: working class mothers and daughters in urban Scotland *c.*1890–1925' in J. Lewis, (ed.) *Labour and Love: Women's Experiences of Work and Family 1850–1940*. Oxford, Basil Blackwell.
Jamieson, L. (1987). 'Theories of family development and the experience of being brought up' *Sociology*, 21(4), 591–607.
Jamieson, L. and Corr, H. (1990). 'Earning your keep: self-reliance and family obligation', *ESRC 16–19 Initiative Occasional Paper 30*. London, SSRU, City University.
Jenkins, R. (1983). *Lads, Citizens and Ordinary Kids*. London, Routledge and Kegan Paul.
Jenkins, R. *et al.* (1983). 'Information in the labour market: the impact of recession' *Sociology*, 17(2), 260–67.
Jones, G. (1986). 'Youth in the social structure: transitions to adulthood and their Stratification by Class and Gender'. PhD thesis, University of Surrey.
Jones, G. (1987a). 'Young workers in the class structure' *Work, Employment and Society*, 1(4), 487–508.
Jones, G. (1987b). 'Leaving the parental home: an analysis of early housing careers' *Journal of Social Policy*, 16(1), 49–74.
Jones, G. (1988). 'Integrating process and structure in the concept of youth' *Sociological Review*, 36(4), 706–31.
Jones, G. (1990a). *Household Formation among Young Adults in Scotland*. Edinburgh, Scottish Homes.
Jones, G. (1990b). 'Marriage partners and their class trajectories' in G. Payne and P. Abbott, (eds) *The Social Mobility of Women*. London, Falmer.
Jones, G. (1991a). 'The cost of living in the parental home', *Youth and Policy*, 32, 19–29.
Jones, G. (1991b). 'The cohort in time and space' *Bulletin de Methodologie Sociologique*, 30, 44–54.
Jones, G. (1992). 'Short-term reciprocity in parent–child economic exchanges' in C. Marsh and S. Arber, (eds) *Household and Family: Divisions and Change*. Basingstoke, Macmillan.
Jones, G. and Wallace, C. (1990). 'Beyond individualization: what sort of social change?' in L. Chisholm, *et al.* (eds) *Childhood, Youth and Social Change: A Comparative Perspective*. London, Falmer.
Kelvin, P. and Jarrett, J. E. (1985). *Unemployment. Its Social Psychological Effects*. Cambridge, Cambridge University Press.
Kerckhoff, A. (1990). *Getting Started: Entering the Adult World in Great Britain*. Denver, CO, Westview Press.
Kertzer, D. I. (1983). 'Generation as a sociological problem' *Annual Review of Sociology*, 9, 125–49.

Halsey, A.H., Heath, A.F. and Ridge, J.M. (1980). *Origins and Destinations: Family, Class and Education in Modern Britain*. Oxford, Clarendon Press.

Halsey, A.H. (ed.)(1988). *British Social Trends since 1900: A Guide to the Changing Social Structure of Britain*. London, Macmillan.

⑥ Hareven, T.K. (1982). *Family Time and Industrial Time*. Cambridge, Cambridge University Press.

Harris, C.C. (1983). *The Family and Industrial Society*. London, George Allen and Unwin.

Harris, N.S. (1989). *Social Security for Young People*. Aldershot, Avebury.

Harrison, M.L. (1991). 'Citizenship, consumption and rights: a comment on B.S. Turner's theory of citizenship' *Sociology*, 25(2), 209–13.

Hartmann, J. (1987). 'The impact of new technologies on youth–parent relations in contemporary societies: the trend for individualization'. Paper presented to the CFR/CYR International Seminar *Young People and their Families*, Freising, Munich.

Hayes, L. (1991). 'Young people, the family and obligations'. PhD thesis, Department of Applied Social Science, University of Lancaster.

Hebdige, D. (1979). *Sub-culture: The Meaning of Style*. London, Methuen.

Heinz, W. (1987). 'The transition from school to work in crisis: coping with threatening unemployment' *Journal of Adolescent Research*, 2(2), 127–41.

Heinz, W. *et al.* (1987). *Hauptsache eine Lehrstelle. Jugendliche vor den Huerden des Arbeitsmarkt*. Weinheim, Deutsche Studien Verlag.

Heinz, W. *et al.* (1988). *Status Passages and the Life Course*. Project description, SFB 186, Bremen, Postfach 330440.

Hermanns, M. (1987). 'Developments in family and youth law indicating and favouring changes in the relationship between young people and their parents'. Paper presented to the CFR/CYR International Seminar *Young People and their Families*, Freising, Munich.

Hewitt, R. (1988). *White Talk, Black Talk: Inter-racial Friendships and Communication amongst Adolescents*. Cambridge, Cambridge University Press.

⑦ Hoggart, R. (1958). *The Uses of Literacy*. Harmondsworth, Penguin.

Holland Report (1977). *Young People and Work*. Sheffield, Manpower Services Commission.

Howieson, C. (1990). 'Beyond the gate: work experience and part-time work among secondary school pupils in Scotland' *British Journal of Education and Work*, 3(3), 49–61.

Hutson, S. and Cheung, W-Y (1992). 'Saturday jobs: sixth-formers in the Labour Market' in C. Marsh and S. Arber, (eds) *Families and Households: Divisions and Change*. London, Macmillan.

Hutson, S. and Jenkins, R. (1987). 'Coming of age in South Wales' in D. Ashton and P. Brown, (eds) *Education and Economic Life*. Brighton, Falmer.

Hutson, S. and Jenkins, R. (1989). *Taking the Strain: Families, Unemployment and the Transition to Adulthood*. Milton Keynes, Open University Press.

Hutson, S. and Liddiard, M. (1991). *Young and Homeless in Wales*. Department

Flandrin, J-L. (1979). *Families in Former Times: Kinship, Household and Sexuality* (trans. R. Southern). Cambridge, Cambridge University Press.

Fogelman, K. (ed.) (1976). *Britain's Sixteen Year Olds*. London, National Children's Bureau.

Fraser, N. (1990). 'Rethinking the public sphere: a contribition to the critique of actually existing democracy'. *International Sociological Association World Congress*, Madrid, July.

Friedenberg, E.Z. (1973). 'The vanishing adolescent' in H. Silverstein, (ed.) *The Sociology of Youth: Evolution and Revolution*. New York, Macmillan.

Frith, S. (1978). *The Sociology of Rock*. London, Constable.

Frith, S. (1984). *The Sociology of Youth*. Ormskirk, Causeway Press.

Furlong, A. (1990). 'A decade of decline: social class and post-school destinations of minimum age school leavers in Scotland 1977–1987' in C. Wallace and M. Cross, (eds) *Youth in Transition: The Sociology of Youth and Youth Policy*. Basingstoke, Falmer.

Gaiser, W. (1991). 'Prolongation of the youth-phase in the Federal Republic of Germany: the life situation and coping strategies of young people and the consequences for social policy' *Youth and Policy*, 32, 34–8.

Galland, O. (1990). 'Un nouvel âge de la vie' *Revue Française de Sociologie*, XXXI-4, 529-51.

Giddens, A. (1982). *Profiles and Critiques in Social Theory*. London, Macmillan.

Giddens, A. (1991). *Modernity and Self-Identity*. Cambridge, Polity Press.

Gillis, J.R. (1985). *For Better or Worse: British Marriage 1600 to the Present*. Oxford, Oxford University Press.

Ginzberg, E. *et al.* (1951). *Occupational Choice*. New York, Columbia University Press.

Gleeson, D. (ed.) (1987). *TVEI and Secondary Education: A Critical Appraisal*. Milton Keynes, Open University Press.

Goldthorpe, J. (1980). *Social Mobility and Class Structure in Modern Britain*. Oxford, Clarendon Press.

Goldthorpe, J. *et al.* (1969). *The Affluent Worker in the Class Structure*. Cambridge, Cambridge University Press.

④ Goode, W. (1970). *The Family*, 2nd edn (1982). New Jersey, Prentice-Hall.

Graham, H. (1983). 'Caring: a labour of love' in J. Finch and D. Groves, (eds) *A Labour of Love: Women, Work and Caring*. London, Routledge and Kegan Paul.

Greve, J. and Currie, E. (1990). *Homelessness in Britain*. York, Joseph Rowntree Foundation.

Griffin, C. (1985). *Typical Girls?* London, Routledge and Kegan Paul.

The Guardian (1983). 'Leaked discussion of the Central Policy Review Staff', 17 February 1983.

⑤ Hall, G. Stanley (1904). *Adolescence*. New York, Appleton.

Hall, S. and Jefferson, T. (eds) (1976). *Resistance through Rituals*. London, Hutchinson.

Coleman, R. (1986). 'Social standing and income packaging' in L. Rainwater, *et al.* (eds) *Income Packaging and the Welfare State*. Oxford, Clarendon Press.
Corrigan, P. (1979). *Schooling the Smash Street Kids*. London, Macmillan.
Corrigan, P. (1989). 'Gender and the gift: the case of the family clothing economy' *Sociology*, 23(4), 513–534.
Cross, M. (1987). 'A cause for concern: ethnic minority youth and vocational training policy'. Policy paper, in *Ethnic Relations 9*, ESRC Centre for Research into Ethnic Relations, University of Warwick.
Cross, M. and Smith, D.I. (1987). *Black Youth Futures: Ethnic Minorities and the Youth Training Scheme*. Leicester, National Youth Bureau.
Cunningham-Burley, S. (1985). 'Constructing grandparenthood: anticipating appropriate action' *Sociology*, 19(3), 421–36.
Cusack, S. and Roll, J. (1985). *Families Rent Apart*. London, Child Poverty Action Group.
Dale, A. (1987). 'The effect of life cycle on three dimensions of stratification' in A. Bryman, *et al.* (eds) *Rethinking the Life Cycle*. London, Macmillan.
Dale, A. (1988). 'Part-time work among young people in Britain'. *ESRC 16–19 Initiative Occasional Paper 3*. London, SSRU, City University.
Dale, R. (1985). *Education, Training and Employment. Towards a New Vocationalism?* Milton Keynes, Open University Press.
David, M. (1991). 'Putting on an act for children?' in M. Maclean and D. Groves, (eds) *Women's Issues in Social Policy*. London, Routledge.
Davies, B. (1986). *Threatening Youth: Towards a National Youth Policy*. Milton Keynes, Open University Press.
Deem, R. (1986). *All Work and No Play? Sociology of Women and Leisure*. Milton Keynes, Open University Press.
Department of Environment (1981). *Single and Homeless*. London, HMSO.
Donzelot, J. (1979). *The Policing of Families*. London, Hutchinson.
Eisenstadt, S.N. (1956). 'From generation to generation' reprinted in H. Silverstein, (ed.) (1973). *The Sociology of Youth: Evolution and Revolution*. New York, Macmillan.
③Erikson, E.H. (1968). *Identity, Youth and Crisis*. New York, Norton.
Ermisch, J. and Overton, E. (1984). *Minimal Household Units: A New Perspective on the Demographic and Economic Analysis of Household Formation*. London, Policy Studies Institute.
⑮Evans-Pritchard, E.E. (1951). *Kinship and Marriage among the Nuer*. Oxford, Oxford University Press.
Featherstone, M. (1990). 'Perspectives on consumer culture' *Sociology*, 24(1), 5–22.
Fevre, R. (1987). 'Subcontracting in steel' *Work, Employment and Society*, 1(4), 507–27.
Finch, J. (1989). *Family Obligations and Social Change*. Cambridge, Polity Press.
Finn, D. (1987). *Training Without Jobs: New deals and broken promises*. London, Macmillan.

⑭ Bowles, S. and Gintis, H. (1976). *Schooling in Capitalist America: Educational Reform and the Contradictions of Economic Life*. London, Routledge and Kegan Paul.

Brake, M. (1980). *The Sociology of Youth Culture and Youth Sub-cultures*. London, Routledge and Kegan Paul.

Brannen, J. and Wilson, G. (eds) (1987). *Give and Take in Families*. London, Allen and Unwin.

Brown, C. (1984). *Black and White Britain*. Aldershot, Gower.

Brown, P. and Lauder, H. (1992). 'Education, economy and society: an introduction to a new agenda' in P. Brown and H. Lauder, (eds) *Education and Economic Survival: From Fordism to Post-Fordism*. London, Routledge.

Burgoyne, J. and Clarke, D. (1984). *Making a Go of It: A Study of Step Families in Sheffield*. London, Routledge and Kegan Paul.

Burton, P., Forrest, R. and Stewart, M. (1989). 'Urban environment, accommodation, social cohesion: the implications for young people'. Consolidated Report. University of Bristol, SOAS.

Buswell, C. (1986). 'Employment processes and youth training' in S. Walker and L. Barton, (eds) *Youth, Unemployment and Schooling*. Milton Keynes, Open University Press.

Bynner, J. (1990). 'Transition to work: results from a longitudinal study of young people in four British labour markets' in D.N. Ashton and G. Lowe, (eds) *Making Their Way: Education, Training and the Labour Market in Britain and Canada*. Milton Keynes, Open University Press.

Carling, A. (1992). 'Rational choice and household division' in C. Marsh and S. Arber, (eds) *Families and Households: Divisions and Change*. Basingstoke, Macmillan.

Carter, M.P. (1962). *Home, School and Work*. London, Pergamon Press.

Carter, M.P. (1966). *Into Work*. Penguin, Harmondsworth.

Carter, M.P. (1975). 'Teenage workers: a second chance at eighteen?' in P. Brannen, (ed.) *Entering the World of Work: Some Sociological Perspectives*. London, Department of Employment.

Chandler, E.J. and Wallace, C. (1990). 'Some alternatives in youth training: franchise and corporatist models' in D. Gleeson, (ed.) *Training and its Alternatives*. Milton Keynes, Open University Press.

Cherry, N. (1976). 'Persistent job changing – is it a problem?' *Journal of Occupational Psychology*, 49, 203–21.

Clark, A. and Hirst, M. (1989). 'Disability in adulthood: ten year follow-up of young people with disabilities' *Disability, Handicap and Society*, 4(3), 271–83.

Clarke, J. and Critcher, C. (1985). *The Devil Makes Work: Leisure in Capitalist Britain*. London, Macmillan.

Cohen, P. (1972). 'Subcultural conflicts and working class community' in M. Hammersley, and P. Woods, (eds)(1976) *The Process of Schooling*. London, Routledge and Kegan Paul.

Coleman, J.S. (1961). *The Adolescent Society*. New York, Free Press.

Anderson, M. (1983). 'What is new about the modern family: an historical perspective' in *The Family*. British Society for Population Studies Conference, University of Bath, 14–16 September 1983, *OPCS Occasional Paper 31*. London, OPCS.

Ashton, D.N. and Field, D. (1976). *Young Workers*. London, Hutchinson.

Ashton, D.N. and Lowe, G. (eds)(1990). *Making Their Way: School to Work Transitions in Britain and Canada*. Milton Keynes, Open University Press.

Ashton, D.N. and Maguire, M. (1982). 'Youth in the Labour Market', *Research Paper No. 34*. London, Department of Employment.

Ashton, D.N., Maguire, M. and Spilsbury, M. (1987). 'Labour market segmentation and the structure of youth labour markets' in P. Brown and D.N. Ashton, (eds) *Education, Unemployment and Labour Markets*. Lewes, Falmer.

Bagguley, P. (1991). 'Post-Fordism and the enterprise culture: flexibility, autonomy and changes in economic organisation' in N. Abercrombie and R. Keat, (eds) *Enterprise Culture*. London, Routledge.

Barbalet, J.M. (1988). *Citizenship*. Milton Keynes, Open University Press.

Barr, N. (1989). 'The White Paper on student loans' *Journal of Social Policy*, 18(3), 409–18.

Barrett, M. and McIntosh, M. (1980). *The Anti-Social Family*. London, Verso.

Bates, I. (1989a). 'Designer careers: an initial analysis focusing on the influence of family background, gender and vocational training in female careers.' *ESRC 16–19 Initiative Occasional Paper 23*. London, SSRU, City University.

Bates, I. (1989b). 'No bleeding, whining minnies: The role of YTS in class and gender reproduction'. *ESRC 16–19 Initiative Occasional Paper 19*. London, SSRU, City University.

Baxter, J.L. (1975). 'The chronic job changer: a study of youth unemployment' *Social and Economic Administration*, 9 (3), 184–206.

② Beck, U. (1986). *Risikogesellschaft: Auf dem Weg in eine andere Moderne*. Frankfurt, Suhrkamp.

Beck, U. (1987). 'Beyond status and class' in W. Mega, *et al.* (eds) *Modern German Sociology*. Columbia, Columbia University Press.

Beechey, V. (1977). *Capital and Class*, 3, 45–66.

Bell, C. (1968). *Middle Class Families: Social and Geographical Mobility*. London, Routledge and Kegan Paul.

Berger (1963). 'Adolescence and beyond' *Social Problems*, 10, 394–408.

Bernardes, J. (1986). 'In search of "The Family" – analysis of the 1981 United Kingdom Census data: a research note' *Sociological Review*, 34(4), 828–36.

Bertaux, D. (1981). 'From the life history approach to the transformation of sociological practice' in D. Bertaux, (ed.) *Biography and Society*. London, Sage.

Bloss, T., Frickey, A. and Godard, F. (1990). 'Cohabiter, décohabiter, recohabiter: itinéraires de générations de femmes' *Revue Française de Sociologie*, XXXI-4, 553–72.

⑬ Bourdieu, P. and Passeron, J.D. (1977). *Reproduction in Education, Society and Culture*. London, Sage.

参考文献一覧

（○内数字は邦訳文献）

Abbott, P. and Sapsford, R. (1990). 'Health visiting: policing the family?' in P. Abbott and C. Wallace, (eds) *The Sociology of the Caring Professions*. Basingstoke, Falmer.

Abbott, P. and Wallace, C. (eds)(1990). *The Sociology of the Caring Professions*. Basingstoke, Falmer.

Abbott, P. and Wallace, C. (1991). *The New Right and the Family: Implications for Social Policy in Britain and the USA*. London, Pluto Press.

Abrams, P. (1961). *The Teenage Consumer*. London, London Press Exchange.

Aggleton, P. (1987). *Rebels without a Cause*. Basingstoke, Falmer.

Ainley, P. (1988). *From School to YTS: Education and Training in England and Wales 1944–1987*. Milton Keynes, Open University Press.

Ainley, P. and Corney, M. (1990). *Training for the Future: The Rise and Fall of the Manpower Services Commission*. London, Cassell.

Allan, G. (1985). *Family Life: Domestic Roles and Social Organization*. Oxford, Basil Blackwell.

Allan, G. and Crow, G. (1988). 'Constructing the domestic sphere: the emergence of the modern home in post-war Britain'. Paper presented at the BSA Annual Conference, University of Edinburgh, March.

Allatt, P. (1986). 'The young unemployed: independence and identity' in B. Pashley, (ed.) *Unemployment and the Transition to Adulthood: Needs and Responses*. Papers in *Social Policy and Professional Studies, 4*, University of Hull.

Allatt, P. and Yeandle, S. (1986). "It's not fair is it?" Youth unemployment, family relations and the social contract' in S. Allen, *et al.* (eds) *The Experience of Unemployment*. London, Macmillan.

⑫ Althusser, L. (1971). 'Ideology and ideological state apparatuses' in *Lenin and Philosophy and Other Essays*. London, New Left Books.

Anderson, M. (1971). *Family Structure in Nineteenth Century Lancashire*. Cambridge, Cambridge University Press.

① Anderson, M. (1980). *Approaches to the History of the Western Family 1500–1914*. London, Macmillan.

付録　ポスト産業社会の若者のゆくえ
——現代日本の若者をどうとらえるか——

はじめに

本書の概要

本書は、Gill Jones and Claire Wallace; *Youth, Family and Citizenship*, Open University Press, 1992 の翻訳である。ジル・ジョーンズは、若者とその家族に関する研究に従事する社会学者である。本書執筆時は、英国エジンバラ大学教育社会学センターの副所長である。一九九六年九月からは、ケンブリッジ大学家族研究センターの副所長に就任している。クレア・ウオーレスは、社会学と社会政策を専攻領域とする研究者で、ダービィ大学の教授であり、また、プリマス大学、ランカスター大学でも教鞭をとった後、本書執筆時は、プラハにある中央ヨーロッパ大学で、青年に関する民族誌学的研究に従事している。一九九五年秋からは、ウィーンにある高等教育研究所の教授であり、また国際社会学会の青年社会学研究部門の中心メンバーである。

本書は、どのようにして若者は大人になるのかという問題を扱った書物である。青年期とは、子どもから大人へと移行するある一定の期間であるが、そのプロセスは、社会の諸条件の影響を受けて一様ではない。現代の産業化された社会では、大人になる年齢がますます遅くなる傾向がみられるが、本書は、大人への移行過程を、若者の私生活領域（家族）と、公共領域（雇用と国家）の両面からトータルに把握し、若者は大人になる道筋をどのようにたどっているのか、また彼らはどのような困難を抱えているのかを明らかにしようと意図している。

しかし、著者の関心は、〝青年の自立〟というような一般的テーマにあるのではない。逆に、著者は、従来の青年研究の弱点をするどく批判し、若者が直面している困難を解決するためには、若者の実態を正確に把握する力のある青年研究が必要なのだと主張するのである。それというのも、現代英国では大人になることが、従来のものさしでは測れないほど変化している現実があるからである。あるいはむしろ大人になれない現実があるといった方が正しい。英国は十年以上にわたって、きびしい失業問題をかかえており、若者の就職難はとりわけ深刻な状態にある。失業は青年が大人になるに際して直面するのが常態になっているといっても過言ではなく、そのために一人前の大人になることが阻まれている。若者が大人になれなくなっているもう一つの原因は、政府による八〇年代の財政引き締め策にある。政府は、それまで若者の自立を支えてきた国の諸制度を改編し、若者の責任は国にあるのではなく親にあることを明確に打ち出したからである。こうして、国家の保障からも、雇用市場からも排除された青年は、社会の一人前のメンバーとして当然享受できるはずの生活標準を手に入れることがむずかしくなっている。また、親への依存期間を延ばさざるをえず、一人前の大人になるのが困難になっている。失業は、低賃金労働者、移民その他のマイノリティ集団出身の若者に最も深刻な形で現れている。その上、彼らの親たちもまた、失業のリスクにさらされており、子どもを助けるどころか逆に子どもの援助に期待せざるを得ない者も少なくない。若者の中には、家庭の貧困や家族崩壊のため早々と親元からとび出す者もある。しかし、雇用の機会も国家の保護もない環境の中で、最後にはホームレスに陥ってゆく。青年ホームレスの正確な数字をつかむのはむずかしいようであるが、ロンドン等の大都市では年々増加しているらしい。

大人になる道筋が不明確になっている原因は、失業や財政削減だけではない。同棲と離婚が一般化し、結婚というものの意味が変化することによって、従来大人になる道筋とされてきた、結婚―家族形成―親となること、が大きく変化していることもある。今や若者は、現代英国で最も無権利な状態に置かれていると言ってさしつかえない。著者の問題意識は、このような若者の現状を打開することのできる青年研究を促し、それをもって政策に影響を及ぼそうとするところにある。

英国と日本の相違は何か

本書で描かれる英国の若者は、雇用難、財政削減、結婚の変化によって、成人期への移行の順序、間隔などが、従来とは大きく変化し、〝完全な大人〟になることできなくなっているというのである。本書を読み進める読者は、英国と日本の若者の事情があまりにも違うことにとまどい、本書の意義をにわかには理解できないかもしれない。違いの第一は、わが国では、若者の失業が英国ほど深刻ではないことである(図1)。バブル崩壊後の雇用調整で新卒者の就職は、バブル時とはうって変わってきびしい状

図1　各国の性、年齢別失業率（1993年）

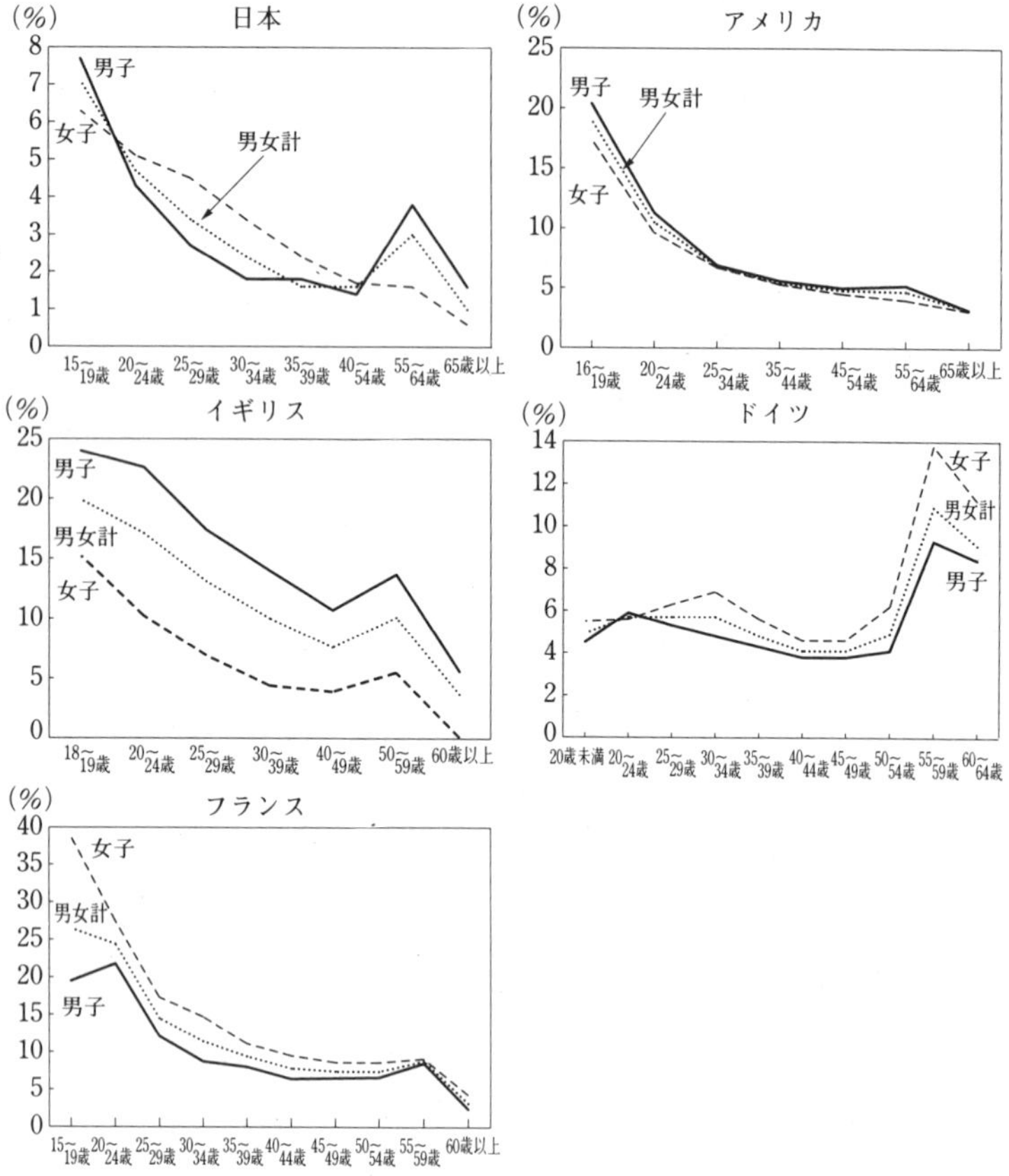

（出所）　労働省編『平成７年版労働白書』p. 109。

況にあるが、それでも選り好みをしなければ、絶対的に不足しているとはいえない状態である。とはいえ、就職難はジェンダーや教育水準や領域によって異なっている。教育水準が低いほど、文化系ほど、また女性ほど、就職難は際だって深刻である。しかし、市場が好転して有利な仕事が見つかるまでは、留年、進学、アルバイト仕事で時間を稼いでいる様子がみえるのは、彼らの親に子どもの扶養を続ける経済的余力が今なおあるからとみられる。

子どもにかかる親の費用は増加の一途をたどってきた。最近の景気の低迷の中で、多少抑制される傾向はみられるものの、少子化が相まって、一人当りの子どもにかける費用は目立って減少してはいない。子どもの養育に対する親の責任と負担はより一層長期化しており、ややもすると子どもの結婚後も続いているのがわが国の実態である。

進学率に関しても、英国とわが国とは大きな違いがある。英国では八〇年代まで、高等教育進学率はもちろんのこと、高校進学率も低く、十五歳で働き始める者がかなりいた。本書にもあるように、八〇年代に入ってから進学率は大幅に引き上げられたが、それでも中卒で労働市場に出る若者の数は、わが国よりかなり多い。それらの低学歴、不熟練労働者層の失業が、青年の失業問題の中心となっている。その点、九割以上が高校へ通うわが国では、英国の問題は察しにくい面を持っているかもしれない。

さらにもう一つの違いは、わが国の場合若者の自立を達成するための援助は、もっぱら親に負わされており、国家の果たす役割は欧米先進国のレベルからみると著しく低いことである。英国をはじめ欧米福祉国家では、戦後個人の自立とプライバシーを尊重し、青年の自立を促す政策が展開した。住宅給付、奨学金、学生生活補助金、失業手当等である。子どもに対する親の責任は十八歳(成人年齢)までという考え方が個人的にも公的にも定着し、親は子どもの自立を奨励するし、またそれを支える雇用と公的保障が存在した。また、経済成長下でそれが可能になったのである。

大学教育に関しても、授業料の免除、奨学金、低家賃の学生寮、低利の貸付が発達し、親の家がどこにあるかに関係なく、大学生は親元を離れて大学生活を送ることができた。だから青年から成人への移行は、家族（親）と雇用と国家の三者の相互作用の中で展開するという図式を描くことができたのである。わが国では大人になるプロセスに国家が介在する場合はわずかである。大人になるとは、就職し、経済的自立を果たし、結婚し家族を形成する、という一連のプロセスへと収斂したといってさしつかえない。つまり、就職をして職場社会の一員となることが、大人になるための主要な条件となっている。

わが国は欧米諸国のように法的成人年齢で親の責任は終わるという意識も、それを支える諸制度も明確に確立してはいない。法定年齢が二十歳であることから、高校卒業とともに選挙権を獲得し、社会へ一人前の成人として参入することにはならず、また、大学生には未成年と成人とが混在しており、その性格を曖昧にしてしまっている。その結果、現実にはこの時期は親がかりの扶養期間となっている。いまや高卒後も半数以上が大学その他の教育期間に留まっていることを考えると、二十歳という成人年齢が、二十歳を越えて、親がかりの時期を引き延ばす原因の一となっているといえるかもしれない。

成人とは、広義には社会によって一人前だと認定される段階に達した後の時期を指して使われる。一般的には、大人になるとは、就職と経済的自立、家族形成、子どもの養育、社会参加などの形をとると見なされている。かつての社会では、十歳代のなかば頃までに家族から半分あるいは完全に独立した状態に移行する者が多かった。たとえば奉公に出る、軍隊に入る、などの形態で家族から離れ、経済的にも親から分離したのである。現代では法的成人に達するのは二十歳であるが（他の国々は十八歳とする場合が多い）、慣習的には、二十五〜三十歳頃まで遅くなってきている。

戦後のわが国の状況をみると、それまで家に埋もれていた若者が、経済成長期の労働市場の拡大に伴って、働く場を手に入れ親から経済的に独立することが容易となったことは確かである。後であらためて述べるように、高度経済成長期には多くの若者が単身で大都市へと流入し、そこに定着した。しかしその後、進学率の上昇に伴なって、早期に親もとを離れて働く若者の数は、急速に減少した。しかしわが国の特徴は、こうした変動の過程でも、若者の自立の尊重、あるいは奨励という動きが極めて弱かったことである。家庭教育の中でも「子どもの自立」は重視されず、受験競争の激化と親の所得水準の上昇、子どもの数の減少が相まって、親への依存は金銭面でも生活面でもむしろ助長された。国家の政策はこれらの状況を反映しており、子どもの養育責任を長期にわたって親に負わせてきた。親の丸抱えによる教育期間が終了すれば、若者は恵まれた雇用環境ゆえに就職することができ、職場に丸抱えされることで、ようやく一人立ちできる段階に達する。家族領域と職業領域との橋渡しをすることこそ、親の役割であった。

本書から何を学ぶか

本書では、青年研究のキー概念として、**シティズンシップ**を提起している。本書を理解するためには、シティズンシップ概念の理解が不可欠と思われるので、あらためてその意味内容を抑えておく必要があるだろう。シティズンシップは個人と国家の間の契約を指す用語である。この契約は双方のひとまとまりの権利と義務から成り立っている。たとえば、個人は投票をしたり税金を払い、国家は必要に応じてケアや福祉事業を供給することがそれである。つまりシティズンシップは、「社会への参入」や、「メンバーとしての地位」に関係する概念である。だから、個人も国家もそれぞれの役割を果たさなければならないと考えられている。本書で著者は、大人になるとはどういう意味なのかと問う時、従来の指標のどれも有効とはいえない現実の中で、従来の指標に置き換えて、社会の中で、一人前の権利と義務を有し、政治的にも社会的にも、完全な社会の構成員であることが認められる状態に達することを、大人と定義しようとするのである。

先に述べたように、両国の若者をめぐる状況には一見したところ大きな違いがあるため、シティズンシップ概念を青年研究の機軸にすえようとする方法が、そのままわが国の若者を研究する上で有効といえるかどうかは、検討が必要であろう。市民社会の発達の素地がなかったわが国では、西欧的シティズンシップはもともと存在しないと考えられてきた。とくに、権利と義務という視点から、青年を論じることは極めて希薄であったといってまちがいない。本稿の最後で触れる通り、ポスト産業時代においては、若者のシティズンシップを、わが国でもようやく検討すべき段階に達していると思われる。しかし、それに関しては、訳者は今のところ十分な材料を持ち合わせていない。今後の研究課題にしたいと考えている。さしあたり本書の最も注目すべき点は、青年が大人になる過程を、家族という私的領域と、雇用（労働市場）および国家（社会保障）という公共領域の間で時間の経過とともに進むものととらえ、大人になる過程とそれを阻む状況を、これらの相互関係から分析しようという、ライフコース・パースペクティブの研究方法である。これはわが国でも十分に有効な方法と思われる。わが国の研究動向をみると、本書で指摘されている通り、青年を大人への移行過程の中でとらえ、公共領域と私的領域（すなわち家族領域）の接点で把握しようとする研究はほとんどなかったといって過言ではない。青年研究は、アイデンティティの危機、青年文化、あるいはライフスタイル、モラトリアムなどに集中しており、青年が大人になる過程を、家族という私的領域と市場や国家などの公共領域からトータルに研究したものは、英国同様に極めて少ない。その点で英国の青年研究と事情は同じである。若者を家族というコンテクストで研究すると同時に、労働経済学、社会保障論、教育学、心理学等の分野の青年研究の成果と結合することによって、全体像が明らかになることが期待される。その際、ライフコース・アプローチは、これらの領域を結合する有効な方法となろう。

わが国で若者の研究が必要とされている理由とは何であろうか。第一の理由は、戦後五十年の未曾有の経済発展の中で、若者が見失ってしまった、国家との関係（すなわちシテイズンシップ）、社会認識や歴史認識をふまえた社会における若者の役割やモラルの問題を考えるべき段階にきていることである。第二の理由は、目前にせまった超高齢社会において、若者は高齢社会の中核を担っていく人々だからである。彼らに何を期待することができるかを検討する必要がある。第三の理由は、わが国でも雇用の悪化が現実の問題となりつつあるからである。若年労働市場、中高年労働市場ともに、完全雇用の時代は終わっている。企業丸抱えから、リストラに耐えられる「自立した労働者」が求められている。こうした環境が、親子の経済関係を変え、大人への移行の様相に影響を及ぼすであろう。しかし影響は、個別の親子関係の問題に留まらない。ますます増加する高齢人口とそれを支えるべき次世代との関係にも影響を及ぼすはずであり、世代間関係を変える重要な鍵を握っていると思われる。これが、青年研究が必要とされる理由である。

筆者は、一九九〇年からわが国の二十代ヤングアダルトの経済生活と親子関係を研究する中で、本書と出会ったのであるが、失業にあえぐ英国の若者を雇用・家族・国家というコンテクストで分析する本書の内容には、豊かな社会に育ち過保護ともみえるわが国の若者の実態を理解するための重要なヒントがあると思われた。日本の若者の状況が、歴史的にみても国際的にみても、極めてまれであること、それがどのような環境条件の下で生まれたものであり、そこにどのような転換の可能性が潜んでいるかが、本書を読む読者にはある程度想像可能ではないかと思う。

高度成長期以後に生まれたわが国の若者たちは、生まれた時から現在まで、物質的豊かさを所与のものとして成長してきた、「恵まれた世代」である。階層による格差はあるとはいえ、九割が中流意識を持つほど相対的には階層差の少ない社会で彼らは生まれ育った。経済成長の恩恵を享受し、また親の保護の下で、長期にわたって、勉強とレジャー以外の役割を負わない実体験の少ない世代である。すでに述べた通り、教育期間はますます長期化し、労働市場への参入は遅くなっているが、長期化する教育期間の経済的負担はもっぱら親にあるのが、わが国の特徴である。時には働き始めて以後も、親のさまざまな援助を長期にわたって受けることによって、大人になるための試行錯誤と準備を、余裕を持って行い、安定した成人期への移行が可能となっている。わが国ではこうした若者層がかなり厚く形成されたことが特徴といえよう。豊かさと親の過剰ともみえる保護の下で、若者はどのようにして権利とともに責任を持った大人として自立を達成しているのか、そこにいかなる転機のきざしがあるのかを明らかにし、今後彼らに何を期待すべきなのかを、問うべき時期に来ていると思われる。

労働市場と若者の雇用

若者の恵まれた条件の一つは何よりも雇用機会の豊富さにある。しかしそのような時代はそれほど長い歴史を持っているわけではない。

わが国の労働市場は、高度経済成長が開始されるまでは常に過剰人口の傾向にあり、とくに農村は過剰人口のプールであった。都市の商工業部門で発生する失業者は、農村に帰ったり、都市のインフォーマルセクターに潜り込んだりして、潜在化することが多かった。戦前から戦時、敗戦後の復興期に青年期から成人期への移行を遂げた若者は、近代産業部門の未発達と戦争の影響のために、親の家から脱して、経済主体として自立するだけの条件が極めて不足する状態に置かれていた。このような悪条件は、農民、都市零細自営業者、工業労働者などの低所得層出身者ほど著しかった。この時期教育水準は極めて低く、過半数の者は十五歳前後までには学校を卒業して親から扶養される状態を脱して、青少年期を終了しただけでなく、家計を助けて働かなければならなかった。しかし自営業部門は、農業部門にせよその他の商工自営部門にせよ労働生産性は低く、経済的に独立できる条件をそこから得ることは困難な場合が多かった。また雇用部門は未発達であり、教育水準の低い者が経済的に自活できる安定した職業を得るにはかなり長い年月を必要としたのである。

労働力の需給関係に変化が起こるのは、高度経済成長の開始以降である。それまでの超過供給から超過需要へと転じ、やがて若者層を中心に労働力不足が生じるのは一九六〇年代に入ってである。一九五五年頃から、中卒者やがて高卒者の順に求人倍率は上昇し、一九六〇年以降深刻な若年労働力不足となったのである。地方から大都市部に向けて、中卒者の集団就職列車が走ったのは一九六三年から約十年間であったが、それはベビーブーマー（一九四七〜四九年生まれ）が中学校を卒業し始めた頃であった。首都圏へと流入した若者たちは、その多くがそのまま定住し、故郷へは帰らなかった。一九六五年から十年間は一般労働力さえ不足するに至った。その後の需給の動きをみると、高度成長期ほどの逼迫はないものの、求人倍率が一を割り込むことはほとんどなかったといってよい。とくに、若年層の有効求人倍率の水準は他の年齢層と比べると高く、とくに十五〜十九歳では一九七〇年代以後常に一を超えている。このような良好な経済状況から、若者は学校卒業と同時に就職をし、自分自身の賃金を得ることができるようになった。それが直ちに経済的自立につながったとはいえないとしても、親とは分離した自分自身の収入を得て、自分の判断で使えることは、自立に対する若者の自信を培い、発言力を増したであろうことは想像にかたくない。

低成長に転じてから失業率は上昇し、一九九五年の平均失業率は三・二％と、一九七〇年以降に限っても過去最高の失業率であるが、先進国の中ではなお極めて低い。しかし、中高年者の失業率は八七年の円高不況をやや下回る程度であるのに対して、十五〜二十四歳までの層ではそれを上回り六・一％である。わが国の若年失業率は国際的にみるとその水準自体は低いが、他の年齢層と比較すると相対的に高い（図1を参照のこと）。一九六〇年代以降長期的には上昇傾向にある。

離職、転職の状況から、若者の実状がさらによくわかる。わが国では「自己都合」で離職する者が米英より多い。新規学卒者の学校卒業後の離職率は学歴が低いほど高いが、離職の理由をみると、「仕事が自分に合わない」が最も多く、「賃金・労働時間・休日の労働条件が悪い」「人間関係がよくない」が次いでいる。離職率上昇の背景には、転職を希望する者がしだいに増加していることがあるとみられている。若者の就労上のもう一つの特徴は、自らの意思で定職に就かずにアルバイト・パートタイム的な仕事を続ける若者が、一九八〇年代の後半から経済の好況の中で目立ってきたことである。総務庁統計局「労働力調査」によると、失業者を世帯上の地位で、「世帯主」「配偶者」「その他」と分類した時、「その他」が九五年には六％を占めて、少しずつ上昇している。このカテゴリーには親と同居する若者が多いとみられる。親と同居しているからこそ失業状態を続けることができ、また転職が可能になっているとみてよい。ということは、親の経済力、扶養力が若者の失業、離職・転職を可能にしているということになる。

教育水準の上昇と若者のライフコース

若者のライフコースを考えるに際して、教育水準の向上、とくに高等教育の大衆化は極めて大きな影響を及ぼしている。

経済成長が始まるまで、一般に教育水準は低かった。戦後十年を経た一九五五年になってようやく、中学卒業者の半数が高校へと進学できるようになった。その後の進学率は年々上昇を続け、一九七五年には九〇％を超えほとんどの者が高校へと進学するに至った。また、同時期には大学・短大進学率が三割を超え、同世代の三人に一人が高等教育へ進学する時代に入った。その後一九八〇年代に入って以降、高校・大学共に進学率は頭打ちになったが、いわゆる高等教育機関以外の専修・専門学校への進学、あるいは大学院への進学を考慮に入れると、若者の修学期間は全般的に一層長期化しており、労働市場に参入する時期はますます遅くなっている。それは、不況期に入っても変化しない。九〇年代の不況下で、新卒者の雇用が悪化すると、進学や留年で、事態の好転を待つ動きがみられる。

早稲田大学正岡寛司研究室の研究結果によれば、日本人のライフコースとして、学卒、初就職、結婚という順序パターンが生まれるのは、戦後生まれのベビーブーマー（一九四七年〜四九年生まれ）以後であり、それから十歳若いコーホートで、完全に定着したという。しかも、男女間の差異もなくなり、初就職の時期はますます遅くなっている（参考文献、正岡寛司他編、一九九〇参照）。欧米ではライフコースパターンが多様化し、出来事の間の関係がしだいに密でなくなる傾向がみられるが、わが国では今のところそれほど目立っては現れていない。定職に就かずパートやアルバイトを続ける若者の増加がみられるとはいえ、全般的には、二十代前半で最終学校を卒業し、直ちに初就職をし、その後一定の間隔をおいて結婚・家族形成に至るという移行のパターンは依然として大勢を占めている。その理由の一つは、終身雇用制が大幅にはくずれず、中途採用が一般化していないことである。そのため、最終学校卒業と初就職が間髪を入れずに続くのであり、求職は最終学年時の最重要課題になっている。今日わが国では、就職するということは、大人になる最も明確なメルクマールである。それは経済的自立の達成という意味と、企業への帰属という形をとった社会への完全参入を意味している。若者(とくに男性)にとって、社会と職場は同義といってよいほど、職場への帰属の意味は大きい。初就職~経済的自立~結婚=家族形成(男子の場合は妻子を養えるようになること、女子の場合は家庭を守るという女性役割を負うこと、という性別役割分業の観念は依然として強い)というプロセスは、大人になる明確な道筋として現在もなお、維持されている。

移行パターンに変化がみられないもう一つの理由は、欧米先進国にみられるような同棲が、学生、社会人をとわず社会的には認知されておらず、欧米のように同棲が大幅に増加する気配は今のところみられないことである。このように学卒、初就職、結婚、親になること、という成人への移行過程の出来事の順序には大きな変化はなく、ただ結婚年齢が年々遅くなっていく点に変化がみられるのである。つまり未婚期の長期化である。未婚率は三十代男女の間で増加しており、九五年国勢調査によると、三十代前半の男性では三七%に達している。二〇二〇年には四十五~四十九歳時の未婚者が男性で二割に達するだろうと推定されている。しかし、子どもをもうけることは依然として結婚と結びついており、〝未婚の母〟は欧米のように顕在化はしていない。したがって晩婚化すればするだけ親と同居する期間は長くなり、また一人暮らしも増加するという結果をもたらしているのである。

家族変動と親子関係の変化

家族に関しても戦後に大きな転換があった。明治以後、国家政策として、家父長制的「家」制度をとってきたわが国は、戦後アメリカ占領軍の手で、夫婦家族制へと制度的転換が行われた。しかし、人々の家族意識に変化が生じるにはさらに時間が必要であった。一般には、一九六〇年代後半、夫婦家族制の理念が定着したとされている。若者の地位の転換にとって、それは重要な条件であった。家父長制的「家」制度の下では、子どもは父親に従属し家を維持存続するために動員させられた。跡取りは家のために他のきょうだいより優遇されたとはいえ自由な選択権があったわけではなく、また次三男と女子は結婚前に親のために経済的あるいは非経済的な貢献をせまられるか、早々と親の庇護から離れて自力で食べていかなければならなかった。それが夫婦家族制の理念の定着につれて、子どもを育て、子どもの幸せを実現する家族へと変化を遂げたのである。

産業構造が変化し、雇用者が増加するに従って、学校教育における知識・技術の習得と学歴の重要性が増したことも、子どもの地位を変える重要な要因であった。しかも、子どもは親よりは良い暮らしができるという楽観的な展望の持てる時代であり、それが教育熱を一層高めた。その上、親の所得水準が上昇し、長期にわたる扶養が可能になったことによって、子どもは大人になる時期を遅らせることができるようになったのである。

戦後の家族は、夫妻の明確な役割分業構造を持った。家事と子育てに専念する専業主婦の割合が高ま

図2　製造業ホワイトカラー（管理・事務・技術労働者）男子の年齢別賃金カーブの国際比較

（21～24歳＝100）

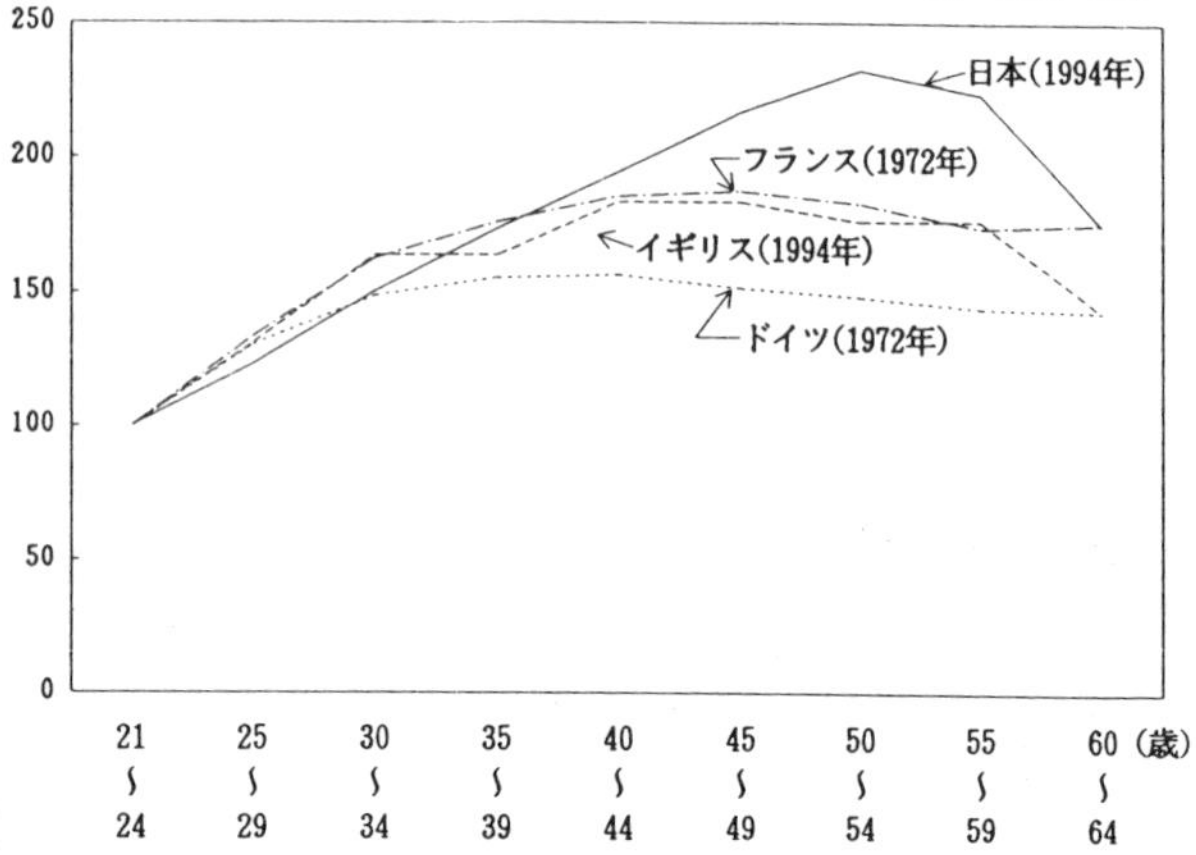

（出所）　平成7年版『国民生活白書』p. 56。

ったこと、そして、相対的には離婚率が低かったことが相まって、子どもを保護する家族という役割を見事に果たすことができた。それはしばしば過剰な保護にさえなった。子どもの地位が高まったことは、子どもにかかる費用を増加させ、とくに教育費の増加は著しいものがあった。家計が、膨張する教育費にまがりなりにも対処できた一つの理由は、賃金体系が、中高年者に有利であったからである。製造業男子年齢別賃金の推移を例にとってみると、二十歳前後の若年者の実質賃金が一九七五年以後ほとんど変化していないのに対して、五十歳前後の中高年者の賃金は一九八〇年代に入って大きく引き上げられている。年功序列型賃金制度をとってきたわが国では、中高年の相対的に高い賃金水準が、中高年期の教育費をはじめとする生活費の膨張に対応していたのである（図2）。

世帯主収入ではやりくりできない分は、主婦のパート収入で補われた。夫妻の役割分業をくずさない範囲で、子どもの教育費の補塡のためにパートに出る、というのがわが国の既婚女性の典型的な就労形態である。最も費用のかさむ四十代後半から五十代前半に年功賃金の恩恵を受けることのできた大企業雇用者等は、子どもの教育終了後、退職に至るまでの期間にある程度の経済的ゆとりを享受する余裕を与えられ、それによって子どもの独立と家族形成に対する十分な援助が可能になったのである。このように現在までのところ、わが国では若者が大人になることはひとえに就職、企業社会への帰属、それを通しての経済的自立と社会的役割の取得に凝縮されており、その課題を遂行するための援助が、まさしく親がかりで、親の物心両面からの援助によって図られていると理解することができるのではなかろうか。

親にとっての子どもの扶養負担が増したのとは逆に、子どもは高齢期の親の経済的扶養の責任からは解放された。一九七〇年に老年人口は七%を越え、高齢化社会に向かって速度を早め、老人問題が本格的に認識されるに至った。当時五十歳定年制が一般的であったが、一九七〇年には五十五歳に引き上げられた。さらに一九八〇年には、ようやく年金制度成熟の時期をむかえ、年金で生活できる者が本格的に登場する段階に達した。戦後生まれのベビーブーマーの親世代は、はじめて年金生活が可能になった世代であり、しかも長寿化を体現している。それゆえ彼らの子ども世代であるベブーブーマーは、親の経済的扶養義務を軽減された最初の世代であったといえる。とはいえ、家制度廃止後も私的扶養の慣行は長く残り、一九八〇年代に入るまでは、大きな変化はみられなかった。しかし、一九八〇年代に入ると、「自分の老後を、経済的には子どもにみてもらうつもりはない（あるいはみてもらいたくない）」と考える者が過半数に達するようになる。そして、経済的扶養問題は減じ、代わって介護の問題が顕在化するのである。

図3　労働者一生の経済的浮沈

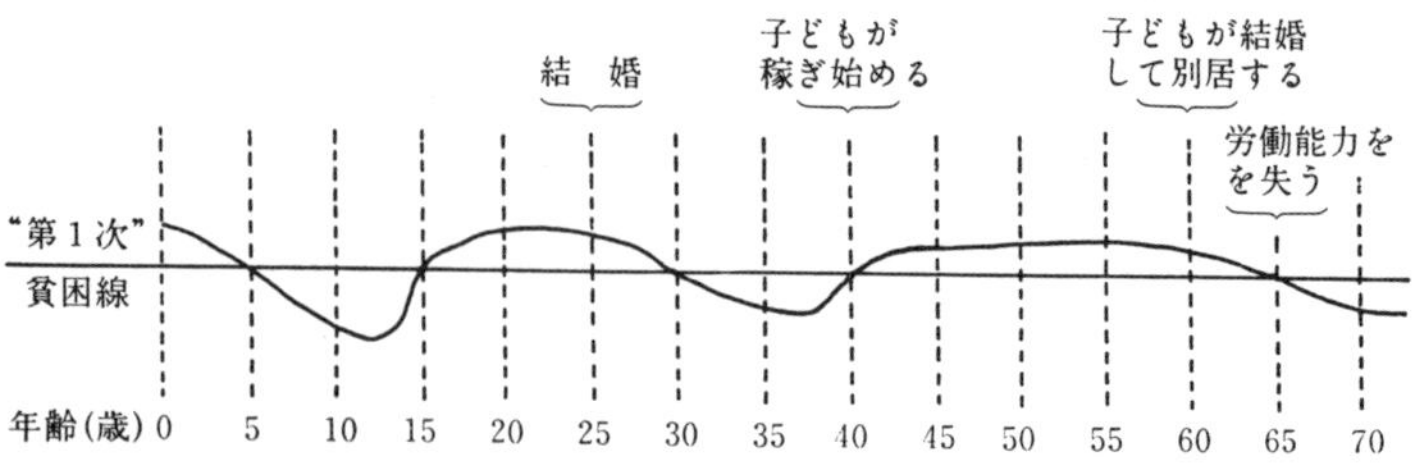

（出所）　Rowntree, 1901, Poverty: A Study of Town Life.

若者の経済的地位の変化とその意味

子どもが成長して働き始め、親の家計を助けることは、家族にとっては画期的な出来事である。古くは英国のラウントリーが労働者の生涯における経済の周期的律動を描き、生涯の間に上下三回ずつ貧困線を境に浮き沈みを繰り返すことを明らかにした。そこから、子どもが働き始めてから親元を去るまでの期間が、家族の経済的余裕が生じる期間であることがわかる（図3）。わが国でも、かつて「総領の十五は貧乏の峠、末子十五は栄華の峠」ということわざがあった。長子が十五歳の頃は、その下にたくさんの子どもがいて、家計は火の車だが、やがて子どもたちが次々と働き始め末子が十五歳に達する頃には、家計は最も余裕のある時期に達する、という意味である。鈴木栄太郎は、農村における直系家族の経済的浮沈の研究において、この諺の正しさを実証している（『日本農村社会原理』日本評論社、一九四〇）。たしかに、一九六〇年以前は中卒者が多く、十五歳を過ぎれば親への完全な依存の時期を終わることは一般的な状況であったし、高校に進学する若者の中にも、経済的困難からアルバイトをしたり、定時制高校に学ぶ者がかなり多かったのである。子どもの仕事が地元にみつかり親元から通える場合は、親と子が所得を持ち寄ることによって、経済的に余裕のある時期が生まれたが、地元に仕事がみつからない場合、子どもは早期に親元を離れて働かなければならなかった。それでも親への仕送りを求められる若者はかなりいた。

高校への進学が九割を越える頃から、家族における子どもの経済役割は縮小し、やがて、消滅に近い状態に達した。まず、学卒後、子どもは家族のために働くのではなく、自分自身のためや、やがて家庭を作る準備をするために働くようになり、子どもの収入はあてにされなくなった。また、親は将来の子ども自身の生活のために援助をしようという姿勢に転じる。自分の収入を持つ若者が消費者として市場に登場し、企業の重要なターゲットになるのは、こうした背景があったからである。子どもの役割を変えたのは、学卒後の就職だけではない。産業構造が、工業部門からサービス部門へとシフトするに伴って、教育期にある大学生や高校生にも、自分の小遣いを得る機会が豊富に生まれた。学生のアルバイトは一九七〇年代後半に入ると、サービス産業の拡大に伴って増加し、しだいに高校生へと浸透するようになった。従来のアルバイトが苦学生の生活費を得るための就業であったのに対して、新しいアルバイトは、若者の消費水準の上昇に対処する小遣い稼ぎへと変化した。基本的な生活を親に保障された上でのより高い消費生活が、豊富なアルバイトによって可能になったのである。

金というものは、個人に自由な行動や発言の力を与える。仕事も金もない状態では子どもは親の支配から自由にはなれない。また、たとえ金を得ていても、それが抜き差しならない親と家族の暮らしのために求められている状態では、若者が自由に選択することは困難である。こうした意味で若者の収入は、経済の個人化（＝個計化、家族メンバーが個人の金を持ち自分で管理する傾向）を促し、家族集団から個人を浮上させる結果をもたらすのである。学卒後の若者だけでなく、教育期にある青少年も自分の収入を持ち、消費者としての重要な地位を獲得する。このようにして、職業労働に従事する成人期と、教育を受ける青年期という境界が曖昧化するとともに、青年の経済的地位も、従来の基準ではおしはかれなくなってくるのである。

一九七〇年代に入ると先進国では出生率が低下し、潜在的には若年労働力不足になった。わが国ではとくに一九八〇年代からそれが明確化し、しかも八〇年代末から九〇年代にかけてのバブル景気に伴う極めて良好な雇用状況の中で、若年者の就業行動に変化が生じた。離転職者の増加、定職を持たないいわゆるフリーターの増加、就職活動時に、明確な意識を持たない若者の増加などである。青年失業率は徐々に上がってはいたが、欧米先進国にみられる失業とは異なる意図的不就業がかなりの割合で含まれていた。

独身生活の利点の増大と晩婚化

現代の若者の実態をさぐるその他の重要な現象は、長期化する未婚期とその背景である。一九九三年時点で平均初婚年齢は男二十八・四歳、女二十六・一歳と、世界的にみても高い年齢にあり、上昇傾向は変わる気配がみられない。わが国は従来、結婚年齢が一定の範囲に集中しており、いわゆる適齢期規範の強い社会であると理解されていた。しかし、それが急速に変化しつつある。結婚意思を持つ十八歳から三十四歳までの未婚者を対象とする厚生省人口問題研究所の調査（「平成四年　独身青年層の結婚観と子供観―第十回出生動向基本調査」一九九四・四。十八歳以上五十歳未満の男女独身者を対象とする全国調査であるが、分析は三十五歳未満の男女約八千人を対象にしている）によれば、適齢期にこだわる者と適齢期にこだわらない者に分類した時、男は前者がやや上回るのに対して、女はほぼ半々という結果である。五年前に比べ、男女ともに「こだわらない」と考える者が増加している。また、同じ未婚者の中でも年齢が上昇するほど、「こだわらない」と考える者が多くなっている。一方、未婚者のうち生涯結婚はしないと考えている者はわずか二%であり、わずかずつ増えてはいるもののそれほど多くはない。ということは、ほとんどの未婚者はいつかは結婚するつもりでいるが、その時期に定型がないということになる。結婚の時期は、さまざまな要因に規定されると思われる。若者は、独身でいることと結婚することの損得計算をして、行動を決めているであろう。同じ調査は、独身生活の利点、結婚生活の利点を未婚男女に尋ねている。その結果、未婚男性の八四%、未婚女性の八九%が独身生活には利点があるとこたえている。同様に、未婚男性の六七%、未婚女性の七一%は結婚生活には利点があると答えている（複数回答可能）。つまり若者は、結婚生活の利点は認めつつも、独身生活の利点の方がそれを上回ると感じていることになる。年頃になると周囲から結婚へと駆り立てられ、結婚しなければ一人前とは見なされない社会や、結婚しなければ食べていかれない社会、あるいは、一人暮らしが不便・不自由な社会では、独身の利点はこれほど大きくはないはずである。調査結果によれば、独身生活の利点は、「行動や生き方の自由」が最も多く七割近くを占め、「広い友人関係」「金銭的余裕」「家族扶養のない気楽さ」がそれぞれ二〜三割を占めている。他方、結婚の利点として最も多いのは、「好きな人と暮らせること」である。ここから想像できるのは、男にとっても女にとっても、現代の独身生活は自由と快適さがあって、捨てがたい魅力となっているということである。それをあえて捨てる理由は、「好きな人と暮らす」ことへの夢ということになる。

筆者は、前述のように共同研究者とともに、一九九〇年から二十代未婚ヤングアダルトの経済生活と親子関係の実証研究をしてきた。そこから浮かび上がった生活実態は、上記の独身生活の利点を裏付けるものであった。この年齢層では経済力の点で多くの場合彼らの親の方が勝っている。しかも大抵の場合、親は働いている子どもの収入は子どものものと考えており、使い方について口を出さない。親が心をくだくのは結婚のために貯蓄をさせることである。こうした親子間における経済の分離は、高所得、高学歴層ほど進んでいるとはいえ、かなり広く普及しているといった方が適当かもしれない。若者の給料は、一人暮らしをするには少なすぎる。とくに、首都圏の家賃の高さを考えると、多少の不自由を忍んでも、親元にとどまった方が得ということになる。しかも、きょうだい数が少ないことが、親元に残ることを容易にしている。こうした状況から、親との同居率は高い。自宅通勤で働いている子どもの約半数は食費を家計に入れているが、その金額は実際にかかる経費をカバーできるものではない。しかも食費を入れている場合でも、半数以上の親はこれを子どもの結婚資金として貯蓄に回しており、月々の家計の一部として使っている親は少ない。

同居する子どもは、身の回りのことをほとんど母親に頼っている。家庭内の仕事を分担する子どもは少ない。親に住宅・衣食の費用を頼り、さらに身の回りの世話もゆだね、自分自身は義務をまぬがれているわけだから、親と同居することは子どもにとってメリットの大きなものになっている。親の方も、成人に達した未婚の子どもを家におくことに満足している場合が多いことも特徴である。

大人になったら親から経済的には自立すべきであるという規範は、親世代子世代双方の大多数から支持されているが、実際には親から子どもへのさまざまな形の援助がなされている。その上、大人になったら親とは別居するべき、という規範はないので、子どもも当然のこととして親元に留まり、留まることによって可能になった余裕のある独身生活を享受しながら、職業上の基礎を固めるとともに、より自分にあった（「理想的な」）結婚を選択することが許されるのであろう。

先にみた「行動や生き方の自由」という独身生活の利点は、このような家庭の状況と親からの援助によって可能になっていることがわかるだろう。さらに多くの親が、結婚や住宅取得に関しても、援助しており、その傾向は、親が高齢期へとさしかかるまで続いているとみられる。未婚期の若者と親の関係をみる限り、わが国の親子関係は極めて安定的で良好であり、それは親の豊かさによって作られている、といってさしつかえない状況が筆者の実施した調査からは浮かび上がったのである。

親の保護と親からの独立

教育期間の延長は経済基盤のない成人を作り出したとされてきた（参考文献、ケニストン、一九七三参照）。ここにさらに次の段階が追加された、というのが筆者の関心である。すなわち教育期間の終了が遅くなり、しかも結婚時期が遅くなるため、離家、結婚・家族形成など、完全な大人になるための出来事の時機が遅くなり、その結果、〝脱青年期〟ともいえる新しい段階が生まれたのである。青年期から成人期へ移行する過程で、親の家から出ること（離家）は、独立のための重要な出来事である。また若者にとって一人暮らしをすることは大きな夢である。しかし、離家時期は遅くなり親元に留まる期間が長期化した。「就業構造基本調査」によれば、二十～二十四歳の若者の場合、男子で親と同居する者の割合は、一九七一年には六一％であったが、一九九二年には六九％へと増加している。女子の場合はさらに顕著であり、六三％から七六％へと大幅な増加がみられる。また、二十代後半でも、増加の傾向がみられる。逆にそれまで増加の傾向にあった単身世帯は、一九九二年以後減少に転じている。高度成長期後、若者の地域移動は鈍化したのである。地方に高等教育機関が増加したこと、進学のために子どもを離家させることが経済的に困難になってきたこと、地元に就業先が増えたこと、子どもの数が少なくなって、家を早々離れる必要性がなくなったか、むしろ親が、子どもを手放したがらなくなったこと、そして結婚年齢の上昇などが原因である。

その上、子育ての力点が自立の促進にある欧米社会と異なり、子どもの自立に高い価値を置く社会でないことが加わって、欧米社会で離家の目安となっている十八歳にあたるものが現代のわが国にはない。きょうだい数が多かったり、親の暮らしが貧しい時代には子どもが早い時機に親から離れて自活するよう迫られ、親子の分離が実現するのであるが、現代のような状況下では、親にも子にも明確な自立・分離の基準が見失われてしまうのである。家庭の中で子どもの自立を重要とみないだけでなく、社会的にも青年の自立を尊重し支援する仕組みは弱い。青年の一人暮らしを助ける社会的しくみは、ほとんど未発達のままであった。

低成長時代における世代間関係の展望

家計にとって子どもの教育費が、住宅取得費、老後生活費とならぶ三代費用になってから久しいが、教育費の増加傾向はいっこうに衰えてはいない。一九九三年版「厚生白書」の試算では、一人の子どもが成人に達するまでに約二千万円がかかること、また子どもが大学に進学する時期（父親の年齢が四十八～五十歳の時期）には、子育てコストは可処分所得の四五～七〇％にのぼる、という結果が出ている。子育て費用の負担が大きくなればなるほど、人々は子どもの数を少なくすることで対処しようとする。

近年の急激な出生率低下をもたらしている原因の一つは、子育て費用の負担が重いことにあるだろう。わが国が子育てに関する親責任の大きい社会である何よりの証拠は、高等教育費用の負担がもっぱら親にまかされていることに現れている（図4）。親がその負担にいつまで耐えられるかは、わが国の経済の先行きに大いに関わっている。楽観的展望が持てないことはまちがいない。

戦後生まれのベビーブーマーが六十五歳に達する頃、わが国は世界でもトップレベルの高齢社会へと突入すると予想されている。しかし低成長に転じる中で中高年者を中心に雇用調整が進んでおり、これまで雇用者の安定を支えた終身雇用制は大幅に見直されつつある。また、社会保障の見直しも進んでいる。こうした中で、人々は老後に対する警戒を強めており、「子どもにお金をかけるよりも、自分の老後のために蓄える」ことを優先する者が著しく増加している。戦後の諸条件の変化の中で、親の豊かさを子どもに優先的に移転し

図4　大学費用の親の負担の割合

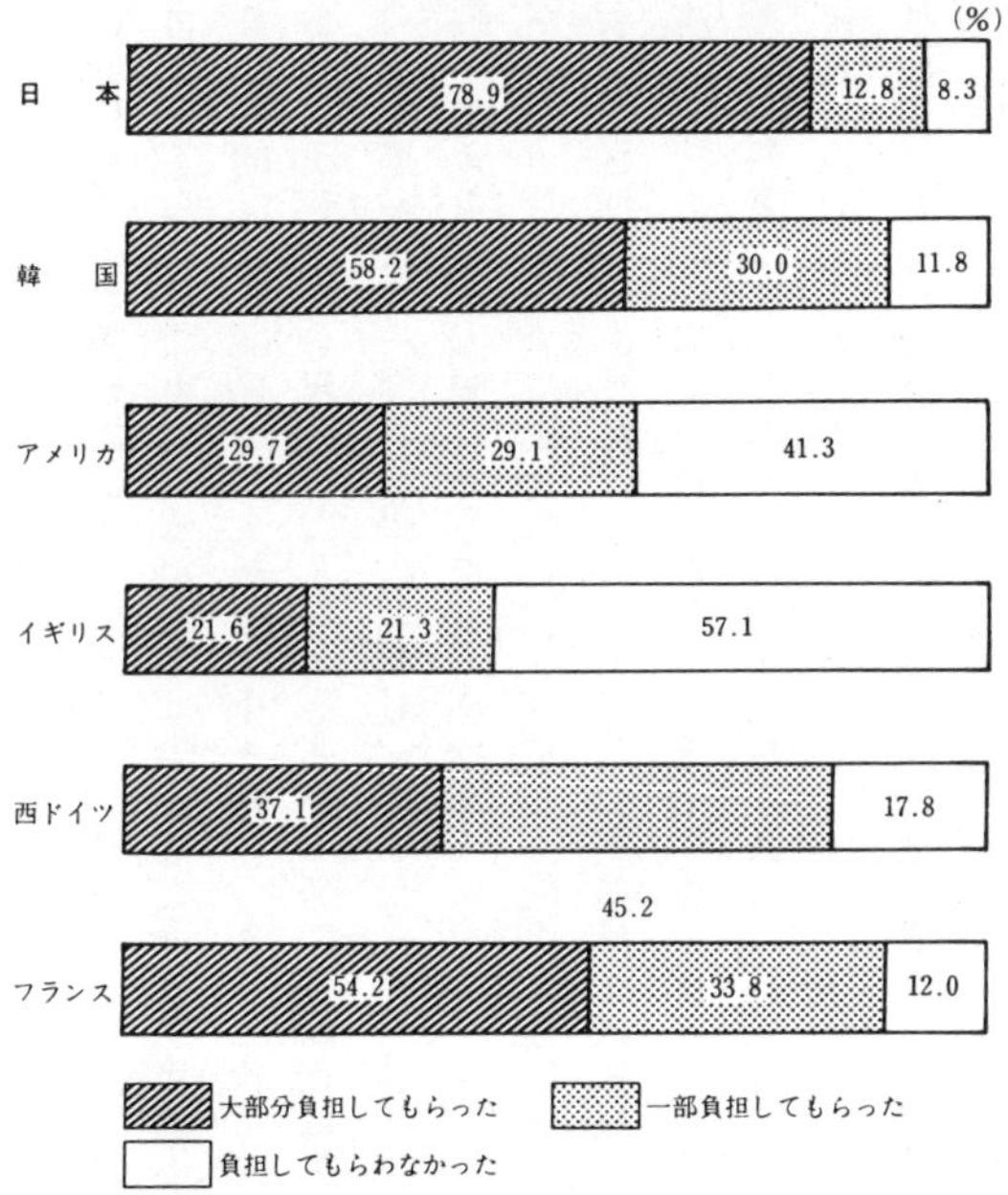

（出所）　総理府青少年対策本部『青少年と家庭に関する国際比較調査報告書』1982。

てきた循環が、ベビーブーマー世代あたりから大きく転換し始めている。若者は今後社会的には、上向世代を扶養する負担が増加するし、また、個人的には引き締めに転じた親たちによって、これまでになく自立を迫られることになるだろう。少子化と高学歴化が本格的に定着した世代以後、規範性の弱い、より功利的な親子関係が、大規模に生まれつつあるとみてよい。

それだけでなく、若者の大人になるプロセスにも変化は生まれつつある。最終学校卒業と同時に就職し、定年退職まで一つの職場に帰属し、いわば企業丸抱えで生涯を過ごすことが、危うくなりつつある。転職に耐えられる人間であること、すなわち「自立」がこれまでになく要求されている。就職後一定期間を経て、スムースに経済的自立を達成し、結婚・家庭を作る、ということが困難な若者が生まれることも予想される。それだけ、若者の自立の基盤は、低成長下で堀崩されていく。親の家を離れるだけの経済力を持てない者は、親がかりでようやく生活ができることになるかもしれない。では、親をあてにできない若者はどうなるのか。本書に描かれている英国の状況がわが国でも現実のものにならないことを願いたい。

低成長、あるいは産業空洞化の厳しい現実をみすえた意識と行動へと、親も子も転換することが求められている。ということは、経済成長の見込めない時代を生きる次世代をどのような人間へと育てるのか、明確なビジョンが求められているということである。また、働きながら学ぶことや、働いた後に進学することや、教育ローンを利用して進学し、子ども自身が返済の責任をとることや、教育費に関する親子間の約束の取り交わしや、大学へ行く必要があるかどうかの検討も必要となる。また、企業丸抱えの生涯が許されないとすれば、自立の力を養う教育への転換が必要であろう。また、若者の自立を支援する社会的なシステムがもっと積極的に検討されなければならない。自立を育てる教育のあり方、親と離れた生活体験の機会、奨学金や低利の教育ローン、学生寮、生活設計教育、職業選択教育等である。また、若者は学校や職場社会を超えたところで何らかの社会的役割を果たすことも必要であろう。若者のボランティア活動は、若者が学校と職場以外にもう一つの社会的役割を負う、一つの形態となろう。

いずれにしても、経済的に恵まれた若者たち、という特徴は、高い成長率と完全雇用を実現した高度経済成長がもたらした現象であり、それが特定の世代間関係として現れ、歴史的にはわずか三十年ほどの限られた現象であったといってまちがいはない。戦前の若者は、「お国のため」と「お家のため」に動員された。戦後は、豊かな国と暮らしの実現に向けて邁進するよう動員された。それが終焉した現在、目指すべき目標とは何かが問われている。新しい時代の到来をみすえて、個人のレベルでも社会のレベルでも、若者を社会的権利とともに責任を持つ自立した主体としてもう一度位置づけなおし、ポスト産業社会にふさわしい若者の役割とは何かを検討すべき時期にある。

おわりに

最後に訳出に関して、少し触れておきたい。本書の原題に使われている youth は、青年期と訳した。しかし、youth は、ヤングアダルトともいうべき年長青年を指して使う場合もあり、アドレセンス (adolescence) と区別してユース期と呼ぶ場合もある(参考文献 ケニストン、一九七三)。図5は、柴野昌山氏による青少年期の区分と名称である。青年期は一般的には子どもと大人の中間に位置する成長と移行の時期とされている。心理学的には青年期は十二〜十三歳頃から始まるとされ、終わりは二十四〜二十五歳、あるいは三〇歳近くまで続くとされている。本書では、youth (青年期) にある人々

図5　青少年期の移行区分

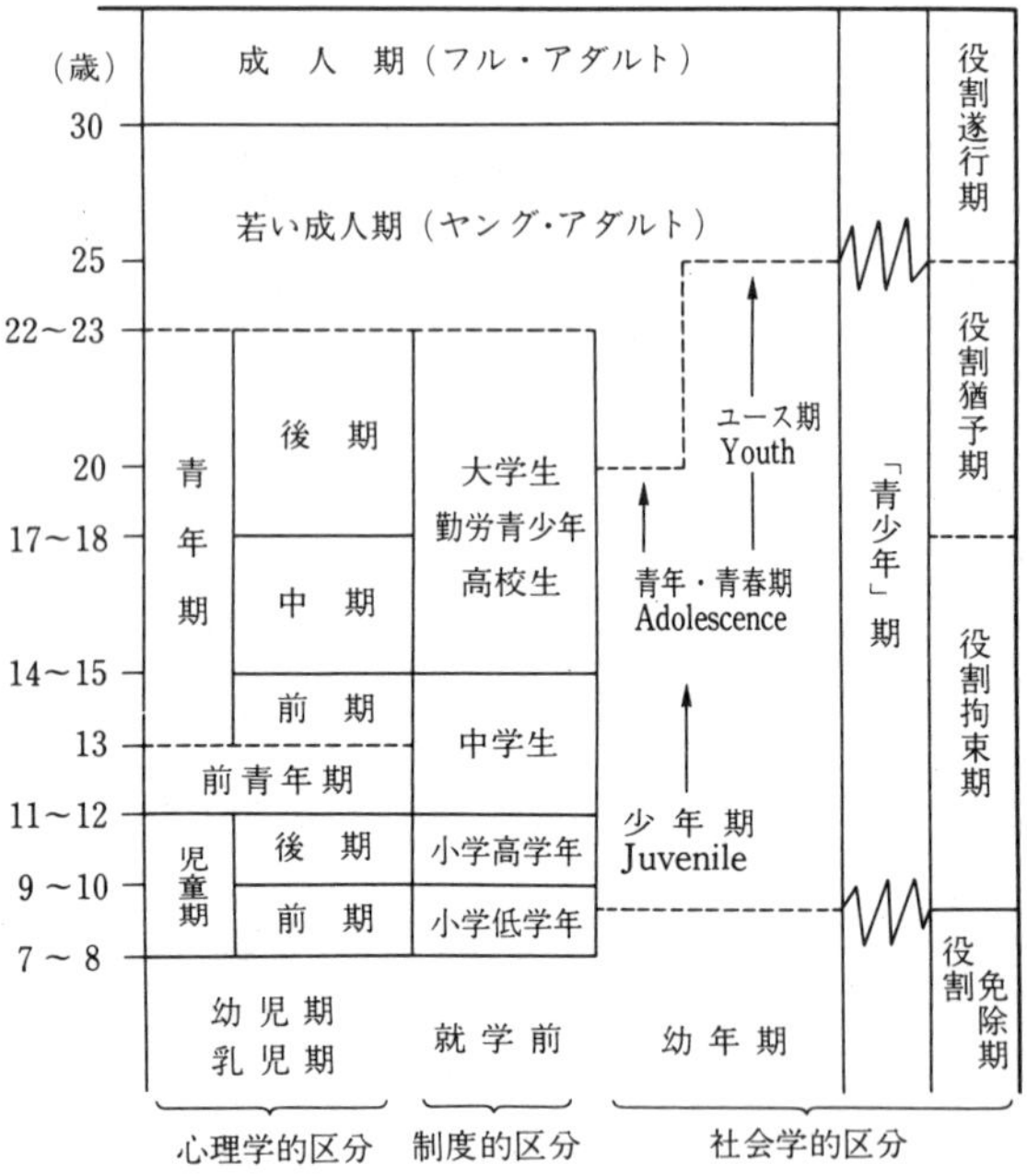

（出所）　柴野昌山著『現代社会の青少年』学文社、1980。

（young people）は、青年とは訳さずすべて若者という訳語で統一した。青年という用語は、学校教育の長期化と猶予期間（モラトリアム）という状況に関係するが、本書では、学生、勤労青年、成人前期を含むより一般的用語として使われていると判断したためである。なお、youth に似た用語である adolescence には、青春という訳語を当てた。本書でいう若者は、ほぼ青年の中期からユース期にあたるかなり広範囲を対象としていることになろう。

すでに述べた通り、筆者は、一九九〇年から二十代ヤングアダルトの親子関係の研究を始めていたが、青年期を脱したヤングアダルトが、親元に留まり続け、親から物心両面の援助を受けている状態が珍しくないことに着目して、それをライフコースの新しい段階として、「脱青年期」と名を付けていた（研究結果は、文末の文献を参照されたい）。しかし、その歴史的な意味をはかりかねていた。そんな時本書に出会い、「脱青年期」出現の意味を理解する重要なヒントを得たのである。青年期を扱った研究は数多くあるものの、本書のような視点から、青年をトータルにとらえようとした研究は皆無といってまちがいない。今後青年研究に留まらず、関連する研究諸領域、また、青年等の問題を扱う政策当局や、実務家にさまざまな示唆を与えてくれることを期待している。

訳者である宮本と鈴木は、かねてから仕事上の知人であったが、この本について話をする機会があり、英国に詳しい鈴木も本書に大いに関心を持ったことからふたりで翻訳出版することを思い立ったのである。翻訳は鈴木が行い、宮本が全面的に目を通し監修をした。翻訳の不適切があればそれはすべて、宮本の責任である。本書の翻訳作業は三年前に開始したのであるが、監訳者である宮本が英国社会やその諸制度に関する専門でないために、当初予想しなかった多くの困難に直面した。またさまざまな所用に追われる中での作業は、しばしば中断せざるをえず当初の予定より大幅に遅れた出版となった。

新評論編集部の山田洋氏からは、終始、絶大なご尽力をいただいた。一般読者に理解しやすい翻訳書であることを可能な限り追求され、訳者のこなれない訳文に極めて適切なチェックを入れていただいた。妥協を許さない編集者としての真摯な姿勢と助力がなければ本書の出版はありえなかった。それらすべてに感謝をし厚く御礼を申し上げる。また、出版に際して、生命保険文化センターから出版助成をいただいたことに、御礼申し上げる次第である。

宮本の次の文献を参照されたい。

家計経済研究所編、一九九四『「脱青年期」の出現と親子関係―経済・行動・情緒・規範のゆくえ』
「ベビーブーマーのライフコースと世代間関係―長寿化社会の親子の絆のゆくえ」季刊家計経済研究第二五号、一九九五（宮本みち子・岩上真珠・山田昌弘・米村千代・飯塚和子分担執筆）
「『脱青年期』の出現にみる少子社会の親子のゆくえ」家計経済研究第二七号、一九九五（宮本みち子）

宮本みち子

一九九六年八月

第2版に寄せて

早いもので、本書を出版してから六年の歳月が過ぎた。著者のジル・ジョーンズはケンブリッジ大学家族研究センター副所長を経て、現在キール大学の教授である。イギリス青年社会学の中心人物の一人で、多くの研究プロジェクトをリードしている。もうひとりの著者クレア・ウォーレスは、ウィーンにある高等教育研究所の教授であり、EU域内で、国際的に青年社会学をリードしている。本書執筆後、両者共に、その研究は一層の進展をみせ、EUにおける青年研究と青年政策の展開に大きな貢献を果たしているということができる。

一九九六年に日本で初版を出版した時には、本書が日本社会にどの程度受け入れられるものか不安があった。英国の若者の実態と日本のそれとの間には大きな隔たりがあり、著者が終始問い掛けている若者のシティズンシップと、それを中軸におく研究の枠組みが、実際のところ日本にとってどの程度有効なのかどうかを確信できなかったからである。

幸い、じわじわと読者が広がっていき、近年では大学のゼミで取り上げられたり、複数の分野で引用されるようになってきたことは、訳者として大変喜ばしいことである。

本書の価値は、今後、本格的に認められるのではないかと感じている。というのは、日本の状況の変化にともなって、本書の枠組みが日本にとっても有効性があることが、以前より理解しやすくなったからである。

近年、失業者やフリーターや無業者は急増し、晩婚化や非婚化の傾向も一層強まっている。同時に彼らの親たちの雇用と経済状況も悪化して、「親への依存」を許されない若者が増加している。若者の職業観、結婚観、行動様式にも大きな変化が生じており、成人期への移行のプロセスは、工業化時代に確立した標準的人生モデルから明らかに乖離するようになった。本書で筆者がいう、ライフコースの個人化と流動化という現象が日本でも認識されるようになったのである。

本書で著者は、若者の生活を全体論的にアプローチすること、そのために若者に関係する諸分野が、従来の専門分化した垣根を越えて協力すべきであり、統合的政策を樹立する必要があると主張している。この主張が近年では、EU諸国において現実のものとなりつつある。この間、EU諸国では多くの国際的共同研究プロジェクトが展開し、その成果を交換する青年会議がいくつも開催されている。欧州委員会（the European Commission）からの資金援助があることも推進の原動力になっている。このプロジェクトに参加するのは、研究者だけでなく、政策立案者や実践家であり、そのことが奨励されてもいる。

近年日本でも、若者が変貌を遂げつつあることが認識され始めているが、それでも、ポスト工業化社会において、若者がどのようにして、社会変動に直面し変容しつつあるのかを総体的に認識する段階にはいたっていない。景気が回復すれば、雇用問題は改善され、学校から仕事へのスムースな移行が回復し、成人期への標準的移行は蘇るという甘い認識があるようにみえる。若者に関するセクターは分断され、縦割り行政の悪弊は改善されているとはいいがたい。また、若者に関連する研究の世界も専門分化したままであり、相互の交流はないに等しい。

近年EU諸国の「成人期への移行」に関する議論のなかで用いられつつある「ヨーヨー型の軌道」（おもちゃのヨーヨーのような浮き沈みの軌道）が、日本の若者の移行期にもみえ始めているなかで、日本の若者の移行の実態を、全体論的アプローチで検討する作業が必要であろう。そのための斬新な理論的枠組みを、本書から引き出すことができるはずである。その先に、若者の自立を支援する統合的政策の樹立というゴールを置きたいものである。

なお、本書の理解を深めるために、宮本の次の文献を参照されたい。

宮本みち子・岩上真珠・山田昌弘共著『未婚化社会の親子関係——お金と愛情にみる家族のゆくえ』（有斐閣、一九九七）

宮本みち子「社会変動下の「若者と家族」研究の展開と方法——イギリス青年社会学を中心にして」（『家族社会学研究』No.27、二〇〇〇）

宮本みち子「晩婚・非婚世代の直面するもの」（『家計経済研究』第四七号、二〇〇〇）

宮本みち子「少子・未婚社会の親子——現代における〈大人になること〉の意味と形の変化」（藤崎宏子編『シリーズ〈家族はいま…〉親と子』ミネルヴァ書房、二〇〇〇）

宮本みち子「変動する若者のライフコースと自立支援」（『生活経営学研究』No.37、二〇〇二）

宮本みち子『若者が「社会的弱者」に転落する』（洋泉社、二〇〇二）

＊この度の第2版にあたっては、初版での訳文上の不備を補うため、細部にわたり修正を加えたことをお断わりいたします。

二〇〇二年一〇月

宮本みち子

ハ行

マ行

ヤ行

ラ行

ワ行

タ行

ナ行

サ行

事項索引〔訳者による索引〕

ア行

カ行

マ行

ヤ行

ラ行

人名索引〔訳者による索引〕

訳者紹介

監訳者

宮本みち子

千葉大学教授。社会学博士。専門分野は、青年社会学、家族社会学。

著書に、『未婚化社会の親子関係—お金と愛情にみる家族のゆくえ—』（共著、有斐閣）、『生活経済論』（共著、有斐閣）、『若者が「社会的弱者」に転落する』（単著、洋泉社）などがある。

訳　者

鈴木 宏（徳本 登）

翻訳家。食の安全や環境問題などの分野で多数の翻訳を手がける。

第2版　若者はなぜ大人になれないのか
——家族・国家・シティズンシップ

1996年9月30日　初版第1刷発行　（検印廃止）
1996年12月30日　初版第2刷発行
2002年11月30日　2版第1刷発行

監訳者　宮本みち子
発行者　武市一幸

発行所　株式会社 新評論

〒169-0051 東京都新宿区西早稲田3-16-28
http://www.shinhyoron.co.jp
TEL03(3202)7391
FAX03(3202)5832
振替00160-1-113487

定価はカバーに表示してあります
落丁・乱丁本はお取り替えします

装幀　山田英春
印刷　新栄堂
製本　清水製本プラス紙工

Printed in Japan
ISBN4-7948-0584-5 C0036

松田道雄 **駄菓子屋楽校《だがしやがっこう》** ISBN4-7948-0570-5	四六　608頁 3500円 〔02〕	【小さな店の大きな話・子どもがひらく未来学】老若男女の夢空間。駄菓子屋文化圏の歴史を丹念に辿り、その消滅から発展的復活への道筋をユニークな発想と実践で描く自信作。
ロベール・ヌービュルジェ／藤田真利子訳 **新しいカップル** ISBN4-7948-0564-0	四六　216頁 2000円 〔02〕	【カップルを維持するメカニズム】カップルの「自己治癒能力」を高めるカップルセラピーとは何か。カップル研究の第一人者がカップルに生じる問題を精神療法で解決。
いのうえせつこ **高齢者虐待** ISBN4-7948-0465-2	四六　190頁 1800円 〔99〕	介護の果ての「承諾殺人」の実相を追いながら、日本の親子・家族の特異性と虐待との関連や、労働強化に根ざす施設内虐待の問題を追及し、その解決の道を拓いた意欲作！
いのうえせつこ **子ども虐待** ISBN4-7948-0496-2	四六　188頁 1800円 〔00〕	【悲劇の連鎖を断つために】虐待を受けて育った子どもの多くが成人後に妻や子への暴力の加害者となってしまう現実。“虐待の連鎖”を断ち切る被害者支援システムを創造。
C.エリアシェフ／久松健一監訳 **楽園を追われた子どもたち** ISBN4-7948-0413-X	四六　208頁 2200円 〔98〕	乳幼児虐待は特殊な状況で生まれるわけでも、遠くにある問題でもなく、社会を構成する私たちの「内部」に存在する。乳幼児虐待の奥底に迫り虐待を許す社会の歪みに警鐘を鳴らす。
馬越恵美子 **心根（マインドウェア）の経営学**［増補新版］ ISBN4-7948-0480-6	四六　267頁 2500円 〔00〕	【等距離企業の実現を目指して】内外の多くの企業が多国籍、多文化、多属性の人々を雇用する時代。経営に「心」を根づかせ、多様な個性を活かした企業文化の発展を提唱する。

表示の価格は全て消費税抜きの価格です。